학종 시대, 서울대 가는 공부 로드맵

前 서울대 입학사정관의 초등부터 고등까지 입시 맞춤 공부법

학종 시대

진동섭 지음

서울대 가는

공부 로드맵

포르체

대학 가는 방법이 다양화된 지가 꽤 오래되었는데도 여전히 대입은 모호하고 낯설다. 이 시점에서 아이들이 무엇을 어떻게 배우고 어떻게 평가를 받으며 평가된 내용이 학교생활기록부에 기재되는지 잘 알지 못하게 복잡하기 때문이고, 2015 개정 교육과정에서 제기된 문·이과 통합 교육과정, 2022 개정 교육과정의 고교학점제, 전면 학기이수제 운영, 미이수 제도 도입, 융합사회와 융합과학 과목을 제외한 전 과목 5등급 상대평가, 2028 대입제도 개선 등의 개편과 변화가 태풍처럼 교실을 강타하고 있기 때문이다.

이러한 변화를 이해하기 위해서는 교육과정과 평가 및 대입제도에 대한 기본 정보가 있어야 한다. 정확한 정보를 가지고 있으면 아이를 지도하는 데 중심을 잡을 수 있고, 두려움을 떨칠 수 있다. 부모가 정확한 정보를 바탕으로 일관된 기준을 세워 자녀를 지도하면 자녀도 혼란에 빠지지 않고 자신의 길을 개척해 나갈 수 있다. 나중에 그 아이가 자라서 '우리 부모님은 뒤에서 저를 지지해 주시고 박수쳐 주셨어요.'라고 이야기할 날이 온다.

이 책은 인터넷 신문인 동작경제신문에 지난 4년 6개월 동안 연재한 글에서 현재 시점에 맞는 글을 골라서 엮은 것이다. 책에서는 그 동안 강연에서 학부모님들이 질문한 주제를 반영하였고, 2022 개정 교육과정과 2028 대입 제도 개편 관련 현안들도 상세히 다루었다. 또한 학생의 공부 습관 형성에 도움이 되는 방법도 중요한 이슈의 하나로 다루었다.

책의 주제는 여섯 가지 키워드로 나누어 구성하였다.

첫째는 '공부가 잘 풀리는 아이의 태도'이다. 공부에서 가장 중요한 요소는 학습 태도이다. 스스로 공부하고 싶은 마음을 갖고 호기심을 바탕으로 공부에 임하는 학생으로 성장하기 위한 방안을 제시했다. 친구 사귀기, 자존감 갖기, 질문을 요령 있게 하기, 진로 탐색하기 등을 주요 덕목이다.

둘째는 '습관과 실천력'이다. 매일매일의 바람직한 생활 태도는 좋은 습관을 만들고, 좋은 습관은 좋은 사람을 만든다. 공부도 습관으로 만드는 것이 중요하다. 공부 계획을 세우고 계획대로 실천해야 하며 갑작스러운 일이 생겨도 계획을 무너뜨리지 않는 습관을 가져야 한다. 한편 게임과 숏폼을 가까이 하지 않는 것도 습관이다. 좋은 습관에 따라 공부하고 취미 생활을 하는 사이에 바람직한 인격도 형성된다.

셋째는 '아이에게 맞는 학습 전략'이다. 우선 공부의 정의를 스스로 내리기를 권한다. 목표 없이 가는 배가 목적지에 닿을 수 없듯이 공부도 정의를 내려야 자신에게 공부가 주는 의미를 확인하고 실천하게 된다. 이어서 필기하고 요약하여 공부 자료로 남기기, 문해력 기르기, 독사 많이 하기, 맞춤법에 맞게 글쓰기, 대충 아는 공부를 버리고 확실하게 아는 공부하기 등을 살펴본다.

넷째는 '자기주도 공부의 훈련'이다. 최근에 등장한 개념 중 가장 중시되는 덕목이 자기주도성이다. 자신의 진로를 스스로 설계하고 진로를 이루기 위해 공부해야 할 과목을 스스로 찾아서 공부하는 것이 자기주도성의 기본이다. 학생은 우선 수업을 통하여 배운 교과 지식과 개념·원리는 무엇이었는지를 설명할 수 있을 만큼 분명히 알아야 하고, 궁금한 주제에 대하여 개념과 원리를 적용하여 탐구활동을 깊이 하게 된다. 학생부종합전형에서는 학습 과정에서 나타난 자기주도적인 탐구활동을 평가하여 학생을 선발한다. 이 장에서는 이와 관련한 정보를 알아 보았다.

다섯째는 '입시의 방향성'이다. 개편되는 대입제도에 대하여 아직은 확실한 정보가 많지 않고, 초등학교 저학년 때는 대입 제도가 또 달라질 수도 있으므로 현재의 대입제도에 맞춰 공부하기보다는 대학의 학생 선발에 대한 생각을 읽어 제도가 달라져도 변하지 않는 공부를 하는 법을 알고 실천하는 일이 중요해졌다. 진로에 맞는 과목을 선택하는 법, 학교 공부를 성실히 해서 세특에 적히는 내용이 공부를 깊고 넓게 하는 학생으로 보이는 법, 기업가 정신을 갖는 법 등을 이 장에서 알아보았다.

여섯째는 '부모의 동반자 역할'이다. 혼자 하는 입시는 없다. 입시는 가정 전체가 학생을 양육하는 긴 호흡에서 나오는 결과물이다. 그 사이에 고민하게 되는 주제들 몇 가지를 다루었다. 학생 수가 줄면 대학 가기 쉬워지는지, 학군지로 전학을 하면 대입에 성공할 확률이 높아지는지, 앞으로 수능은 서·논술형으로 개편될 전망인지, 면접이 강화된다는데 어떻게 준비해야 하는지 등 여러 주제에 대한 정보를 다루었다.

이 책을 다 읽고 나면 학교생활에서 유의할 점, 공부할 때 가져야 할 마음가짐, 대입에 대한 전망과 당장의 정보 등에 대한 안목을 가지게 될 것으로 확신한다. 이러한 배경지식을 바탕으로 교육과정 정책, 대입 정책, 학습법 등과 함께 대학별로 왜 입시를 이렇게 구성하고 있는지를 이해하면 수많은 정보 중에서 우리 아이에게 해당하는 좋은 정보를 고를 수 있게 될 것이다.

목차

프롤로그   4

1장

공부 잘 풀리는 아이는 다르게 키운다

약점에서 공부 동력을 끌어낸다   16
초등 입학 전, 공부 흐름 만드는 준비   20
친구 관계가 만드는 자기주도성   24
태도는 공부의 기본기다   28
아이의 호기심이 자기주도성을 키운다   31
질문하는 힘을 키워 주자   34
긍정적인 자아 이미지가 공부를 이끈다   38
공부의 중심에 자신을 세운다   44
진로는 스스로 탐색하는 공부다   48
결정력 있는 아이가 성공한다   52

2장

실천하는 습관이 성적을 바꾼다

방학에도 흐름은 계속된다   58

선행보다 예습·복습이 먼저다   63

공부도 습관을 만들어야 한다   67

꾸준함이 범재를 영재로 만든다   71

학교 공부를 성실히 해야 하는 이유   75

탐구력은 발표로 완성된다   79

게임과 스마트폰 과몰입에서 벗어나기   83

3장

아이에게 맞는 학습 전략을 찾아라

공부의 개념부터 명확히 하라   92

필기하면서 요약하라   95

맞춤법 실력도 든든한 전략이다   99

수능 1교시부터 앞서가는 법   103

문해력이 발목을 잡지 않게 하라   107

결국 독서력이 답이다   118

루브릭으로 공부를 점검하자   126

중위권의 마인드셋   129

성적이 흔들릴 때 돌아봐야 할 것들   133

느리지만 끝까지 가는 아이 만들기   137

'대충'이 습관이 되기 전에 끊어라   140

4장

자기주도 공부는 훈련이다

자기주도성은 입시에서 경쟁력이다   146

대학이 탐구활동을 보는 이유   152

교과세특이 브랜드가 된다   166

안다는 착각이 위험하다   172

숲을 보는 눈을 길러야 한다   175

질문과 의문의 힘   180

디지털 시대, 교육이 바뀐다   186

5장

입시는 방향이 중요하다

대입 경쟁은 완화되지 않는다   192

수능으로만 대학 가기 VS 수능 안 보고 대학 가기   199

점수의 절반은 주어에 달렸다   205

고등학교 선택은 교육과정이 핵심이다   209

교과세특, 진짜 공부가 보여야 한다   218

개정 교육과정을 보면 방향이 보인다   222

미래의 유망 직업은 기업가 정신이다   237

평가 방식 변화가 알려 주는 것   245

AI로 대학 가기   255

진로 방향도 중요하다   261

공부와 진로   268

6장

혼자 하는 입시는 없다

학생 수가 줄면 대학 가기 쉬울까?   282
AI 선생님을 어떻게 생각하나요?   286
학군지로 전학 가야 할까?   290
입시 전략에 대한 궁금증   293
2028 대입, 무엇이 바뀔까   299
미래의 수능은 서·논술형으로 개편될까?   305
진로와 과목 선택이 입시의 시작이다   311
세특에 적힐 공부를 하라   316
입시의 끝, 면접을 준비하는 법   321

에필로그   332

1장

공부 잘 풀리는 아이는 다르게 키운다

약점에서 공부 동력을 끌어낸다

    학교에서 하는 진로 교육은 주로 '진로와 직업' 교과 교육과정에 따라 이루어진다. 진로와 직업 교과서 1단원은 '나의 특성 이해하기'이다. 특성을 이해하기 중에는 강점과 약점에 대한 이해도 포함되어 있다. 꾸준히 노력해서 약점을 개선하고 극복하면 진로 선택 폭이 넓어지니, 약점을 강점으로 바꾸는 노력을 해 보자는 것이다.

    그런데 약점 중에서는 노력해도 강점이 될 수 없는 것도 많다. 야구 선수가 되려면 날아오는 공을 정확하게 잡을 수 있어야 한다. 공을 정확하게 잡는 동작은 두 눈으로 받은 시각 정보를 바탕으로 날아오는 시간을 감안해서 잡는 동작을 하도록 뇌가 명령을 해야 한다. 그런데 이 두뇌 활동이 정밀하게 이루어지는 사람도 있지만 아무리 연습해도 공을 잘 잡지 못하는 사람도 있다. 공을 보고 잡는 과정 중 어딘가가 좀 허술한 것이다. 연습을 통해서 공을 잘 잡게 될 수는 있지만 노력해도 한계가 있어서 야구 선수처럼 되지 못할 가능성이 있다. 그렇다면 약점을 강점으로 바꾸라는 말은 무리한 요구일까?

마틴 셀리그만은 《마틴 셀리그만의 긍정심리학》(물푸레, 2014)에서 강점과 재능은 다르다고 말한다. 100m 달리기 준비 자세에서 엉덩이를 더 높이 쳐들어 기록을 단축하기, 화장으로 얼굴이 더 예뻐 보이게 하기 등은 이미 타고난 재능을 조금 더 향상하는 것이므로 강점에 해당하지는 않는 것이라고 주장한다. 마찬가지로 공을 잘 잡는 야구 선수가 훈련을 통하여 실수할 확률을 영으로 만드는 것도 재능을 향상하는 것이다. 그러고 보면 배우지 않고도 상당한 경지에 도달한 사람은 재능이 뛰어난 사람이지만 대부분 사람은 특별한 재능을 가지고 태어나지 않는다. 그러니까 자신의 재능을 발견하고 발전시키는 것은 매우 중요한 일이지만 재능이 없다고 실망할 일은 아니다.

이와는 달리 호연지기, 친절, 학구열, 겸손함, 낙관주의 등은 노력을 통하여 계발할 수 있다고 주장한다. 특히 이것은 자율의지로 이룰 수 있다. '머리는 좋은데 공부를 안 해'라는 말에서 '머리는 좋은데'는 강점이라기보다는 재능에 속한다. 하지만 머리와 무관하게 학구열을 갖고 노력하다 보면 공부 능력이 발달한다. 학구열을 갖고 노력하다 보면 학구열 높은 상태가 지속되고 그 사람은 학구열 높은 사람으로 변신하게 되며, 약점을 강점으로 만든 사람이 되는 것이다.

그러므로 자신의 약점이 무엇인지를 알아내는 일을 먼저 해야 한다. 국가 교육과정에서는 자기주도성 측면에서 주체성, 책임감, 적극적 태도를, 창의와 혁신 측면에서 문제해결, 융합적 사고, 도전을, 포용성과 시민성 측면에서 배려, 소통, 협력, 공감, 공동체 의식을 인간상으로 내세운다. 학생부종합전형에서는 2021년 건국대 등 5개 대학이 공동으로 내세운 평가 기준을 중심으로 살펴보자. 이 중 약점인지를 점검할 필요가 있는 항목은 학업 태도, 탐구력, 협업과 소통 능력, 나눔과 배려, 성실성과 규칙 준수, 리더십 등이다. 평가 기준에는 대체로 국가 수준 교육과정에서 제시한 덕목에 포함된다. 《마틴 셀리그만의 긍정 심리학》에서도 강점 검사 덕목을 제시하고 있다. 전체 24개나 되는 덕목 중 첫 항목은 호기심이다. 전 항목이 무엇인지 궁금해서 직접 찾아보는 사람이 호기심 있는 사람이다.

덕목을 기준으로 자신이 어떤 행동을 해 오고 있는지를 파악해 보자. 예를 들어 해야 할 과제가 있어도 친구가 부르면 언제든지 달려간다는 생각을 갖고 있다면, 책임감이 없다고 해야 한다. 그러면 나의 약점은 책임감이 되고, 책임감 있는 사람이 되기 위해서는 어떤 행동을 해야 하고 어떤 행동을 고쳐야 하는지를 생각해 보고 적는다. 이를 파악하고 나서 의지를 갖고 책임감 있는 사람으로 변신했다면 약점을 강점으로 바꾼 사람이 되는 것이다.

굳은 의지가 없다면 약점을 강점으로 바꾸기가 어렵다. 그래서 약점을 강점으로 바꾼 사람은 존중받게 된다. 자기소개서나 면접 질문에 약점을 강점으로 바꾼 사례를 말해 보라는 주문을 하는 이유는 약점을 알고 있는지, 바꾸기 위한 노력을 통해 의지력을 발휘한 경험이 있는지, 그것이 현재 어떤 장점으로 활용되는지를 파악하고 싶기 때문이다.

초등 입학 전,
공부 흐름 만드는 준비

관찰 예능 방송 〈공부가 머니?〉에서 초등학교 입학을 앞둔
아이와 초등학교 1학년 아이들의 학교생활을 주제로 이야기를
몇 번 나누었다. 초등학교 1학년 입학을 앞두고 유의하면 좋을
점은 무엇이 있을까?

첫째, 요즘은 정보를 찾기 쉬운 시대이다. 각종 정보를 찾아
보면 좋은 이야기가 실려 있는데, 그중 공교육에서 제공하는
정보를 먼저 확인하고 나머지 정보들을 찾아보자. 모든 정보
는 내게 맞는 정보가 있고 그렇지 않은 정보가 있다. '초등학교
1학년 때 선행을 하지 않으면 다른 아이들에게 뒤지고 주목을
받지 못하므로 선행을 반드시 해야 한다'거나 '수학 교과서에

는 한글로 발문이 적혀 있는데 그 수준이 보통이 아니니 한글은 확실히 떼고 입학해야 한다'라는 말을 보았다면 정말 그런지를 확인해야 한다. 대체로 마음이 무거워지는 조언들은 과대조언일 가능성이 크다. 이런 정보를 필터 없이 받아들여 무리하게 선행 학습을 한다면 정작 학교에 가서 배우는 것이 너무 쉬워져서 아이가 수업을 유치하게 생각하고 흥미를 잃는 경우가 많다. 또 교실에서 남들보다 먼저 배운 것을 자랑하다가 2학년에 다니지 왜 여기 있느냐는 말을 듣기도 한다는 것이다. 수업에서 수학 발문은 선생님이 읽어 주므로 어려움이 있어도 해결된다.

둘째, 40분을 앉아 있는 연습이 필요하다. 초등학교 수업은 40분이다. 6학년까지 내내 40분이다. 아이는 40분간 앉아 있어야 하고 집중해서 40분간 무엇을 해야 할 수도 있다. 그래서 공부를 잘하는 것보다 40분을 차분히 앉아 있을 수 있는 능력이 더 필요하다. 집안에서 뛰어다니는 아이들은 학교에 와서도 뛰어다녀도 되는 줄 안다. 그뿐 아니라 수업 중에도 뛰어다니는 문제를 일으키기도 한다. 이런 점은 미리 일러두어야 한다.

셋째, 젓가락질 연습을 하자. 수업은 주 23시간이라서 5교시가 사흘, 4교시가 이틀 있다. 4교시 있는 날도 아이는 점심 급식을 먹고 온다. 그런데 아이가 쓰는 젓가락은 대부분 어른 것이다. 어린이용 젓가락을 사용하는 학교도 있지만 아직 드물다. 손가락을 끼는 보조 장치가 달린 젓가락을 쓰면 친구들이 놀린다. 아직 젓가락질이 서툴면 연습을 며칠 해야 한다. 그런데 손가락에 힘이 적어서 젓가락질을 못 한다면 좀 기다려야 한다. 젓가락질하는 법은 유튜브 등에서 찾아 보여 주는 편이 낫다. 어른 중에서도 젓가락질을 잘 못 하는 사람이 많아 잘못 가르칠 수도 있다.

넷째, 한글 이해 수준을 확인하자. 지금 사회는 문자가 넘치는 환경이라 한글을 떼지 못하고 입학하는 학생은 드물다. 학교에 입학한 뒤에도 한글을 배울 수 있는 시간은 있지만 넉넉하지 않다. 따라서 입학한 뒤에는 아이의 한글 필기 수준 정도에 관심을 가져야 한다. 초등학교에서 가장 한글이 필요한 상황은 알림장을 적을 때이다. 선생님이 칠판에 알림 내용을 적으면 아이가 한두 단어를 보고 옮겨 적을 수 있어야 하는데 그런 수준이 되지 못하면 아이가 힘들어한다. 한편 아이가 받아쓰기를 많이 틀리면 일단은 두고 보아야 한다. 다그치면 아이는 달아난다는 점에 유의하자. 한번은 방송에서 초등학교 1학년 어린이가 한글을 떼지 못해 걱정이라고 조언을 부탁해 왔었는데, 아이가 부르고 엄마가 받아쓰면 도움이 될 거라고 조언했다. 아이가 어려운 어휘를 고르는 사이에 그 어휘가 눈에 익어서 잘 쓰게 되는 것이다. 아이와 엄마의 역할을 바꾸는 데 의미가 있다.

다섯째, 소지품에 이름을 적어 붙여야 한다. 없어지기 쉬운 것에 특히 신경 써서 이름을 적어야 한다. 가장 잘 없어지는 것은 무엇일까? 답은 딱풀 뚜껑이었다. 모든 아이가 똑같은 것을 가져와서 섞였을 때 자기 거라고 우기면서 다툴 수도 있으니 소지품에 이름 적어 붙이기는 꼼꼼히 해야 한다.

마지막으로 자신을 스스로 챙기는 습관을 들여야 한다. 자기 전에 가방을 싸서 현관에 두고 자도록 한다. 이 습관은 대학생 때까지 간다. 스스로 챙기지 못했으면 아이가 실패 경험을 하게 둔다. 몇 번의 경험을 거쳐 반성한 아이는 자기주도적으로 바뀐다. 밤사이에 부모가 확인해 볼 수는 있다. 숙제는, 집에 오면 가장 먼저 하고 다른 것을 해야 한다. 숙제를 하지 않았다면 엄격하게 야단쳐야 하고 일정 기간 습관이 될 때까지 지속적으로 확인해야 한다. 그자리에서 바로 아이를 용서하면 숙제 안 하는 습관이 들 것이다.

그 외에도 여전히 책 읽어 주기는 소중하다. 친구를 새로 사귀면 아이와 친구들이 무슨 대화를 하는지 살펴보자. 공부하는 아이들은 공부 이야기를 좀 한다. 아이 친구들에게 간식도 준비해 주자. 공부보다 인간관계가 소중하다. 가까운 친구가 많으면 아이는 친구의 지지로 유치원생에서 스스로 문제상황을 헤쳐 나가는 초등학생으로 성장한다.

친구 관계가 만드는 자기주도성

노벨상에는 수학 분야에 주는 상이 없다. 대신 필즈상을 노벨상급으로 인정한다. 이 상은 국제 수학 연맹(IMU)이 4년마다 개최하는 세계 수학자 대회(ICM)에서 수상 당시 40세 미만의 수학자들에게 수여하는 상이다. 일본인 히로나카 헤이스케는 1931년생인데 1970년 필즈상을 수상하였다. 그의 수상이 회자되는 것은 이 상을 수상한 사람이 모두 천재급인데, 그만은 보통 사람이라는 점 때문이라고 한다. 재수해서 교토대 수학과에 입학했고, 다른 친구들이 논문을 잘 써내는 것과 비교하여 비관도 했지만 결국 컬럼비아대학교와 하버드대학교의 교수를 역임했다. 그가 쓴 《학문의 즐거움》(김영사, 2001)은 노력으로 대가를 이룬 한 사람의 자서전이다. 많은 사람이 이 책에서 받은 감동을 말하고 있는데, 그중 고등학교때 친구들과 나눈 현실과는 동떨어진 철학적 주제의 토론이 자신의 학문적 바탕이 되었다는 이야기는 두고두고 기억에 남는다. 자신은 철학에 별로 관심을 두지 않았는데 친구는 끊임없이 철학 이야기를 했고, 그 친구와 같이 있다 보니 자신도 철학에 관심을 갖게 되었다고 한다.

또한 미래 사회는 혼자서 '돌격 앞으로'를 외쳐 봐야 성과가 없고 협력해야만 성과를 낼 수 있는 사회가 된다. 이를 두고 OECD에서는 협력적 자기주도성(Co-Agency)이라고 정의했다. 문제를 스스로 찾아 해결해야 하지만 혼자서는 해결이 불가능하고 협력해서 문제에 대응해야 웰빙이 가능해진다고 주장하고 있다. 결국 집단 내에서 폭 넓은 협력이 중요하다면 협력하는 방법을 배워야 한다. 그리고 이는 교실에서 친구를 만나다 보면 저절로 배우게 되는 덕목이다.

친구를 보면 그 사람을 안다고 한다. 부모도 자기 아이가 어떤 친구와 어울리는지에 늘 관심을 두면 아이의 마음을 읽을 수 있다. 공부를 열심히 하는 친구 그룹은 만나면 주로 공부 이야기를 한다. 한편 노는 동아리 친구들은 만나면 노는 이야기를 한다. 그러니 친구들을 보면 우리 아이의 관심이 어디에 있는지를 알 수 있다. 그래서 아이가 어떤 친구들과 무슨 이야기를 하는지를 관찰할 필요가 있다.

집으로 아이 친구들을 초대해서 간식을 주고 놀게 하면 아이들의 관심사가 무엇인지 관찰할 수 있다. 아이에게 친구들을 데려오도록 했는데 아이가 거부한다면 아이가 자기 친구들을 부모에게 보여 주기 싫다는 것이므로 좀 더 면밀히 알아보아야 한다. 아이가 학교에서는 누구와 식당에 같이 가는지, 학원에서는 누구와 어울리는지 등을 파악해서 대처해야 한다.

아이가 공부 이야기를 하는 친구 그룹에 속해 있었는데, 공부에 멀어지게 되면 친구도 달라진다. 새로 만나는 친구들은 공부와는 거리가 먼 이야기를 화제로 삼는다. 새로 방송하고 있는 드라마, 유럽 축구 등이 주요 화제가 되고 멋내기가 주요 관심사가 된다. 그런데 잠시만 관심을 멀리 해도 아이의 친구 그룹이 금세 바뀌어 있을 수도 있다. 이때는 새로 형성된 친구 관계를 멀리 하도록 지도해야 한다. 한편 친구 그룹이 바뀐 이유가 내 아이에게 있을 수도 있다. 공부하는 친구들보다 공부가 떨어지고 어느새 친구들이 하는 대화가 이해가 안 되면 스스로 친구 그룹을 바꾸기도 한다.

학교 다니는 동안 좋은 친구를 만나면 평생 지지자를 얻게 된다. 서로 뜻이 통하는 진짜 친구 사이를 '지음(知音)'이라고 했는데, 서로 속마음을 잘 알아주는 친구를 말한다. 초등학교 저학년 아이가 친구들이 놀리거나 싫은 소리를 들었을 때 친구가 위로해 주면 자존감을 살릴 수 있다. 그러면서 아이의 사회성이 성장한다. 그래서 학교 다녀 온 아이에게 '오늘은 친구랑 뭐 했어?'라고 물어보기를 권한다. '뭐 배웠어?'라고 물으면 아이는 할 말이 별로 없기 때문이다. 좀 더 자라서 중고생이 되면 학교 식당에 같이 가서 밥 함께 먹기, 교무실에 갈 일 있을 때 같이 가 주기, 과제 같이 하기, 독서 모임 같이 하기, 취미 생활이나 신나게 노는 것도 같이 하기 등을 함께하는 친구가 있다면 부모도 걱정을 덜게 된다. 내 아이가 이상한 길로 가려고 할 때 친구가 바로잡아 줄 테니까.

태도는
공부의 기본기다

'대학 가는 데 공부만 잘하면 되지 꼭 태도까지도 좋아야 하나요?'라고 생각하면 안 된다. 학생이 태도가 좋지 않으면 수업에 방해가 되고 협력 학습이 어려우니 대학에서도 좋아할 리가 없다. 여기서 용어 사용에서 유의할 점이 있다. 대입 전형에서 태도라고 할 때는 주로 학업 태도를 말한다는 것이다. 그런데 '태도가 좋아야 하나요?'라는 질문에서 태도는 학업 태도를 말하기보다는 생활 태도를 가리킨다.

가장 많이 알려진 '2021년 건국대·경희대·연세대·중앙대·한국외대 공동연구'인 〈학생부종합전형 공통 평가 요소 및 항목 개선 연구〉에서는 학업 태도는 '학업 역량의 하위 요소로 학업을 수행하고 학습해 나가려는 의지와 노력'이라고 설명했다.

그런데 '태도가 좋아야 하나요'에서 태도의 의미는 '공동체 역량'이라고 제시했다.

공동체 역량의 하위 분류는 협력과 소통 능력, 나눔과 배려, 성실성과 규칙 준수, 리더십 등 네 가지이다. 이 네 가지 하위 분류는 자신이 조정 가능한 덕목이다. 노력하면 이룰 수 있는 덕목인 것이다. 서울대는 공동체 역량과 같은 평가 요소를 '학업 외 소양'이라는 용어로 제시하였다. 학업 외 소양의 평가는 '학교생활을 통해 드러난 개인의 품성뿐만 아니라 리더십, 공동체 의식, 책임감, 사회구성원으로서의 기여 가능성 등을 평가한다'라고 설명했다. 어휘는 다르지만 내용은 대동소이하다.

공동체 역량만 뛰어난 학생이 서류평가를 하는 전형으로 대학에 합격하기는 어렵다. 대학은 학문의 전당이므로 공부 역량은 갖추어야 한다. 공부 역량을 갖추고 있으면서도 공동체 역량을 갖춘 학생이 대입에도 성공하고 그 이후의 삶에서도 성공할 확률이 높다.

대학은 모든 전형에서 학생의 공동체 역량을 평가하지는 못한다. 그렇지만 학생부종합전형에서 서류평가를 할 때 학생부에 드러난 공동체 역량을 평가하고, 면접이 있는 전형에서 공동체 역량을 평가한다. 특히 의학계열과 사범계열에서는 면접에서 공동체성을 확인한다. 특히 의대 면접에서 인성 면접은 상황을 제시하고 수험생이 대응하는 방식을 관찰하는데, 평소 공동체 역량을 갖추어야지 잠깐의 연습으로는 대비가 되지 않는다.

지난해, 언론에서는 영국 스포츠 전문 매체 '기브 미 스포츠'가 손흥민 선수를 전 세계인이 사랑하는 축구 선수 중 한 명으로 뽑았다고 보도했다. 손흥민 선수가 성격이 유쾌하고 경기장 안팎에서 친절했기 때문에 선정했다고 한다. 축구만 잘했다면 딱 축구만 잘하는 선수에 불과했을 것이다. 이렇게 대학 진학의 관문으로 통과하는 것뿐 아니라 인생의 전 과정에서 공동체 역량은 누구에게나 소중하다.

사우스웨스트 항공의 허브 켈러허 회장이 말했다는 유명한 말을 새길 필요가 있다. "기술은 가르칠 수 있지만 태도는 가르칠 수 없다."

아이의 호기심이 자기주도성을 키운다

국가수준 교육과정에서는 인재상을 제시하고 있는데, 그 첫째가 '자주적인 사람'이다. 자주적인 사람은 스스로 자신의 삶을 디자인한다. 밥상을 차려 주지 않으면 밥을 먹지 못하는 사람이 의존적인 사람이고, 때가 되면 자기가 알아서 밥을 지어 먹을 수 있는 사람이 자주적인 사람이다. 자주적인 사람은 스스로 자신이 해야 할 일을 정하고 추진 전략과 실행 방안을 계획하여 계획한 대로 완수할 수 있는 사람이다.

그런데 학교 공부는 대체로 해야 할 일이 정해져 있다. 개념을 이해하고, 학습활동을 하고 선생님이 내주는 숙제를 하면 된다. 이 과정이 자칫 수동적으로 이루어지기 쉽다. 시키는 일을 잘 하면 모든 것이 잘 돌아가기 때문이다. 그래서 교실에서는 새로운 생각을 해낼 수 있도록 발표도 시키고 토론도 시킨다. 학생은 이런 과정에 참가하면서 능동적으로 지식과 기능을 습득할 수 있게 된다. 이 능동성이 자기주도성이다.

학생이 물리 수업 시간에 베르누이의 정리를 배운다. 이 원리에 따라, 비행기 날개 윗면은 곡면이고 밑면은 평면이기에 윗면의 공기 흐름이 빨라지고 따라서 압력이 낮아지므로 위로 올라가는 힘이 작용하여 비행기가 뜬다고 알게 된다. 여기까지 배우고 난 뒤 '비행기는 양력 때문에 뜨는데 그 이론을 정리한 사람이 베르누이고 이 원리는 그 사람의 이름을 따서 베르누이의 정리라고 한다'까지 알고 있으면 지식을 쌓은 데서 그친 것이다. 교실에서는 베르누이 정리를 이용한 간단한 실험들, 간이 스프레이 만들기 등을 해 볼 것이다.

그런데 '정말 그 무거운 비행기가 양력만으로 뜰까?'에 대한 궁금증이 생겨 더 찾아보았다면 이 학생은 비행기에 관심이 있는 학생이거나 자연과학에 관심이 있는 학생 또는 모든 공부하는 과정에 호기심이 있는 학생으로 인정받는다. 기존의 지식만으로는 빠르게 변해 가는 상황에 적응하기도 쉽지 않은 세상인데 창의적인 아이디어를 내야만 한다고 강요까지 받는 상황이므로 대학은 이런 호기심이 있는 학생을 선발하여 능동적으로 학습할 수 있도록 도와주려고 한다. 이 호기심 있는 상태를 대학에서는 '발전가능성'이라고 한다. 결국 대학에서 원하는 가장 중요한 인재상이 호기심 있는 사람인 셈이다. 그래서 호기심은 사람됨의 꽃이다.

호기심 있는 상태를 유지하기 위해서는 언제나 '왜'라는 질문을 달고 살아야 한다. 비행기는 왜 뜰까, 공부는 왜 할까, 나는 대학에 왜 가려고 할까 등 모든 상황에 의문을 품는 자세가 필요하다. 그리고 이 질문에 답을 찾아가는 과정에서 독서를 해야 한다고 대학은 말한다. '구글링 하기'보다 '도서관에 가기'를 권장하는 것은 도서관에서 자료를 찾다 보면 인근에 꽂힌 책에서 새로운 것을 발견할 수 있는 가능성이 크기 때문이며, 공부는 두꺼운 책을 비판적으로 읽어 가면서 생각을 깊고도 넓게 해 가는 과정이기 때문이다.

보통 사람은 하던 일을 의심 없이 그대로 하고 싶어 하면서도 지루한 과정은 참지 못하는 성향이 있다고 말한다. 뇌과학에서는 사람의 뇌가 에너지를 적게 쓰려는 방향과 지루함을 피하려는 방향의 두 가지 성향이 동시에 지니도록 발달해 왔다고 한다. 그러고 보면 누구에게나 어떤 호기심은 있다. 청소년기의 이 호기심이 어떤 방향을 가진 호기심인지에 따라 사람됨을 좌우한다.

질문하는 힘을
키워 주자

《정의란 무엇인가》(와이즈베리, 2014)로 유명한 마이클 샌델 교수의 강의는 교수의 질문과 학생의 대답으로 이루어지는 소크라테스 방식 수업으로 유명하다. 샌델 교수의 정의란 무엇인가 강의 영상을 보면 달리는 기차 선로 앞에 다섯 명이 있고 비상선로에는 한 명이 서 있을 때 핸들을 비상선로로 돌릴 사람 또는 돌리지 않을 사람, 그런 선택을 한 이유를 묻는 장면과 이어지는 질의 응답 과정이 드라마를 보는 듯한 흥미를 일으킨다. 이 장면은 교수가 질문하고 학생이 응답하는 상호 작용 속에 이루어지는 수업 모델을 보여 준다. 이런 수업에서 학생이 자기 생각을 잘 발표하는 것만으로도 학생의 사고가 성장한다. 공개된 자리에서 자신의 생각을 잘 나타내는 법, 자신의 생각을 전달해서 자기 의사를 관철하는 방법을 배울 수 있기 때문이다.

말콤 글래드웰의 《아웃라이어》(김영사, 2009)에서도 이런 점을 지적하였다. 아홉 살 소년 알렉스 윌리엄스가 어머니 크리스티나와 함께 진료를 받으러 가는데 윌리엄스 집안은 전문직에 종사하고 있고 부유한 편이다. 크리스티나는 병원으로 향하는 차 안에서 알렉스에게 말했다. "알렉스, 의사 선생님께 물어볼 것을 생각해야지. 궁금한 것은 뭐든지 물어볼 수 있단다. 부끄러워하지 말고 뭐든 물어봐." 그 뒤로 병원에서 의사와 알렉스가 하는 대화가 소개되는데, 알렉스는 부모와 하던 방식대로 의사와 부드럽게 농담도 하며 대화를 이끌어 갔다. 어쩌면 샌델 교수의 강의에서 질문에 대답을 하겠다고 나선 학생들은 알렉스와 같은 가정교육을 받았을 수 있다.

자신을 잘 드러내서 자신의 원하는 결과를 얻을 수 있는 능력을 갖는 것이 사회적 성공과 밀접한 관련이 있다. 대답을 하지 못하는 것이나 모르는 것을 질문하지 못하는 것, 모르는 것을 해결하기 위한 도움을 구하지 못하는 것에는 공통점이 있다. 맞는 답을 하지 못하는 것, 모른다는 것을 부끄러운 일이라고 생각하는 것이다. 틀린 답을 말했을 때의 창피함, 도움을 요청했을 때 거절당할 수 있다는 두려움이 작동하여 학생을 석고상이 되도록 한다.

그런데 학년이 올라갈수록 공부가 갑자기 어려워져서 혼자 힘으로 해결하지 못할 때가 많다. 이럴 때 과제를 해결할 수 있는 도움을 언제 어디에 요청할 것인가를 아는 것이 중요한 학습 전략이다. 다른 사람에게 도움을 구할 수 있다는 것을 아는 것, 도움을 청해도 괜찮고 도움을 청하는 것이 부끄러운 일이 아니라는 것을 알게 하여야 한다. 알렉스 어머니는 이런 것을 평소에 아이에게 가르치고 있다. 도움을 청할 대상이 선생님일 수도 있고, 부모일 수도 있고 친구나 선배일 수도 있다. 누구에게 질문할까를 정하는 것도 질문 전략을 배우는 과정에 속한다.

지금 학교는 '질문 있는 교실'을 내세워 학생이 자기 생각을 발표하기를 권장한다. 질문을 만들어 내는 것은 자신이 무엇을 모르고 있다는 것을 안다는 것이거나, 호기심이 발동되어 궁금한 것이 생겼다는 표시이다. 이런 점에서 가장 뛰어난 질문은 '사과가 왜 땅으로 떨어지나?'와 같은 당연한 것에 의문을 품은 뉴턴의 질문이다. 이 질문으로 세계는 신의 지배에서 이성의 지배로 바뀌었다. 오늘 우리 아이가 교실에서 이런 질문을 하면 천재라고 인정받게 될까? 아니다. 아이는 '밤하늘은 왜 깜깜해요?'와 같은 질문을 하면 친구가 '너, 왜 그래?' 할까 봐 질문하지 못한다. 그런데 지나고 보면 가장 멍청한 질문이 근원에 대한 물음일 수 있다. 친구가 이상한 질문을 했을 때 박수를 치자. 학생이 멍청한 질문을 할 수 있게 '멍청한 질문하기

대회'도 해 보자.

다만, 아무 때나 질문해서 맥을 끊는다는 소리를 듣는다면 질문 전략을 다시 배워야 한다. 질문할 때를 아는 것도 전략이 며 아무 때나 질문하면 다른 친구들이 사고의 맥락이 끊어지 기 때문에 싫어한다. 질문 찬스를 잘 잡는 것이 자신의 세계로 다른 사람을 끌어오는 전략 중 하나이다.

아이가 질문했다고 부모가 모든 것을 다 해 주면 아이는 생 각을 멈추고 구경만 하게 되므로 사고가 깊어지지 않는다. 엄 마는 코치 수준에서 도와주어야 한다. 엄마는 말로만 코치하면 서 좀 게으를 필요가 있다.

긍정적인 자아 이미지가 공부를 이끈다

점심 먹으러 음식점에 들어서니 벽에 '一切唯心造(일체유심조)'라고 쓴 액자가 걸려 있었다. '모든 것은 마음먹기에 달렸다. 점심으로 내가 먹는 국밥이란 특별할 것이 없는 국밥일 뿐이라도 내가 미래에 먹는 점심은 특별한 것이어야 한다는 마음을 먹는다면 나는 특별한 사람이 될 수 있다'는 뜻으로 새기고 국밥을 떴다. '매일 국밥이나 축내는 나같은 사람은 얼마나 하찮은가!' 같은 생각을 절대 하지 말아야 한다.

나는 반드시 성공한다는 마음가짐을 갖는다면 반드시 성공한다. 성공하는 사람은 당당하며 성실하다. 우리가 보통 성공한 사람이라고 여기는 사람들의 삶을 알아보고 그런 자세를 나도 갖도록 하면 나도 성공할 수 있다. 그래서 위인전이나 성공한 사람들의 이야기에 귀를 기울이는 것이 의미가 있다. 그냥 위인의 이야기로 치부하고 바라보기만 한다면 영화 〈어벤저스〉를 보는 것과 다름이 없다. '나도 내가 존경하는 ○○○처럼 매사에 당당하게 임할 것이고 실수를 두려워하지 않을 것이다. 그리고 매일 도서관에 들러 독서를 하고 시간 계획을 세워 하루를 알차게 보내겠다'와 같은 마음가짐을 갖게 되면 일단 성공에 한 발짝 다가간 것이다.

맥스웰 몰츠는 《맥스웰 몰츠 성공의 법칙》(비즈니스북스, 2019)에서 '자아 이미지를 바꾸면 성격과 행동이 바뀐다'며 성공하기 위해서 긍정적인 자아 이미지를 가지라고 충고하였다. '너는 신중하지 못해'와 같은 합리적이지 않은 말에 휘둘리지 않는 의식적인 의사결정을 하고 상상력을 통해 목표와 소통하여 자아 이미지를 극적으로 변화시키고 나면 자신의 한계를 넘어서는 어려움에 부닥치는 경우에도 성공할 수 있다는 것이다. 그가 말하는 자아 이미지는 자존감, 자아 효용감과 통한다.

캐롤 드웩이 《마인드셋》(스몰빅라이프, 2017)에서 말한 성장 마인드셋(growth mindset)과 고정 마인드셋(fixed mindset) 중에서 성장 마인드셋이 성공의 바탕이라는 지적 역시 같은 맥락이다.

초등학교 2학년인 유준이는 피아노 교습을 받고 있는데 학원에서 연주가 잘된 날은 기쁜 얼굴로 집에 오지만 잘 안 되었던 날에는 짜증을 내고 들어온다고 아이 엄마가 말한다. 아직 유준이는 어리지만 '연주가 잘 안 되는 경우를 바로잡으려고 연습을 하는 거니까 잘 안 돼도 괜찮아. 이걸 성장 마음가짐이라고 한단다.'라고 해 주었다. 시험에 실패하고 나면 고정 마인드셋을 가진 사람은 실패를 창피한 것으로 받아들이고 또 실패할 것을 두려워하지만 성장 마인드셋을 가진 사람은 실패를 통하여 자신의 약점을 파악하고 연습을 통하여 그 약점을 보완해서 최종적으로는 성공에 이른다고 한다. 면접시험에서 떨어서 아무 말도 못 했다는 학생, 마이크 울렁증이 있는 사람 모두 실패를 두려워하기 때문이다.

그런데 긍정적인 자아 이미지를 만들고 성장 마인드셋으로 무장했다 하더라도 실천하지 않으면 허풍에 불과한다. 공부하지 않으면서 '시험을 잘 볼 수 있어.'라고 낙관적으로 생각하는 것을 긍정적 자아 이미지를 가졌다고 할 수는 없다. 성공하기 위해서는 실천을 해야 한다. 우선 목표를 세우고 목표를 달성할 수 있는 실행 계획을 세운다. 그러나 목표에 너무 집착하면 현재가 힘들기만 할 수도 있다. 그래서 매일매일 실천할 계획을 세우고 그날그날만 알차게 사는 일이 더 중요하다. 알코올 중독 치료법에서 '술을 영원히 마시지 않는다'는 결심을 하는 것보다 '오늘은 마시지 않는다'는 생각이 더 효과적이라는 것과 같다.

그런데 그날그날을 알차게 살아가도록 돕는 것 중 하나는 자신의 일과를 습관으로 만드는 것이다. 하루 일과를 정하고 학습에 필요한 시간을 파악해서 실제로 어떤 시간에 무슨 공부를 할 것인지 계획을 세워 이를 습관으로 만든다면 하루를 알차게 보내는 데 도움이 되고 유혹에서도 벗어날 수 있다.

자아 이미지를 긍정적으로 바꾸고 과업에 도전하려면 어떡해야 할까? 우선 '나는 할 수 없어'라는 생각을 버려야 한다. 지우개로 마음을 깨끗하게 지우고 잊을 건 잊는다. 동료가 너는 참 능력이 없다고 비난해도 그건 '근거 없는 편견에 불과해'라고 생각해 버린다. 합리적인 비판이라면 적절한 논거가 있어야 하는데 그건 그냥 비난을 위한 비난일 뿐이라고 생각하는 것이다. 만약 비판에 대하여 생각해 보니 일리가 있는 말이었다면 비판을 성장의 토대로 삼는다. 무시하지 않고 비판에서 배우는 것이다.

그다음은 '나는 실패한 사람이 아니고 이번에 실패한 것뿐이다'라고 생각한다. 100번째 성공한 사람은 99번째까지는 실패에 실패를 거듭한 사람이다. 그러니까 실패한 사람이 성공한 사람으로 바뀌는 것이 아니고, 사람은 그대로인데 실패하다가 성공하는 것이다. 대학에서도 학생부종합전형으로 서류평가를 할 때 실패를 극복한 경험이 있는 학생, 모호함을 견디고 결과를 내려고 애쓴 경험이 있는 학생을 눈여겨본다. 하지만 일부러 실패할 것까지는 없다. 그러나 어려운 과제에 도전하다 보면 실패 없이 성공하게 되지는 않는다.

롤모델을 정해서 따라 해 보려고 시도해도 좋다. 자신이 가

고 싶은 길을 먼저 간 사람의 삶을 따라가다 보면 성공 유전
자가 포함된 태도를 배울 수 있다. 성공한 사람은 긍정적 자아
이미지를 가지고 있을 테니 말이다.

그런데 이 모든 일에 앞서 마음을 일으키는 일이 먼저이다.
마음이 활력을 얻지 않으면 시작도 어렵다. 2020년에 학기 중
온라인 수업이 늘어나서 많은 학생이 학습 의욕을 잃자 이 학
생들을 대상으로 수석교사들이 상담해 주는 사업을 하였는데,
학생들이 공부에 몰입하게 하기 위해 우선 시도한 것도 지친
마음을 일으키기였다.

해야 할 공부를 제대로 하지 않으면 마음이 불안해진다. 아
이는 자기가 공부를 안 하고서는 엄마에게 짜증을 부리고 엄
마는 좀 황당해진다. 이럴 때 엄마가 아이를 나무라면 아이는
마음이 다치게 될 뿐 일어날 힘을 얻지도 못한다. 서로가 마음
을 가다듬고 아이와 함께 심기일전할 방법을 찾아야 한다.

먼저 심호흡을 하면 마음을 가라앉힐 수 있다. 폐에 공기가
가득 차도록 들이마시고 풍선이 완전히 바람이 빠져 쪼그라드
는 것처럼 될 때까지 내쉰다. 열 번 심호흡하면 마음이 가라앉
는다. 엄마도 같이 하면 좋다. 몇 번 심호흡을 하면 마음이 가
라앉는지를 세어 두면 좋다. 만약 일곱 번 만에 마음이 가라앉
는다면 다음에도 '나는 심호흡 일곱 번이면 마음이 가라앉는
다'라는 자신감이 생긴다. 심호흡과 함께 나비 포옹법을 해 본

다. 양팔로 교차하여 어깨에 얹고 손바닥으로 나비가 날갯짓을 하듯 자신의 어깨를 열 번 두드리는 것이다.

상상을 통해 마음을 가라앉힐 수도 있다. 어제 해야 할 공부를 다 못해서 자신이 한없이 초라해 보이고 우울할 때 해 보기를 권하는 방법이 소위 '안전지대법'이라는 것이다. 우선 자신이 가장 편안한 상황을 경험한 곳을 상상한다. 라오스의 루앙프라방은 프랑스풍의 관광지이다. 이곳은 세계 각국에서 온 젊은이들이 펜션 마루에 나와 앉아 책을 보거나 메콩강가에서 강물을 하염없이 바라보면서 지내는 곳으로 알려져 있다. 시간이 게으르게 늘어진 곳이다. 이런 루앙프라방에서처럼 편안한 시간을 보낸 기억이 있다면 내가 지금도 거기 있다고 상상해 보는 것이다. 30분 정도 편안하게 있으면 좋다. 시작할 때 무릎을 맞부딪혀 시작 신호를 뇌에 보내면 다음번에 할 때 상황에 몰입하기가 쉽다.

이를 며칠이나 해야 할까? 매일 한 번씩 3주는 해야 한다. '가뜩이나 시간이 없는데 30분을 쓰는 일을 매일 하라고?'라는 생각이 들 수도 있다. 그러나 낭비되는 시간이 아닌, 마음을 일으키지 못해서 할 일을 하지 못하는 상태에서 벗어나는 치료 시간이라고 생각을 해야 한다.

공부의 중심에
자신을 세운다

우리나라 국가수준 교육과정에서 첫 번째로 등장하는 덕목이 자기주도적인 사람이다. OECD에서도 학생 자기주도성을 중시한다. 자기주도성은 불확실한 미래를 살아가고 개척해 나가는 데 가장 필요한 덕목이다. 교육과정에서 제시한 '자기주도적인 사람'을 학생부종합전형에서 평가할 때 대학은 어디서 근거를 찾을 수 있을까?

대학은 후속 학문 세대를 선발하려고 하므로 학습 측면을 먼저 보려고 한다. 각 대학이 제시한 평가 요소 중 첫 번째가 학업 역량인 것을 보면 수긍할 수 있다. 즉 대학은 우선 학습 측면에서 자기주도적인 학습의 근거를 찾으려고 한다. 자기주도 학습을 자습실에서 혼자 수능 문제를 푸는 태도로 규정한

적도 있었다. 그러나 지금은 자기주도적인 학습을 자습이라고 생각하지는 않는다. 스스로 무엇을 공부하고 싶은 마음이 있어 그 공부를 추진하는 방식을 자기주도적 학습이라고 한다. 여기서 '공부하고 싶은 마음이 있다'는 것이 핵심이다.

서울대가 평가 요소로 내세운 요목 중 '학업 태도'에 대하여 '자기주도적 학습 경험에서 나타나는 지적 호기심과 탐구 의지, 깊이 있는 배움에 대한 열의, 학업 수행 과정에서의 적극성 및 진취성, 진로 탐색 의지 등의 학업 소양'이라고 설명한 것도 공부하고 싶은 마음과 같은 의미이다. 경희대 등 5개 대학이 제시한 평가 요소 중 학업 역량에 들어 있는 학업 태도와 탐구력 역시 공부하고 싶은 마음으로 요약할 수 있다.

초·중학교 교육과정은 국가 수준 교육과정으로 정해져 있으므로 학생이 무엇을 공부해야 할 내용은 이미 정해져 있다. 따라서 초등학생과 중학생은 정해진 교과의 내용 요소를 잘 이해하고 학습활동을 스스로 해 보는 수준에서 자기주도성을 기르게 되고 문제 해결력을 갖추게 된다. 학습활동을 스스로 한다는 것은 '스스로 생각'해서 답을 구하는 자세를 말한다. '미리 해답을 본다', '모르면 바로 물어본다' 같은 태도가 아닌 것이다. 공부 잘하는 학생이라면 질문을 많이 하는 학생이 아니라 스스로 탐구하는 과정에서 핵심을 질문하는 학생이다. 그래서 지원자 학생부에 '질문을 많이 하는 학생'이라는 평가가 써 있다면 그 평가의 의미가 무엇인지 입학사정관은 생각을 하게 된다는 말이 있다.

자기주도 학습은 수동적 학습과 대조되는 말이다. 학원에서 수동적으로 설명만 듣고 그나마 능동적으로 해야 할 학원 과제도 잘 안 하면서 설명만 듣고 있게 되면, 내용 요소도 충분히 이해하지 못한 채, 배웠다는 사실만 기억에 남게 된다. 중학교 3학년이 되는 어떤 학생이 이미 고등학교 2학년 과정을 다 배우고 세 바퀴는 돌았다고 하기에 3학년 수능 수학 문제의 해당 부분을 풀어 보라고 했더니 접근한 문제가 거의 없었다. 이렇게 진도만 나가는 공부는 진짜 공부가 아니다.

자기주도적인 학습은 스스로 무엇을 어떻게 공부해야 할지를 정하고 실천하는 학습이다. 이것은 교과 지식과 개념·원리를 배운 뒤 배운 내용으로 교과서 학습활동을 해 보는 데서 출발한다. 학습활동에 답을 하면서 관련 자료를 찾아서 보완하고 보충할 것을 스스로 보완해서 자신만의 해결 방안을 만드는 학습을 한 성과가 자기주도 학습 성과이다. 학습은 교과서 학습활동만으로 완성되지는 않고 교실에서 이루어지는 수행 과제, 협력 학습 과제, 자신이 호기심이 생겨 더 알아보고 싶은 주제 등에 대한 탐구활동에서 심화된다. 이런 일련의 학습 과정을 스스로 추진하고 자신의 학습 상황을 성찰하는 모든 과정이 자기주도적 학습이다.

고등학생은 능동적인 학습 태도 이전에 선택중심 교육과정에서 자신이 공부해야 할 과목을 고르는 과정을 거친다. 자신이 어떤 과목을 공부해야 하는지 스스로 판단해야 하는데 이 과정부터 자기주도적이어야 한다. 자신의 진로 방향을 고민하고 고민한 끝에 배워야 할 과목을 선택하는 과정이 그 아이의 자기주도성을 나타낸다. 학생은 모든 선택의 순간에 자기주도성을 발휘해야 한다. 즉 진로에 관계된 과목을 선택하는 것이 전공(계열)적합성 여부보다 더 큰 덕목을 보여 준다. 대학은 교과세특에서 학생이 어떤 탐구활동을 얼마나 했는지를 검토해서 학생이 자기주도적으로 학습했는지는 평가한다고도 한다. 탐구하고 발표하고 성찰하라는 주문은 이미 교육과정 문서에도 있다.

진로는 스스로
탐색하는 공부다

한국잡월드에서 진로와 관련한 인터뷰 영상을 녹화하기 위해 질문지가 도착했다. 그중 "진로도 공부해야 하나요?"라는 질문이 눈에 띄었다. 답은 '공부해야 한다'이다.

진로 목표 결정은 내가 무엇이 될 것인지를 정하는 일이다. 현대는 사회 변화 및 기술 변화 속도가 빨라서 현재 유망하다고 생각하는 직업이 앞으로는 유망하지 않을 수 있다. 그래서 진로 목표를 결정해야 한다. 불과 몇 년 전만 해도 스마트폰 앱을 만드는 전문가가 미래 직업으로 유망해 보였지만, 벌써 스마트폰 앱을 만드는 직업은 사양 직업으로 변해 가고 AI 관련 직업이 유망하다고 한다. 데이터를 이용해서 의미 있는 정보를 발굴하는 데이터마이닝 직업이 유망하다고 한 때가 엊그

제인데 지금은 누구나 데이터를 이용할 줄 알아야 한다. 이로 인해 데이터 전문가는 대중화되었고, 클라우드 서비스를 받게 되면 클라우드 운영 회사에서 데이터를 분석해서 고객에게 분석 자료를 제공해 주는 시대가 되었다고 한다.

오늘 유망하다고 피상적으로 알아본 직업은 내일이면 유망하지 않을 수 있다. 그래서 미래에 대하여 공부해야 하고, 세상이 변해도 문제를 해결할 수 있는 역량을 기르는 것이 중요해졌다. 이렇게 보면 진로를 공부한다는 것은 미래의 변화를 예측하는 공부, 변화 속에서 창직 또는 창업을 할 수 있는 마음가짐과 앙트레프러너십(entrepreneurship)이라는 창업·창직에 대한 공부, 미래의 문제를 해결할 수 있는 역량을 기르는 공부 등을 포함한다.

무엇보다 이 공부는 학생 스스로 해야 한다. 세계가 달라져서 부모도 자녀의 진로 결정을 도와줄 수 없다. 학생이 자신의 역량과 선호를 이해하여 스스로 자신의 미래를 선택해야 하므로 기성세대의 조언보다 스스로 하는 공부가 필요하다. 이때 부모는 부모의 선호에 의해 자녀의 진로 희망을 판단하지 말아야 한다. 아이의 선택을 존중해 주고 격려해 줄 필요가 있다. 부모 입장에서 보면 아이의 꿈이 흡족하지 않아 걱정이 되겠지만, 아이의 생각은 달라지므로 한 번의 선택을 고집하는 경우는 드물다는 것을 기억하자. 일단 부모의 개입으로 스스로 결정할 기회를 잃게 되면 아이는 성인이 되어서도 결정을 못

내리는 사람이 될 수 있다.

　이어지는 질문도 생각거리이다. "계속 교육과정이나 입시제도는 변화하고 있지만 인터넷에는 너무 많은 정보가 있어 그 진위를 가리기도 쉽지 않은데요, 부모님들이 진로·진학 정보를 찾을 때 주의할 점에 대해 알려 주세요."이다.

　정보를 판단하는 기준은 상식이다. 예컨대 방학 중 '한방에 1등이 되는 공부가 있다'는 광고를 보면 솔깃하겠지만 공부에는 왕도가 없다는 말을 이미 알고 있으므로 과장 광고라는 것을 알 수 있다. 불안 조장과 유혹인지 판단할 일이다. 잘 판단하려면 어떤 길이 유리한가보다 교육적인가에 초점을 두어야 한다. 학생부종합전형과 수능 중 어떤 길이 유리한가에 관심을 두면 공부가 편향될 수 있다. 학교 공부는 대부분 창고에 미래에 쓸 힘을 저장해 두는 역할을 한다. 이 공부가 학생부종합전형으로 이어진다. 그런데 유리한가에 집착하다 보면 시험 못 본 핑계로 수능 공부만 한다고 하고, 그러다 일부를 버리게 된다. 고급 사고를 회피하고 쉬운 길로 가려고 하게 된다. 그러다 나중에는 대학에 가서도 어려운 공부를 피하게 되고 직업에 필요한 공부도 마치지 못하게 된다.

　정보의 진위를 잘 모르겠으면 우선은 학교의 도움을 받는 것을 권장한다. 정보는 누구에게나 맞지 않다. 우리 아이에게 맞는 정보는 우리 아이를 가장 잘 아는 학교 선생님이 알려 줄 수 있다. 그다음에는 시·도교육청이나 대교협의 상담센터인 대입정보포털 어디가(www.adiga.kr)의 도움을 받기를 권한다. 여기서는 진로·진학전문가로 추천된 선생님들이 상담에 응하고 있다. 공적인 상담에는 비용이 들지도 않는다.

2025년 4월, 교육부는 '2028학년도 대입, 이렇게 준비하세요.'라는 제목의 보도자료를 냈다. 여기에서는 '함께학교(www.togetherschool.go.kr)' 플랫폼에서 진로·학업 설계 지원 서비스를 운영하여 상담해 주고 있다고 안내했다. 함께학교 플랫폼에 접속하여 '스터디 카페 〉 진로·진학 학업 설계' 메뉴로 들어가면 된다.

결정력 있는 아이가 성공한다

맥스웰 몰츠는 《맥스웰 몰츠 성공의 법칙》에서 결심과 동시에 실천하는 습관을 들이라면서 다음과 같이 말했다.

"식당에 가서 메뉴를 고르는 일로 고민에 빠지거나 심지어 주문한 후에 마음을 바꾸는 사람이 되어서는 안 된다. 음식을 고른 후에는 메뉴판을 덮어라. 쇼핑을 할 때도 물건을 집어들었으면 구입하라."

결정한 뒤에 후회하지 않으려면 결정 이전에 신중하게 생각을 해야 한다. 생각을 하기 위해서는 정보가 필요하다. 뻔한 말을 다시 하는 이유는 결정이 어렵기도 하고 결정을 위해 정보를 수집해야 하지만 생각에만 머물고 실제로는 정보를 수집하지 않는 사람이 많기 때문이다.

진로 교육에서는 의사결정 유형이 세 가지가 있다고 가르친다. 즉흥적 결정은 신중하게 생각해 보지 않고 결정을 내리는 경우이다. '요즘 방송에 반려견 행동 교정하는 분이 나와서 반려견을 다루는데 정말 멋지더라. 나도 동물 행동 교정가가 될래.'와 같이 결정하는 것이다. 시간이 좀 지나면 이 학생은 다른 멋진 직업을 가진 다른 롤 모델이 나오면 꿈을 바꿀 가능성이 높다. 의존적 유형은 결정을 다른 사람의 의견에 의존하는 경우이다. '삼촌이 그러는데 앞으로는 AIML을 공부해야 전망이 있대. 난 AI를 전공하기로 했어.'와 같은 경우이다. 이런 유형의 학생은 모든 결정 앞에 엄마가, 삼촌이, 선생님이 등을 앞세운다. "이 책을 읽게 된 동기가 뭐야?"라고 물으면 "엄마가 권해서요."라는 답이 돌아온다. 도무지 자기주도적 태도가 보이지 않는다.

또 한 가지 유형은 '합리적 결정'이다. 결정하기 전에 정보를 수집하고 다양한 각도로 분석해서 스스로 결정을 하는 것을 말한다. 그러기 위해 평소에 결정하는 연습을 해야 한다. 초등학교 저학년 아이가 엄마와 서점에서 책을 고른다. 아이가 고른 책이 엄마 마음에 들지 않는다고 해서 그럴 때마다 엄마가 제어를 하면 아이는 모든 결정의 순간에 엄마의 표정을 한번 살핀다. 이 아이는 자라서도 결정을 내리기 전에 결정권을 가진 사람에게 의존하게 된다. 진로, 진학뿐 아니라 취업, 결혼 상황에서도 결정을 스스로 하지 못한다. 중학교 자유학년제에서 선택의 기회를 주는 것도 스스로 생각해서 결정하는 연습을 해 보라는 의도가 깔려 있다. 스스로 선택해서 자기가 좋아하는 것을 하다 보면 진로와도 연결될 수 있다. '선택의 자유'가 있는 학년이 '자유학년'인 것이다.

고등학교 때는 진로를 정해야 대학 가기 쉽다고 한다. 그런데 진로를 정하지 못했다는 것이다. 진로 결정을 해야 하는 이유는 진로 목표인 무엇이 되기 위해서 진로 경로인 어디서 어떤 공부를 할 것인지를 정해야 하기 때문이다. 고등학교 1학년 여름에 진로 목표를 정하고 과목을 선택하면 변경이 쉽지 않다. 물건을 산 거라면 단순 변심으로도 교환을 할 수는 있지만 진로는 바꾸면 손실이 크다.

진로를 정하려면 정보를 수집해야 한다. 자신이 좋아하는 분야, 전공할 수 있는 대학을 알아보자. 학생이 스스로 찾아보아야 한다. 그 대학의 전공 소개, 기초 교육과정, 그 학과 교수들의 연구 과제 등을 살펴보고 자신의 진로 희망과 견주어 본다. 전공을 하고 나서 취업 또는 창업을 했을 때 자신에게 돌아올 보상도 고려해야 한다. 보수와 처우 또는 정신적 만족도 등을 따져 보아야 하는 것이다. 이렇게 알아보고 결정을 하면 저절로 고등학교 때 무슨 과목을 선택해서 공부해야 할지를 정할 수 있다. 'AI를 전공할 건데, 전자기학이 필요하다니까 지금 전자기학이 좀 재미가 없어도 열심히 해야지.'라는 마음을 먹게 되는 것이다. 결국 진로 결정을 해야 대입에 유리하다는 말은 과목 선택이 진로에 영향을 준다는 말과 같다.

사업에서 결정은 신중하게 결정해서 실패가 없도록 해야 할 때와 신속하게 결정해서 시장을 선점해야 할 때가 있다고 한다. 각각의 결정 방식이 필요한 경우를 잘 알고 신중한 결정을 할 상황인지 신속한 결정을 해야 할 상황인지를 잘 판단하여 실행하는 것이 성패의 열쇠가 된다는 것이다. 그런데 진로와 관련된 결정은 신속하게 결정해야 할 것은 별로 없다. 대부분 신중하게 결정해야 할 사안들이다. 결정을 하기까지 시간도 충분하다. 최종적으로 결정하기 전까지는 변심을 해도 좋다. 문학을 전공하기 위해 글쓰기를 열심히 공부했다가 해양생물학자의 길로 들어선 레이첼 카슨은 전공과 글쓰기 실력을 결합해서 1920년에 《침묵의 봄》(에코리브르, 2002)이라는 베스트 셀러를 남겼다.

그러나 최종 결정을 해야 하는 고등학교 1학년 여름에는 결정적으로 선택을 해야 한다. 고등학교 1학년인데 아직도 진로 결정을 못했다면 우선 배울 과목 중 무엇을 뺄 것인지를 결정하자. 고등학교 1학년 때까지는 포기하는 과목이 없어야 한다. 1학년 여름에 2학년부터 배울 과목을 선택하게 되는데, 물리학, 화학, 미적분Ⅱ의 선택 여부가 진로를 결정한다. 물리학을 버리면 공대 진학이 어렵다. 미적분Ⅱ를 빼면 이공계와 상경계 공부를 하기 어려운 까닭이다.

2장

실천하는 습관이
성적을 바꾼다

방학에도
흐름은 계속된다

2020년의 화두는 '학업 양극화'였다. 오죽하면 교육부가 전국의 수석교사들의 협조를 구하여 각 고등학교별로 학업 성취 정도가 낮아진 학생들을 추천받아 컨설팅에 나섰을까? 현재 내가 속한 한국진로·진학정보원이 이 일을 맡았었다. 우리 아이는 역량이 늘었을까, 줄었을까? 줄었다면 보통에 해당한다. 많은 학생이 줄어든 경향을 보였기 때문이다. 늘었다면 그보다 행복할 수 없다.

방학은 아이의 학습을 점검할 중요한 시기이다. 방학에는 어떻게 해야 공부 자세를 잡을 수 있을까? 먼저 일찍 일어나야 한다. 하루를 오전, 오후, 밤으로 3등분 할 때 오전을 버리면 3분의 1을 버리게 된다. 그런데 아이는 방학이 되면 한없이 게을러진다. 그러면서 자신이 시간을 헛되이 보낸 것을 두고 자신에게 짜증을 낸다. 엄마 입장에서 보면 기가 찰 노릇이다. 공부는 자기가 안 하고 짜증도 자기가 내다니. 그러나 해야 할 일을 하지 못했을 때 오는 자괴감이 짜증을 만들어 낸다. 그래서 아이가 일찍 일어나도록 독려해야 한다.

일찍 일어나는 습관은 계획표를 만드는 것에서 출발한다. 일과표를 만들면서 오전 11시에 일어나기로 하는 아이는 없다. 일과표를 만들 때는 적어도 8시 이전에는 일어나도록 계획해야 하고 작심삼일이 되지 않도록 해야 한다. 아무것도 하지 않더라도 일어나는 시간을 지키면 칭찬하고 상도 주면 좋다.

계획표는 일과표뿐 아니라 방학 중 모든 날에 시간대별로 무엇을 할 것인지를 적어 보아야 한다. 공부는 자신이 무엇을 해야 할지를 알아야 스스로 할 수 있게 된다. 무엇을 해야 할지 모른다면 닥치는 대로 하게 되거나 좋아하는 것만 할 수도 있고 할 게 없어서 게임을 할까, 유튜브를 볼까를 두고 고민할 수도 있다. 공부할 시간과 그 시간에 할 공부를 계획해야 적절하게 공부할 수 있다.

공부 계획을 세운다는 것이 쉽지 않다. 요즘 유행처럼 공부에 메타인지가 중요하다고 하는데, 아이가 무엇을 얼마나 공부할 것인지, 시간과 분량을 알아 하루하루의 공부 계획을 세운다면 메타인지가 잘 발달하였다고 할 수 있다.

방학 전체의 공부 계획은 반드시 지난 학기 진도에서 모르는 것이 있었는지 확인하는 공부로부터 시작해야 한다. 섣불리 예습부터 하게 되면 지난 학습 결손 때문에 새로운 내용을 깊이 있게 배울 수 없으므로 헛공부가 되고 만다. 많은 학생이 선행 학습을 하지만 선행 학습으로 성공하는 학생이 적은 것은 이런 까닭이다. '이미 지난 공부를 해서 무엇 하나?' 또는 '한 번 본 드라마 다시 보는 사람 어디 있나?'라고 할지 모르지만 이 보 전진을 위한 일 보 후퇴라 생각하고 복습을 반드시 해야 한다.

　교과서 차례를 보고 배운 부분의 개념과 원리를 떠올려 본다. 지난 학기에 해 놓았던 공책 정리가 있다면 그것을 보고 복습하고, 없다면 지난 교과서와 참고서를 보고 배운 것을 다시 확인해야 한다. 학습 결손을 메우지 않는다면 다음 학기 공부를 잘하기 어렵다. 학습 결손을 메우고 난 뒤에야 다음 학기에 배울 것을 조금 예습하면 된다.

　학년이 높은 학생이라면 장기 계획을 세워야 한다. 장기 계획을 세우려면 학교 행사 일정을 봐야 한다. 만약 학교에서 다가올 학년도 행사 계획이나 시험 계획을 발표하지 않았다면, 구체적인 계획은 뒤로 미루고 대강 어떤 공부를 어떤 시기에 할 건지 정도 세워 두었다가, 연간 행사 일정표를 보고, 시기를 조절하면 된다. 이런 경우라면 우선 방학 계획을 잘 세워 공부를 실천해야 한다.

연말이면 결산을 하고 연초에는 한 해 해야 할 일을 계획한다. 계획이 잘 되었는지를 동료와 상의하거나 직장 상사에게 검토를 받는다. 아이들도 한 해 공부 계획을 세워야 한다. 우선 방학이 시작되었으니, 이번 방학 학습 계획을 세우고, 이어 1학기 학습 계획을 세우자. 여름방학 계획도 세우고, 2학기 계획도 세우자. 그런데 연간 계획이라면 당연히 잘 들어맞기가 어렵다. 국가도 예산 계획을 세우지만 추경을 하지 않나? 그래도 추경할 거니까 예산을 세우지 않아도 되는 것은 아니다.

계획을 지키는 힘을 기르자

계획을 세우지 않아도 공부를 잘 할 수 있다고 믿는 학생이 있다. 이런 말을 믿지 말고 계획을 세워야 한다. 계획을 세우지 않으면 놀 시간도 없다. 계획량을 완수하고 난 뒤에 신나게 놀아야 하는데, 계획된 양이 없다면 언제나 할 공부가 밀려 있게 된다. 결국 급한 공부부터 하게 된다. 꾸준히 공부를 하기 어렵다는 뜻이다. 숙제부터 하고, 오늘 생긴 문제부터 해결하다 보면 정작 매일 계획을 세워 역량을 길러야 할 부분에 시간을 할애하지 못하게 된다.

한 주의 계획은 월요일부터 시작하는 것이 좋다. 월요일부터 공부를 해 오다가 토요일과 일요일에는 여분 시간을 두고 주중에 다하지 못한 것을 메우거나, 돌발 상황이 생겨 할 수 없었던 공부를 하는 시간으로 사용한다. 결국 일요일은 밀린 일을 하거나 신나게 노는 날로 쓸 수 있게 두면 된다. 한 주 계획을 세우기가 어려우면 지난 주에 한 공부 상황을 계획표에 옮겨 본 뒤, 계획 대비 실천 상황을 평가해서 계획표를 완성해 보는 것으로 출발하자. 그러면 자신이 공부에 사용할 수 있는 시간을 알 수 있게 되고 실제 실천 가능한 계획에 가깝게 계획을 짤 수 있다.

계획표를 짜 봐야 삼 일이면 지키지 않는 학생이라면 삼 일간의 학습 계획표를 만들어 실천하기로 한다. 사흘 뒤에 다시 계획을 세워 보다가 점차 실천에 힘이 붙으면 주간 계획을 세우고 실천했을 때의 뿌듯함을 맛보면, 점점 내적 보상이 커지는 기쁨을 누릴 수 있다.

계획에는 학습의 기본인 '국어, 수학, 영어, 독서, 일기 쓰기 등 손글씨 쓰는 시간' 등이 포함되어야 한다. 하루 수영을 10시간 배우는 것보다 30분씩 이십 일 배우는 것이 더 효과적이듯, 이런 과목들은 꾸준히 시간을 들여야 실력이 쌓인다.

그리고 방학에 해야 할 일 중 가장 중요한 일은 매일 독서를 하는 것이다. 초등학교 3학년 국어 교과서부터 매 학기에 책 고르기 전략, 독서 전략, 독후 활동 전략을 제시하고 있다. 그만큼 독서가 중요하다.

선행보다
예습·복습이 먼저다

　며칠 전 초등학생 학부모 대상으로 고교학점제를 설명하는 자리에 강사로 나섰다. 행사를 마치고 나오는데 학부모 한 분이 다가와 이야기를 좀 하자고 했다. 아이가 중학교 3학년인데 이제 자신이나 아이 아버지는 아이가 무엇을 어떻게 공부해야 할지를 말해 줄 수 있는 경험이 없어 주변에 물어보았다고 한다. 그러자 이 아이는 선행을 해야 한다는 말을 들었는데 아이는 선행은 하지 않아도 된다고 한다며 한사코 그런 학원은 다니지 않겠다고 한단다.

　〈공부가 머니?〉에 출연하면서 여러 차례 이야기하며 강조한 것이 있다. 선행보다 중요한 것은 학습 결손을 메우는 것이고 예습만 중요한 것이 아니라 복습이 정말 중요하다는 것이다. 아이들이 현재 성적이 나쁘고 그로 인하여 자존감이 떨어지는 것은 선행을 하지 않아서가 아니라 지나온 공부에서 학습 결손이 있었기 때문이다. 방학을 이용해서 지난 공부에 결손이 있었다면 보충할 일이다. 그러니 좀 창피하더라도 지난 학년에 배운 것을 다시 익히고 현재 공부에 충실해야 한다. 이미 현재 공부를 너무 잘하면 어떡할까? 당연히 많은 책을 읽어 지식의 바탕을 넓혀야 한다. 그 어머니는 강의를 듣고 나니 좀 안심이 된다고 했다.

이제 학교에 들어가서 한 달도 되지 않은 초등학교 1학년 학생 엄마가 '아이가 지금 하는 것을 다 잘하니 아이에게 구구단을 외우게 하면 어떻겠느냐?'며 물어 왔다. 그건 2학년 말에나 배우는 건데 뭘 벌써 그럴 필요가 있겠느냐며 더 있다가 해도 된다고 했더니, 아이가 3학년이 되었을 때 다닐 학원이 없을까 봐 그런다고 한다. 앞으로는 영재학교나 과학고 선발 방식도 학교생활을 열심히 했는지를 우선 평가한 뒤 서술형 문제 비중이 더 많은 필기 시험을 보게 될 전망이니 글을 많이 읽고 쓰는 습관을 갖는 것이 우선이라고 해 주었다.

진도를 한 학기나 일년 앞서 나가는 것을 선행이라고 하고 한두 달 정도까지 앞서 가는 것은 예습이라고 한다. 학교에서 배우기 전에 무엇을 모른다는 것을 확인하고 무엇을 배워야 할지를 파악해서 수업에 참여하면 모르는 것을 설명하거나 스스로 찾아볼 때 아는 기쁨이 생긴다. 그리고 복습을 통하여 아는 것을 장기 기억에 저장해 두면 지식 역량도 생긴다. 장기 기억에 저장하는 것은 냉장고에 음식을 넣어두는 것과는 달리 복습을 해야만 저장이 된다. 그래서 복습이 중요하다. 이 지점에서 늘 에빙하우스의 망각곡선 이야기가 나온다. 에빙하우스는 1850년에 태어나 1909년에 사망한 심리학자이다. 이를 안다면 복습이 중요하다는 말이 얼마나 오랫동안 이야기되어 왔는지를 상상할 수 있다.

더구나 현행 교육과정의 교과서는 학습활동으로 공부하도록 구성되어 있으므로 학습활동을 하는 데 많은 시간을 들여야 한다. 그런데 아이는 학원에서 먼 미래에 배울 것을 선행 학습하다 보면 현재 학습활동 중심의 공부에 충실할 수 없게 된다. 그래서 선행보다는 예습이 중요하다. 특히 온라인 학습을 할 때는 예습을 해 두지 않으면 정작 중요한 지점에서 딴 생각을 하게 되는 수가 많다. 재미있는 도입 이야기까지는 잘 들었는데 재미 없는 본론에서는 생각을 놓치기 때문이다.

그리고 배운 뒤에는 기억을 위하여 복습을 해야 한다. 집에서 당일 배운 것 중에서 중요한 내용을 3분 설명하기, 다음날 수업 준비하면서 지난 시간에 배운 것 들여다보기, 수업 시작 전에 지난 시간 공부 내용 다시 훑어보기까지 하면 이미 세 번 복습한 셈이다. 주말에 한 번 더 보고, 시험공부 때 대여섯 번 보면 열 번은 복습했으므로 기억에 완벽하게 자리 잡는다.

공부도 습관을
만들어야 한다

학기 초에 결심했던 일과를 하루도 거르지 않고 계속했다면 이제는 습관이 될 때이다. 그렇지만 대부분 작심한 지 3일이 아니라 3주가 지났다면 초심을 잃은 지 오래 됐을 것이다. 아직은 시간이 많으니 다시 처음부터 시작해 보자. 지금부터 중간고사를 볼 때까지 계획을 세우고 실천하면 습관이 만들어진다.

〈공부가 머니?〉 방송할 때 이야기이다. 4학년 도형이는 학교에 갔다 오면 가방을 던져두고 2학년 동생과 일단 논다. 게임에 빠지지는 않았지만 공부하는 습관이 되어 있지는 않다. 도형이에게는 학교 갔다 집에 귀가한 뒤에 숙제를 하고 시험 대비 공부도 해야 하며 독서도 하는 습관이 필요하다. 도형이의 엄마는 바깥 일로 바빠서 전화로 아이에게 공부를 하고 있는지 묻는다. 도형이는 '아, 맞다'하면서 공부를 하고 있다고는 하지만 실제로는 하지 않는다. 어쩌면 '숙제를 해 가지 않고 야단 한 번 맞고 말지.' 같은 생각이 습관이 되어 있을 수도 있다.

좋은 습관을 들이려면 반복을 해야 한다. 적어도 30일은 반복해야 습관이 된다. 학교 갔다가 오면 숙제부터 하는 습관을 들이려면 귀가하자마자 숙제하는 일을 30일은 반복해야 한다는 것이다. 21일이면 습관이 된다고도 하는데 물론 이 정도 차이는 개인차가 있겠다. '21일은 판단을 보류하고 묵묵히 실천해 나가라.'고 한 사람은 《맥스웰 몰츠 성공의 법칙》을 쓴 맥스웰 몰츠이다. 21일은 지나야 정신적 이미지에 자각할 수 있는 변화가 이루어진다는 것이다. 21일이든 30일이든, 반복으로 습관이 되었다면 이제는 어떤 일이 있어도 변하지 않을 습관이 되기 위해서 좀 더 시간을 써야 한다. 적어도 12주는 계속 해야 한다는 것이다. 적어도 한 학기는 '습관 들이기'에 써야 한다는 것이다.

다음은 소위 '루틴'을 만들어야 한다. 특정한 시간에 특정한 일을 하는 것을 습관 들이면 망설이는 시간을 아낄 수 있다. 설연이는 공부하러 책상에 앉기는 하지만 무엇을 공부해야 할지를 정하지 못해 이 책 저 책을 뒤적이다가 시간을 보내곤 했다. 공부란 책상에 앉는 데서 완성되는 것이 아니라 생각을 해서 깨우칠 것은 깨우치고 탐구할 것은 탐구를 하는 것이다. 그런데 책상에만 앉았지 무엇을 해야 할지는 정하지 않았기에 공부로 들어서지를 못한 것이다. 설연이에게는 책상에 앉으면 무슨 공부를 해야 할지를 정하는 일이 먼저 필요했다. 성공한 사람들의 특징 중 하나가 루틴을 만들고 그에 따라 움직인다는 것이다.

다음은 '스몰 스텝 전략을 쓰자.'이다. 습관 들이기에 실패하는 이유는 혁명적 변화를 추구하기 때문이라고 한다. 미국의 임상심리학자 로보트 마우어는 《아주 작은 반복의 힘》(스몰빅라이프, 2016)에서 스몰 스텝 전략이 유효하다고 말한다.

줄리는 두 아이를 키우는 이혼녀였고 우울증도 있었다. 체중도 많이 나가고 스트레스도 심했으며, 고혈압, 심장병도 있었지만 돈을 벌어야 해서 쉴 시간이 없었다. 레지던트는 그녀에게 30분은 운동을 하라고 조언했지만 마우어가 보기에는 실행이 불가능해 보였다는 것이다. 그래서 '하루에 1분씩 텔레비전 앞에서 걸어 보라.'고 했다고 한다. 줄리는 다음 진료 때는 스스로 어떤 운동을 하면 좋을지를 물어 올 만큼 정신적으로 좋아졌다는 것이다. 학교 갔다와서 놀기부터 하는 아이라면 일단은 숙제부터 하는 것만이라도 실천하게 하고, 그 일이 습관이 된 다음에 좀 더 어려운 과제에 도전하게 하는 것이 좋다. 한꺼번에 혁명적인 변화를 추구한다면 오히려 실패할 가능성이 높다고 한다.

그래도 습관을 들이기는 쉽지 않다. 혹시 오늘 하루 정해진

대로 하지 못했다면 다음날부터 다시 시도하면 된다. 포기하지 말고 하루를 빼먹은 일에 후회할 필요도 없다. '사람은 누구나 실수를 하는 거야. 내일부터 또 시작하면 돼.'라는 말을 아이에게 해 줄 필요가 있다. 그리고 가끔 보상도 해 줘야 한다. 보상이 크면 습관을 들이는 것이 목적이 아니고 보상이 목적이 된다. 주객이 전도되는 것이다. 그래서 보상은 작아야 한다. 아이에게는 물질적인 것은 작은 것으로 해야 한다. 그리고 많이 칭찬해 주고 안아 주면 효과가 좋다. 아이에게는 엄마가 기뻐하는 것이 가장 큰 보상이다. 아이가 우리 엄마가 호들갑스럽다고 느낄 만큼 반응을 크게 해 주자. 그러다가 습관이 된 다음부터는 아이 스스로 하지 않으면 거북해 하게 된다.

마지막으로 아이가 습관을 들이게 할 때는 습관이 될 때까지 관리를 해야 한다. 적어도 3주는 해야 습관이 되니까 3주 이상은 매일 검사를 해야 한다. 아이가 게을러서 약속을 지키지 않았다면 단호하게 나무랄 필요도 있다. 한번 봐주면 다음에도 봐줄 거라고 기대하게 된다. 그리고 아이를 모든 가족이 같은 생각을 가지고 지도할 필요가 있다. 엄마는 아이가 학교에서 돌아오면 숙제는 해야 한다고 말하는데, 아빠는 더 크면 저절로 그렇게 된다고 하고, 할머니는 아이 너무 야단치지 말라고 한다면 이 아이에게는 절대로 공부 습관이 잡히지 않는다. 공부 습관뿐 아니라 생활 습관도 마찬가지이다.

꾸준함이 범재를 영재로 만든다

길동이 점점 자라 8세 되자 하나를 들으면 열을 안다고 했다. 열을 들으면 백을 아는 정도 되면 영재급에 속한다. 이런 자질을 가지고 태어난 아이들을 매체에서 만날 수도 있다. 영재를 보여 주는 방송 프로그램이 있으므로 그 아이들과 우리 아이를 비교해 보면 금세 알 수 있다. 우리 아이가 그 아이와 유사한 자질을 가지고 있거나 사고력, 기억력을 가지고 있다면 영재일 것이다. 그렇다면 거기에 맞는 교육을 해야 한다. 그런데 대부분 학생들은 중학교까지는 일반 학교를 다니다가 영재학교나 과학고 및 특수 영재를 교육하는 학교로 진학한다.

서울대 지원자가 자기소개서에 자신을 변화시켰다고 써 낸

책 중 눈에 띄는 책이 히로나카 헤이스케의 《학문의 즐거움》 (김영사, 2001)이다. 히로나카 헤이스케는 1931년에 태어났다. 고등학교 때에는 클래식 음악을 하겠다고 피아노 연주에 빠졌었는데 연주회에서 혹평을 받고 꿈을 접었으며, 이후 교토대 이학부 3학년 때에야 수학으로 방향을 바꿔 교토대에서 석사학위를, 하버드대에서 박사를 받았다. 1970년에는 필즈상을 받아 유명해졌다. 필즈상은 수학계의 노벨상으로 불린다. 수학의 난제를 풀어낸 수학자에게 수여하는 상이라는 점에서 이 상의 수상자는 영재급을 넘어 천재급인 사람들로 여겨져 왔는데 히로나카 헤이스케는 천재도 아니고 영재도 아니라는 점에서 대중의 이목을 집중시켰다.

히로나카 헤이스케는 평범한 고등학교 생활 중 철학에 관심이 깊은 친구가 철학적인 질문을 해 와 그 친구와 대화하는 사이에 생각을 깊이 있게 하게 되었다고 한다. 친구를 만난 것은 동기일 것이고 깊은 대화로 사고의 깊이를 확장한 것은 개인의 노력일 것이다. 그는 고등학교에서 배우는 모든 과목을 열심히 공부하면 나중에 필요할 때 써먹을 수 있는 창고 역할을 한다고 하면서 두루 학교 공부를 열심히 할 것을 권장했다.

그 외에도 범재의 마음가짐을 여러 곳에서 만날 수 있는데, 2008년에 출간된 이 책은 그해에 히로나카 헤이스케가 서울대 석좌교사로 초빙되면서 번역 출간한 것으로 보이며 당시 대부분의 학교 도서관에서도 구매해서 도서관 서가에 아직도 자리

잡고 있을 것이다.

이제는 영재학교와 과학고 전형에서도 1단계가 평가가 의미를 갖도록 바뀌고 있다. 그동안 영재학교 전형에서 서류평가인 1단계 전형은 큰 의미를 두기 어려울 정도의 합격률을 보였는데, 앞으로는 중학교의 학교생활을 잘 들여다보겠다는 것이다. 이는 영재로 만들어진 학생보다는 영재가 될 재목이 중학교 생활을 해 온 과정을 보고 선발하겠다는 것으로 해석된다.

영재학교 학생들은 수학, 과학뿐 아니라 얼마 안 되는 인문 사회 과목도 탐구하고 발표하는 수업을 받는다. 따라서 탐구할 대상을 깊이 탐구하고 동료들에게 설명할 수 있어야 하며 이를 문서로도 잘 작성할 수 있어야 한다. 모든 과목이 이런 방식으로 수업하게 되면 시간이 부족하므로 영재학교 학생의 소원은 '강의 수업을 해 주세요.'라고 하기도 한다. 그러니 반복해서 문제를 푸는 연습을 해서 어려운 문제를 푸는 기계로 자란 학생은 영재학교 생활에 적합하지 않다.

대학에서 학생부종합전형으로 선발하려는 학생이 인성이 바르고 학업 역량을 갖춘 학생이면서 꿈이 큰 학생, 끈기 있게 노력하는 자질을 가진 학생인 것은 알려진 사실이다. 이런 점에서 영재학교나 과학고에서 선발하려는 학생도 같은 자질을 가진 학생이고 일반고에서 잘 성장하기를 바라는 학생도 같은 자질을 가진 학생이다. 영재학교에 진학하기 위해서가 아니라도 중학교 생활에서는 학교 공부에 충실하게 임하고 깊이를 더하기 위한 독서를 하며, 배운 것과 탐구한 것을 설명해 보고 발표한 것을 글로 정리하는 과정을 거치면 좋은 학습자로 성장하게 된다. 그리고 놀 때는 신나게 놀아야 할 것이다.

학교 공부를
성실히 해야 하는 이유

"수행평가를 잘 활용하면 좋은 비교과 활동이 돼요. 예를 들어, 과학수업에서 '○○이론'을 배웠다면, 실험실에서 직접 실험을 해보세요. 실제 실험결과가 어땠는지, 결과가 잘못됐다면 이유가 무엇인지 찾아보는 거예요. 학교 선생님에게 물어보면서 잘못된 이유를 찾아 다시 실험을 해 볼 수도 있죠. 이런 것이 대학에서 긍정적으로 평가하는 '교과 심화학습'이에요."

언뜻 보면 이 말은 최근에 한 것처럼 보이지만 입시, 특히 학생부종합전형에 관심이 많은 분은 '비교과 활동'이라는 단어에서 최근의 이야기는 아니라는 감을 잡을 것이다. 기사는 2011년 11월 조선일보 '맛있는 공부'에 실린 경희대학교 임진택 입학사정관의 말이다. 굳이 비교과 활동이라는 말을 쓴 것은 2011년에는 학생부종합전형 이전의 입학사정관제 시대였고, 당시에는 교과 학습활동보다 비교과 활동이라는 말이 더 설득력 있었기 때문이었다.

하여간 수업 시간에 이루어지는 학습활동과 수행평가가 10년 전에도 학업 역량을 높이는 데 중요했었고 지금도 중요하니 학생들은 공부할 때 학습활동과 수행평가를 충실히 해야 한다. 대학도 이 점을 강조하고 있을 뿐 아니라, 학생부종합전형의 투명성을 높인다고 자기소개서도 폐지 수순으로 가고 있으며, 학생부에 적을 수 있는 내용도 점점 줄여 가고 있어 세특이 중요하다는 것은 이미 널리 알려진 사실이다.

그럼에도 불구하고 입시에 실패하는 요인은 학교 공부를 등한시하는 데 있다. 첫 번째 요인은 정시 확대에 있다. 정시로 대학에 갈 때는 수능만 잘 보면 학생부 성적은 반영이 안 되거나 되더라도 영향력이 거의 없으므로 학교 공부를 등한시한다. 그런데 학교 공부를 등한시하면 수능을 잘 볼 수 없다. 모든 개념 원리는 학교 공부에서 배우며, 수능 과목이 아니라도 그런 과목들에서 배우는 배경지식이 있어야 이해가 되는 문제도 있기 때문이다. 또 결정적으로 독해력은 모든 과목을 열심히 하고 독서를 하는 사이에 길러지기 때문이다. 그래서 수능 성적이 갑자기 오르는 경우가 드물다.

또 한 가지는 수시는 비교과 활동만 열심히 하면 된다는 생각 때문이다. 대학은 공부하는 학생을 선발해서 더 공부 잘하는 학생으로 기르고 싶어 한다. 그런데 수시는 공부를 덜 해도 활동을 많이 하면 붙는 줄 안다. 등급이 낮은데 붙은 사례도 있지만 그건 등급이 낮아도 붙은 것이 아니라 등급은 낮지만 낮은 이유가 있기 때문에 좋은 평가를 받은 것이다. 전교에서 공부 잘하는 학생만 수강한 세계사 과목에서 4등급을 받았는데 1등과 점수 차이란 단 3점이었다면 이 3점 차이가 실력 차이일까를 평가해서 반영하는 것이 정성평가이다. 곧 도전적인 학생이 더 높은 평가를 받을 수 있다는 것이지, 공부를 안 해도 좋은 평가를 받는다는 뜻이 아니다.

이런 정황을 이해했다면 학교 공부를 성실히 해야 한다는 주장을 믿을 수 있게 되었을 것이다. 그런데 현행 교육과정에서는 개념과 원리는 짧고 간단하게 다루고, 학습활동을 통하여 스스로 더 깊은 원리를 파악하고 다른 상황에 적용하면서 '알 수 있다'의 단계를 넘어 '할 수 있다'의 단계까지 나아가도록 하고 있다. 이는 초등학교 1학년부터 고등학교 3학년까지 모든 과목의 교과서가 다 그렇게 되어 있으며, 모든 학습 목표 역시 그렇게 되어 있다.

그래서 학생은 학습활동을 성실히 해야 한다. 교과서 학습활동만으로 미흡하면 선생님은 과제를 내줄 것이다. 그럼 학습활동과 과제 및 수행평가에 최선을 다하면 그 활동이 쌓여 학생의 학업 역량이 되고 그 기록이 입시에서 평가를 받게 되며,

그 때 공부한 것이 수능에서도 빛을 발한다. 이 이야기는 학생부를 평가해서 학생을 선발하기 시작한 10년 전과 같은 이야기이다.

그러니 초등학교, 중학교 다닐 때도 역시 학습활동, 협력학습, 수행평가에 잘 참여해서 '같이 하는 공부' 습관을 들여야 한다. 그런데 모둠학습을 할 때 남에게 미루고 자기는 학원 과외로 돌면 결국 대학은 과제를 혼자 한 학생이 가게 된다. 하드캐리에게 내리는 복이다.

탐구력은
발표로 완성된다

탐구활동을 잘해 놓고도 발표를 잘 못하여 낭패를 보는 경우도 있다. 대학에 지원할 때 면접이 두려워 면접 없는 전형을 골라 지원하기도 한다. 발표는 언제나 부담이 된다. 자신이 한 과제를 발표하면 다른 친구들이 비웃지나 않을까 걱정하는 아이도 있다. 이러한 무대 울렁증이나 마이크 울렁증을 극복하려면 마음가짐을 바꾸어야 한다.

스티브 마틴과 조지프 마스크가 쓴 《메신저》(21세기북스, 2021)는 메신저에 끌리는 여덟 가지 프레임을 제시한다. 그리고 이들 프레임을 하드 메신저인 사회경제적 지위, 역량, 지배력, 매력 등과 소프트 메신저인 온화함, 취약성, 신뢰성, 카리스마 등

하드메신저		소프트 메신저	
사회경제적 지위	부, 명성	온화함	호감, 친절함, 이타심
역량	전문성, 경험, 잠재력	취약성	솔직함, 개인 서사, 열린 마음
지배력	권력, 우월성, 남성성	신뢰성	핵심 원칙, 일관성, 사과
매력	귀여움, 미모, 평균성	카리스마	비전, 열정성, 자신감

으로 나누었다.

이 중 학교 교실에서 이용할 수 있는 자세가 몇 가지 있다. 우선, 하드 메신저 관련해서는, 겉으로는 당당한 자세로 상황에 임하고 마음으로는 자신감을 느끼는 것이다. 자신감 있는 표정도 중요하다. 능력은 없는데 인상 덕에 자리를 지키는 CEO도 있다고 한다. 안정된 목소리도 지배력을 가지고 있다. 니콜라 게겐이라는 학자의 연구에 의하면 단정한 용의 복장을 갖추면 매력 있어 보이고 더 좋은 평가를 받게 된다고 한다. 적절한 제스처를 쓰는 것도 효과적이다.

캐럴 드웩이 《마인드셋》에서 말한 성장 마인드셋(growth mindset)으로 무장하는 것도 필요하다. 발표가 떨리는 것은 실패에 대한 우려 때문인데, 성장 마인드셋을 가지게 되면 실패를 두려워하지 않고, 오히려 실패는 성공의 어머니라는 말을 믿음으로 삼아 두려움을 떨칠 수 있다.

12살 마사이족 소년 리차드 투레레의 이야기를 더한다. 이 소년은 사자의 공격으로부터 소를 지키려면 서서 횃불을 휘두르는 것이 효과가 있다는 것을 알았다. 그는 쓰레기장에서 주워 온 태양열 패널과 자동차 배터리, 라디오 부품 등을 이용하여 '사자 몰이 전등'을 만들어 사자의 습격을 막아냈다. 사자를 보호하는 차원에서도 좋은 아이디어였으므로 TED에 초청 강사로 초빙되었다. 그런데 투레레는 정작 무대에서는 얼어붙고 말았다. 테드의 간부진은 얼어붙은 투레레에게 '관중석 가운데 친절한 눈빛을 보내는 사람을 대여섯 명 찾는 거야. 그런 다음에 이야기할 때 그들의 눈을 쳐다보렴.'이라고 조언했다.

떨지 않기 위하여 더 중요한 몇 가지를 챙겨야 한다. 먼저 발표의 목적을 분명히 해야 한다. 단순한 정보 전달인지 혹은 설명인지 설득인지를 구분하고 이에 따라 내용 구성과 표현 방법을 달리 해야 한다.

다음은 청중을 고려해야 한다. 동료에게 발표하는 것이라면 동료들의 수준을 고려하여 내용을 구성하자. 친구들이 경험 사례를 들어 발표하면 반응이 더 좋을 수 있다. 발표 내용 구성을 도입 본론 결론으로 구성하여, 도입에서는 발표 동기와 목적을 밝히고, 본론에서는 핵심 내용을 잘 정리해서 발표하고 결론에서는 전체 논점을 정리한다. 전체를 정리할 때는 핵심 내용을 잘 정리해서 발표해야 메시지가 명료해진다. 유머 있는 말로 마무리하면 기억에 도움을 줄 수도 있다.

마지막으로, 실제 발표하기 전에 연습 발표를 해 피드백을 받으면 큰 도움이 된다. 온라인으로 친구에게 점검받을 수도 있고 동영상으로 녹화해서 조언을 받을 수도 있다. 시간 조절도 잘 해야 하므로 사전 연습 때 예상 시간도 같이 점검해야 한다. 이후 실제 발표를 할 때는 원고를 읽기보다는 청중을 보면서 발표하자.

게임과 스마트폰
과몰입에서 벗어나기

　도파민은 우리 몸과 뇌에서 생성되는 신경전달물질 중 하나인데, 즐거움이나 보상을 느낄 때 뇌에서 분비된다. 적절하게 분비되는 도파민은 목표를 달성하게 하는 동기 부여 역할을 한다. 그러나 약물, 도박, 게임, SNS, 짧은 영상 등은 도파민을 과도하게 분비시켜서 중독에 이르게 한다. 도파민 수치가 높아지면 그만두어야 한다는 생각이 있더라도 유혹에서 벗어나지 못한다.

　공부 중독은 안 되는데 스마트폰이나 게임에 중독은 쉽게 되는 이유는 스마트폰 시청이나 게임이 도파민 수치를 과도하게 높이기 때문이다. 중독이 되면 학업을 등한시하게 될 뿐 아니라 주변 사람들과의 관계도 끊어진다.

게임 과몰입은 이미 10년 전에도 문제가 심각해서 정부는 셧다운제를 도입하였다. 반대 의견도 많고 무용론도 많았지만 게임에 빠지기 쉬운 초·중학생을 보호해야 한다는 여론이 우세했으므로 셧다운제는 계속 유지되었다. 그럼에도 불구하고 게임 과몰입이 사회적 문제가 되고 있는 것을 보면 셧다운제는 무용지물이라는 주장이 고개를 들고 있다. 게임 셧다운제가 좋은 정책인가는 차치하고 게임 과몰입은 학부모 마음에 불을 지르는 일임에는 틀림이 없다.

　고등학교 사회교과 진로선택과목 중 '사회문제탐구'라는 과목이 있다. 이 과목에서는 먼저 사회문제의 의미와 특징을 이해하고 탐구 방법을 배운 다음 몇 가지 사회문제에 대하여 탐구해 보고 난 뒤 스스로 탐구 대상을 정해서 분석해 보는 학습을 한다. 이 과목의 교육과정에서는 게임 과몰입, 학교 폭력, 저출산·고령화에 따른 문제, 사회적 소수자에 대한 차별 등 네 가지 사회문제를 제시하고 있다. 그만큼 게임 과몰입은 우리 사회의 대표적인 사회문제 중 하나로 인식되고 있다.

　게임 과몰입은 그 자체로도 문제가 되지만 스마트폰 과의존과도 연결된다. 그래서 게임 과몰입에서 출발한 탐구를 정보사회에서의 문제 해결을 위해 탐구하도록 학습 내용을 확장하고 있다. 한 학생은 이런 글을 썼다.

게임을 질병으로 다루어야 한다는 의견이 있다. 게임 중독으로 인해 사망했다는 기사가 나오기 때문이다. "10대 소년이 게임 중독으로 인한 후유증으로 사망, 25세 남성이 지나치게 게임을 하다가 팔다리 마비" 등이 그것이다. 게임 중독의 원인은 사람들이 각박한 현실 사회에서 해결할 수 없는 애정, 존경, 자아실현의 욕구를 해결하기 위해 현실에서 벗어나려 하는데, 그중에서도 재미도 있으며 노력에 대한 보상도 분명한 게임을 선택하는 것이다. 그렇다면 이러한 문제를 해결하기 위해서 어떻게 해야 할까? (이하 생략)

학생은 위 글을 쓰면서 게임 중독과 과몰입은 다르다는 이야기를 했다. 중독은 치료받아야 할 질병이지만 과몰입은 전문적인 치료 과정을 필요로 하지는 않는 단계를 말한다. 그럼에도 교육과정에 게임 과몰입을 포함시킨 것은 게임 과몰입도 문제 상황임에는 틀림없다는 생각이 바탕이 되었을 것이다.

2021년에 한국콘텐츠진흥원은 〈2020 게임 과몰입 종합 실태조사〉를 발표했다. 보고서에서는 게임행동유형을 과몰입군, 과몰입 위험군, 게임 선용군, 일반 사용자군이라는 네 가지로 분류했다. 이 중 과몰입군은 '게임의 긍정적 결과는 거의 없고, 게임 이용에 문제가 많이 발견되는 고위험 집단'이자 '게임 과몰입 해소 및 생활 적응을 위한 전문 상담 서비스 필요'라고 그 특성을 서술했다. 곧, 과몰입은 좀 과하다 싶은 상태보다는 훨씬 심한 상태라고 보아야 한다.

보고서에서는 청소년 중 과몰입군은 0.3%, 위험군은 1.6%, 선용군 20.6%, 일반사용자군 57.4%, 비사용자군20.1%로 나타났다. 과몰입과 위험군에 대한 학교급별 비율은 초등학교 (과몰입군: 0.4%, 과몰입위험군: 2.1%), 중학교(과몰입군: 0.3%, 과몰입위험군:1.4%), 고등학교(과몰입군: 0.2%, 과몰입위험군: 1.1%)로 학교급이 높아질수록 낮아지는 경향이 나타났다.

이 통계에 의하면 게임으로 인한 문제를 갖고 있는 청소년 비율은 2%가 채 안 된다. 50명 당 2명이 게임 과몰입 상태라면 한 학급에 게임 과몰입인 학생은 1명 있거나 없거나 정도인 상황이다. 고등학교급에서는 과몰입군과 위험군을 합하면 1.3%이므로 고등학생 중 게임 과몰입인 학생은 세 반에 한 명 꼴이다.

그런데 초등학교 1~3학년 학부모가 응답한 자녀의 게임행동 유형은 과몰입군 2.0%, 과몰입 위험군 2.5%, 게임선용군 14.2%, 일반사용자군 62.3%, 비사용자군 19.0%로 나타났다. 이를 보면 부모는 자녀가 게임하는 상황을 더 좋지 않게 보고 있음을 알 수 있다. 부모가 보는 과몰입군과 과몰입 위험군을 합하면 4.5%에 이른다. 학생의 상황보다 두 배 가까이 심각하게 보고 있음을 알 수 있다.

한편, 게임선용군의 비율은 중학교(22.9%), 초등학교(20.2%), 고등학교(17.6%)의 순으로 높게 나타났다. 게임을 이용하지 않는 비사용자군의 비율은 초등학교에서 고등학교로 학교급이 높아짐에 따라 높아지는 경향을 보였다.

게임 이용 빈도를 살펴본 결과, 모든 게임행동 유형에서 '거의 매일한다(1주일에 6~7일)'라고 응답한 비율이 가장 높게 나타났다고 한다. 가장 많이 이용하는 게임 기기로는 과몰입군은 스마트폰(59.7%)이 많았고, 과몰입 위험군과 게임선용군은 컴퓨터와 노트북을 이용하는 비율이 가장 높게 나타났다.

이러한 통계를 보면 게임 과몰입 학생은 게임을 매일 하며, 컴퓨터가 없을 때는 스마트폰으로 게임을 하기 위하여 스마트폰에서 얼굴을 떼지 못하는데, 일부 부모는 좀 더 위험한 눈으로 자녀를 보고 있음을 알 수 있다.

통계를 보면 대부분의 아이들은 게임을 위험한 수준으로 하지는 않는다는 것을 알 수 있다. 그래서 전문가들은 학생이 게임을 할 때는 게임을 실컷 하도록 허용하면 이후 아이가 스스로 줄여 나가게 된다고 한다. 통계에서 보듯이 학년이 올라갈수록 과몰입과 위험군이 줄어드는 것을 보면, 이런 조언을 신뢰할 수 있다. 오히려 부모의 눈치를 보면서 충분히 게임을 하지 못하면 더 게임에 집착하게 될 수 있다고 한다.

그래도 아이가 게임을 과도하게 한다는 생각이 들면 어떻게 해야 하는지를 묻는 분이 많다. 게임하는 학생들이 스스로 게임을 중단할 수 있는 의지력을 갖기는 어렵다. 그래서 다음 일정이 시작되기 전 시간에 게임을 하는 것을 권한다. 학교에서는 게임을 하기 어려우므로 논외로 하고, 저녁 식사 전에 게임을 하다가 식사를 하고, 그 뒤에는 게임이 아닌 다른 활동을 하는 것과 같은 방법이다. 그러나 잠들기 전에 게임을 하는 것은 좋지 않다. 수면 시간 직전에 학습한 것을 자는 동안 뇌가 정리를 하므로 수면 시간 전에는 기억해야 할 공부를 하는 것이 좋다.

게임 또는 스마트폰 과몰입을 상담 치료해 주는 기구도 여럿 있다. 이 기구의 도움을 받을 수 있다. 한국청소년상담복지개발원은 전국 600여개의 청소년상담복지센터, 학교밖청소년지원센터(청소년지원센터 꿈드림), 청소년복지시설(청소년쉼터, 청소년자립지원관, 청소년회복지원시설)을 총괄하는 여성가족부 산하 공공기관이다. 여기서 인터넷·스마트폰중독 예방·해소 사업을 한다. 한국지능정보사회진흥원에서 운영하는 스마트쉼센터에서도 스마트폰 과의존을 진단하고 삼당·치료를 진행한다. 두 기구 모두 홈페이지에서 많은 정보를 얻을 수 있다.

스마트쉼센터(www.iapc.or.kr)에서 스마트폰 과의존 자가진단을 할 수 있다. 질문에 답해 보자.

① 스마트폰 이용 시간을 줄이려 할 때마다 실패한다.

② 스마트폰 이용 시간을 조절 하는 것이 어렵다.

③ 적절한 스마트폰 이용 시간을 지키는 것이 어렵다.

④ 스마트폰이 옆에 있으면 다른 일에 집중하기 어렵다.

⑤ 스마트폰 생각이 머리에서 떠나지 않는다.

⑥ 스마트폰을 이용하고 싶은 충동을 강하게 느낀다.

⑦ 스마트폰 이용 때문에 건강에 문제가 생긴 적이 있다.

⑧ 스마트폰 이용 때문에 가족과 심하게 다툰 적이 있다.

⑨ 스마트폰 이용 때문에 친구 혹은 동료, 사회적 관계에서 심한 갈등을 경험한 적이 있다.

⑩ 스마트폰 때문에 업무(학업 혹은 직업 등) 수행에 어려움이 있다.

'전혀 그렇지 않다, 그렇지 않다, 그렇다, 매우그렇다' 중 그렇다와 매우 그렇다가 많으면 위기 상황이다. 상담은 스마트쉼센터와 청소년사이버상담센터(www.cyber1388.kr) 등에서 할 수 있다.

엄마가 볼 때는 중독자이지만 검사 결과는 일반 사용자로 나올 수도 있다. 엄마의 염려가 크기 때문이다. 보통 아이가 스마트폰이나 게임을 과도하게 좋아한다고 생각되면 다음 행동으로 넘어가기 직전에 일정 시간만 허용하는 방법을 쓰면 되움이 된다. 저녁 식사 전 30분만 게임하기와 같이 정하면 30분 지나면 식사를 해야 하므로 행동을 제어하기가 수월한다. 밥도 안 먹고 게임을 계속한다면 중독이니까 상담과 치료를 받아야 한다. 특히 자야 할 시간에 마지막으로 게임 한 판을 더하다가는 밤을 샐 수도 있다.

스마트폰 중독에서 벗어나려면 스스로 벗어나겠다는 의지를 가져야 한다. 꿈을 가지고 꿈을 이루기 위해 노력하면 중독에서 벗어날 수 있다. 또한 친구들과 야외활동을 하거나 스포츠 활동을 하면서 스마트폰을 잊는 시간을 늘려야 한다.

3장

아이에게 맞는
학습 전략을 찾아라

공부의 개념부터
명확히 하라

"너는 하라는 공부는 안 하고 또 게임하고 있니?", "오늘도 공부는 안 하고 축구하러 나가니?", "얘는 공부는 안 하고 화장에만 신경 써요." 이런 말을 보면 공부는 게임과 다른 어떤 것, 축구 등 운동과도 다른 어떤 것, 화장과 다른 어떤 것으로 보인다. 삶에서 공부가 가장 중요하고 최우선으로 꼽혀야 할 것이라면 게임보다 앞서, 축구보다 앞서, 화장보다 앞서 해야 하는 것이지만 이 학생은 공부는 뒷전이고 공부 아닌 일이 더 소중하게 여기고 있어 보인다.

공부란 무엇인가? 엄마가 하라고 해서 하는 공부라면 엄마가 눈을 돌리는 순간 공부에서 눈을 떼게 된다. 컴퓨터를 켜 놓고 인터넷을 통해 공부하는 척하지만 화면 한 귀퉁이에 게임을 열어 놓고 있다. 이 학생의 공부는 엄마가 시켜서 억지로 하는 것에 지나지 않는다. 어떤 학생이 엄마가 시켜서 공부를 했는데, 결국 S대에 합격하는 영광을 어머니께 안겨드렸으니 이제부터는 자신만의 시간을 갖고 하고 싶은 것을 하겠다고 선언했다. 하고 싶은 것이 무엇이냐고 했더니 밴드에서 베이시스트가 되는 거란다. 지금도 연주 실력이 좋은가 물으니 이제부터 학원 다닐 거란다. 학원비는 알바해서 충당하겠다고 한다.

언제 공부에서 멀어지는가의 차이는 있지만 결국 공부를 강제하면 공부에서 멀어진다. 앞으로는 사회의 변동이 더 빨라져서 평생 공부를 해야 한다고 하는데 공부에서 멀어지면 미래사회에 적응할 수 없게 된다. 이렇게 보면 공부에 대한 정의를 '스스로' 내려서 자신만의 답을 가져야 공부에 들어갈 수 있다.

EBS에서 〈독자생존〉이라는 프로그램에 들어갈 인터뷰를 하자고 하면서 질문지를 보내 왔다. 첫 질문이 '공부란 무엇이라고 생각하는가?'였다. 공부는 내일을 행복하게 살기 위해 문제해결력이라는 힘을 기르는 것이며, 힘을 기르는 과정에서도 기쁨을 누릴 수 있는 것이리라. 운동도 그렇다. 몸을 단단하게 하기 위하여 운동을 하다 보면 땀을 흘리는 과정도 즐겁다. 매일 일정 시간에 운동을 하면 습관이 되어 꾸준히 운동을 하게된다. 공부하는 것이 즐거운 사람이 있겠느냐고 하지만, 있다.

서울대 〈아로리〉에 실린 신입생 인터뷰에서도 공부란 무엇인가에 대한 질문이 있었다. 공부의 본질에 대해 경제학부 장모 학생은 공부란 단순히 지식을 머리에 넣는 행위가 아니고 세상의 해상도를 높이기 위한 과정이라고 정의했다. 해상도가 높아지니 뉴스의 의미, 외국인의 대화 등이 귀에 들어오게 되었다고 한다. 덧붙여 '공부의 의미가 나와 같을 필요는 없지만 자신만의 의미를 고민해 보면 좋겠다.'고 공부의 정의를 내려 볼 것을 권장했다.

공부를 하기 위해 책상에 앉기 전에 멋진 공부의 의미를 정의하면 공부가 지겹지 않게 되고 평생 꾸준히 공부를 하게 된다. '공부란 고시에 붙기 위해 하는 것'처럼 정의하면 홍익인간의 실현은 뒷전이고 자신의 영달에만 매달리게 될 지도 모른다. 좀 더 멋져서 남에게도 내세울 수 있는 정의라면 좋겠다. 이런 정의를 내린 뒤에야 흔들리지 않는 자세로 공부할 수 있게 된다.

필기하면서
요약하라

영어 단어를 외울 때는 연습장에 써 가면서 외운다. 굳이 써야 하는 이유는 없다. 쓰면서 외우는 것은 알파벳을 외우려는 의도보다는 손을 동원해서 뇌를 자극하면 더 기억에 오래 남는다는 것을 이론적으로 알지 못해도 이미 실천적으로 알고 있기 때문이다. 기억하기 위해서는 글로 쓰는 것이 효과적이라는 말은 증명이 필요 없는 조언이다. 글로 쓰면 종이 노트의 어느 위치에 썼는지까지 기억에 남아 회상에 유리한 정보가 더 많아진다.

수업을 들을 때 적으면서 들으면 강의의 핵심을 놓치지 않고 들을 수 있다. 또한 졸음도 쫓아버리는 효과까지 있다. 온라인으로 수업을 받을 때는 반드시 펜을 들고 적어 가면서 들어야 한다. 어떤 과목은 공책에 적기 어려울 때가 있다. 소설을 배울 때는 내용 파악과 관련된 설명은 책(교재)에 바로 적어야 한다. 그러나 주제와 관련된 토론을 한다면 공책에 각 토론자의 발언을 녹취해야 한다.

우선, 과목별로 별도의 공책을 마련한다. 모든 과목 시간에 해당 공책을 써야 한다. 매일 진행되는 시간에 계속 내용을 쓰므로 한두 장 쓰고 말지는 않게 된다. 종합장에 쓰면 나중에 복습할 때 복잡해진다. 바인더 공책을 쓰면 우선 종이에 써서 두었다가 복습하거나 더 찾아본 자료를 추가해서 끼워 둘 수 있다.

필기하면서 공부하려면 글씨를 빨리 쓰는 연습을 해야 한다. 글씨를 예쁘게 쓰려면 빨리 쓸 수 없다. 그래서 예쁜 글씨체와 빠른 글씨체 두 가지를 연습하면 그때그때 용도에 맞게 쓸 수 있다. 그런데 예쁘게 쓰는 연습을 먼저 해야 한다. 예쁘게 쓰면서 빨리 쓰면 다른 사람이 알아볼 수 있게 빨리 쓰는 글씨체를 갖게 된다.

필기하는 방법은 코넬식 노트필기법이라는 아주 유명한 필기법이 있지만, 차례와 제목이 들어가고 내용을 쓰고 자기 생각을 적을 수 있는 공간이 분할된 필기법이면 어떤 모양이든 좋다. 공책을 빽빽하게 채울 필요는 없으니 여백을 두었다가 나중에 보충할 때 적을 공간으로 두어도 좋다. 이런저런 방법을 동원해서 필기해 보고 가장 자기에게 맞는 방법을 사용하는 것이 좋다.

수업을 들으면서 필기를 하는 것도 중요하지만 복습할 때도 더 간단히 요약 필기를 하는 것도 필요하다. 나중에 시험공부할 때도 빨리 보는 자료로 유용하다. 핵심 개념을 적고 문제가 되었던 이슈를 적는다. 또 문제를 풀었다면 고민이 되었던 사항, 틀린 보기에서 망설였던 이유 등까지 모든 생각의 흐름을 간단히 적어 두어야 의미가 있다.

필기하면서 공부하는 것을 필사하는 것으로 생각하면 공부가 늘지 않는다. 〈공부가 머니?〉에 출연한 한현민 모델은 책의 내용을 그대로 옮기면서 공부를 하자 친구 이대휘 가수가 필기는 중요한 핵심 내용을 요약하는 것이라고 가르쳐 주었다. 결국 필기는 생각을 위해서 있는 것이지 책을 공책에 옮겨 쓰기 위해 있는 것은 아니다.

친구들과의 모임에서도, 가벼운 회의에서도 오가는 대화를 작은 수첩에 적으면 나중에 아이디어 공책으로 쓸모가 있다. 밥 먹다가 수첩을 들고 쓰는 모습이 처음에는 어색하지만 시간이 지나면 남 보기에 성실해 보인다. 또한 잠들기 전이나 아침에 눈을 떴을 때 떠오른 생각도 적어 두면 책을 쓸 수도 있다.

입학사정관제가 시작되면서 나온 말, 적자생존, 즉 '적는 자가 살아남는다'는 말이 공부하는 사람에게 계속 유효하다.

2021학년도 수능에서 만점을 맞은 홍민영 작가가 낸 《1페이지 공부법》(비에이블, 2021)이 참고가 된다. 필기에 관한 유튜버의 안내도 꽤 많다. 뭐니뭐니해도 지속적인 실천이 중요하다. 지금부터라도 공책 한 권씩 마련해 보자. 마지막으로 필기와 요약은 손글씨로 써야 한다. 시험은 손글씨로 본다는 점과 관련 있다.

맞춤법 실력도
든든한 전략이다

2028 수능부터는 지정 과목을 시험 본다. 국어는 화법과 언어, 독서와 작문, 문학 과목이 범위에 해당된다. 여기서 언어는 문법 영역이다. 즉 앞으로는 언어 즉 문법을 모든 학생이 응시하게 된다. 그러다 보니 '초등학생 때부터 문법을 공부해야 한다'는 말이 나돈다.

그러나 초등학교에서 다루는 문법 사항을 보면 초등학생 때부터 문법 지식을 배워야 할 필요는 없다. 초등학생 때는 문법 지식을 배우기보다 우리말을 바르게 쓰는 습관을 길러야 한다. 초등학교 때 주로 다루는 문법 영역에서 중요한 사항은, 초등학교 1~2학년에서는 정확하게 발음하기, 문장 부호 알맞게 쓰기, 초등학교 3~4학년에서는 국어 사전 활용하기, 높임 표현을 상황에 맞게 쓰기, 5~6학년에서는 문장 성분의 호응 관계가 올바른 문장 쓰기, 띄어쓰기 바르게 하기 등이다.

고등학교 3학년 겨울 입시를 앞두고 모의 면접으로 면접 연습을 하게 되는데, 이 학생들 중 일부는 발음을 정확하게 하지 않거나 말소리가 입안에서 맴도는 발음을 하여 발음부터 고쳐야 할 때가 있다. 초등학교 때부터 큰 소리로 정확하게 글을 소리 내서 읽는 훈련, 발표할 때 또박또박 말하는 훈련을 했어야 하는데 20년 가까이 대충 말하면서 살았으니 잘 고쳐지지 않는다.

초등학교 3~4학년에서는 '영수야, 선생님께서 탁구장으로 오라셔.'와 같은 높임법을 배운다. 그런데 집에서는 '아빠, 할아버지가 마당으로 오시래.'와 같이 말하면 '탁구장으로 오라셔'가 아니고 '오시래'가 맞다고 알게 된다. 초등학교 5~6학년에서 배우는 문장 성분의 호응 관계가 올바른 문장 쓰기, 띄어쓰기 바르게 하기도 저학년 때부터 훈련을 해와야 한다. 글을 쓸 때뿐 아니라 말을 할 때에도 주술 관계가 맞게 말하는 훈련을 해 두어야 한다. 4학년 때 배우는 사전 활용하기는 종이 사전을 가지고 낱말의 정확한 뜻을 찾아보라는 것인데, 4학년 때 해당 단원을 배운 뒤부터는 지속적으로 사전 찾기를 실천해야 한다.

본격적인 문법 지식은 중학생 때 배운다. 중학교 3년 동안 국어의 음운 체계와 문자 체계, 단어의 짜임, 품사의 종류와 특성, 문장의 짜임과 표현 효과, 피동 표현과 인용 표현, 한글 맞춤법의 기본 원리 등을 체계적으로 배운다. 즉 중학교 1학년이 되어야 '우리말에는 체언 용언 등이 있는데, 체언에는 명사, 대명사, 수사가 있고, 수사는 사물의 수량이나 순서를 나타내는 말'이라는 지식을 배우게 된다. 이렇게 문법 지식은 중학교 때 해당 단원을 배울 때 익혀 두면 된다.

고등학교 1학년 때 '공통국어1, 2'를 배우게 되는데 여기서 중학교 3년 동안 배운 문법 지식을 총정리한다. 고등학교 때는 성적이 바로 대입과 연결되므로 이때 해당 단원에서 좋은 성적을 받으려면 중학교 때 문법을 배울 때 개념과 원리를 정확하게 이해하고 문제를 풀어 이해 정도를 점검해 두어야 한다. 이를 바탕으로 공통국어 1, 2와 2, 3학년에서 배우는 '화법과 언어' 과목에서 언어 부분을 다시 배우면 시험 대비에는 문제가 없다.

학교 시험에서도 서·논술형 문제를 확대한다고 한다. 그러자 서·논술형 시험에 대비하는 방안에 대한 질문이 많다. 우선을 글씨를 알아볼 수 있게 써야 한다. 대학생도 글씨를 암호처럼 써서 채점이 어렵다는 대학 교수의 하소연이 남의 일이 아니다. 취업할 때가 되면 악필 교정 학원을 다닌다고 하니 중고생 때 글씨 쓰는 연습을 해 둘 필요가 있다.

과연 맞춤법 틀린다고 감점될까? 중요한 시험일수록 맞춤법 틀리면 감점되는 것보다 더 큰 문제가 생길 수 있다. 우리말 맞춤법도 모른다면 읽는 사람은 글쓴이의 전문 영역 실력까지도 의심하기 때문이다. 특히 많이 틀리는 말은 주의해야 한다. 예를 들어 '대'를 '데'로 쓰면 안 된다. '목포는 태풍이 지나갔대.'를 '지나갔데'로 쓰면 안 된다. '갔대'는 '갔다고 해'의 준말이다. '든'과 '던'도 유의해야 한다. '던'은 과거를 나타내고 '든'은 선택을 나타내므로 '하든 말든'이 맞다. 며칠은 언제나 며칠로 쓰며 '나의 바램'이 아니고 '나의 바람'이 맞다. 사이시옷을 쓰는 법도 유의해야 한다.

결론은, 글 쓰다 모르겠으면 사전을 찾아보아야 한다. 문서 작성기로 글을 쓰다 맞춤법 검색에 걸린 어휘도 사전을 찾아보아야 한다. 사전 찾아가면서 하는 책 읽기와 글쓰기는 평생 실천해야 할 일이니 공부하는 시기에 바짝 습관 들여 두면 여러모로 도움이 된다.

수능 1교시부터
앞서가는 법

수능 1교시는 국어영역이다. 국어 시험이 어려우면 문제지 위에서 시선이 흔들리면서 내용 파악이 안 되고 머리는 비어간다. 가슴이 철렁 내려앉는다. 이어지는 시간도 영향을 받는다. 하루가 그렇게 허망하게 지나간다. 그래서 1교시는 잘 봐야 한다.

그런데 수능 국어는 수능에서 가장 영향력이 큰 시험이 되었다. 예전에도 물론 최상위권 학생들이 발목을 잡는 것은 당시는 언어영역이었던 국어였다. 수학도 정답자 숫자가 수십만 명 중 몇백 명인 문제도 있었고 영어도 절대평가가 된 지금보다 어렵게 출제된 적도 있었지만 그래도 수학과 영어 영역은 어릴 때부터 준비해 오고 있으므로 공부 좀 하는 학생이라면

이 과목에서 발목이 잡히지는 않다. 그런데 수험생에게 주어진 시간은 같으므로 수학과 영어에 많은 시간을 쓰면 국어 성적이 나오지 않는 것은 당연하다고 하겠다.

지금 수능은 영어가 절대평가가 되어서 촘촘한 변별이 되지 않는다. 수학도 고득점자가 많다. 그에 비하면 국어 고득점자는 비교적 적다. 2022 수능에서는 최고점과 응시생의 4%에 해당하는 1등급 커트라인 점수 차이가 18점이나 되었다. 결국 수능 시험은 국어 성적에 성패가 달려 있다. 2023 수능에서는 국어영역이 2022 수능보다 좀 쉬웠다고 한다. 좀 쉬웠다는 문제라고 해서 풀기가 쉬웠던 것은 아니다.

예를 들면 "행정 법령은 행정청이 구체적 사실에 대해 행하는 법 집행인 행정 작용을 규율한다. 법령상 요건이 충족되면 그 효과로서 행정청이 반드시 해야 하는 특정 내용의 행정 작용은 기속 행위이다. 반면 법령상 요건이 충족되더라도 그 효과인 행정 작용의 구체적 내용을 고를 수 있는 재량이 행정청에 주어져 있을 때, 이러한 재량을 행사하는 행정 작용은 재량 행위이다."라는 글을 읽고 "윗글의 내용과 일치하지 않는 것은, 윗글을 바탕으로 〈보기〉를 이해한 내용으로 가장 적절한 것은?"과 같은 문제를 풀어야 한다. 이어지는 과학 제시문의 글도 만만하지 않다. "체중의 증가율에 비해, 기초 대사량의 증가율이 작다면 L-그래프에서 직선의 기울기는 1보다 작으며 기초 대사량의 증가율이 작을수록 기울기도 작아진다. 만약 체중의 증가율과 기초 대사량의 증가율이 같다면 L-그래프에서 직선의 기울기는 1이 된다."와 같은 글이다. 또한 선택지는 맞고 틀림을 분별하기가 쉽지 않은 말들이 나열되어 있다.

국어 영역에는 독서뿐 아니라 문학도 있고 문법 영역도 포함되므로 모든 분야의 공부를 확실히 해 두어야 하지만, 국어 시험을 잘 보려면 우선 체감 난도가 높은 부분은 독서에 있으므로 독서 역량을 높여야 한다. 독서 역량은 하루아침에 늘지 않는다. 매일 꾸준히 글을 읽고 비판적으로 바라보고 정리하는 습관을 가져야 한다.

학교에서는 초등학교 3학년 때부터 고등학교 3학년까지 10년간 글을 요약하고(생각 간추리기), 비판하며(생각 나누기), 자신의 의견으로 만드는(생각 정리하기) 공부를 한다. 어휘는 점점 어려워지니 사전을 찾아가면서 글을 읽으라고 말한다. 글의 길이도 점점 길어져서 나중에는 단행본 책을 읽고 독후 활동을 한다. 하루라도 책을 읽지 않으면 입안에 가시가 돋는다는 말을 명심하고 매일 일정 시간 독서활동을 해야 한다. 배경지식도 중요하므로 사회, 과학 공부에도 힘써야 한다.

그런데 배경지식이 중요하다고는 하지만 시험에 나오는 특정 영역의 제시문이 알고 있는 분야의 글일 가능성은 별로 높지 않다. '지난해에는 경제에서 문제가 났고 올해에는 법 분야에서 문제가 났으니 다음 해에는 정치에서 문제가 나든가 혹은 지리나 역사에서 문제가 날 거야.' 하고 예측하기도 어렵다. 그런데 다행히도 이 문제들이 EBS 교재와 연결된 문제라고 한다. 그러니까 수능을 준비하는 단계에서는 EBS 교재에 나오는 제시문을 보고 관련된 지식을 좀 더 깊이 공부하면 도움이 된다. 그런데 EBS 교재가 수능 국어 독해의 방향성을 제시하고 그에 따라야 한다는 것은 문해력을 갖추는 것과는 거리가 있다.

특정 분야에 대한 정보 밀도가 높은 짧은 글을 순식간에 읽고 보기에서 정답을 고르는 것은 국어 학습의 목표와 잘 맞지 않는다. 대학 공부를 기준으로 보면 수능 국어 시험이 대학생이 되어 책을 읽고 의미를 파악하며 새로운 생각을 만들어 가는 독서를 해야 한다.

문해력이 발목을 잡지 않게 하라

　어느 고등학교 선생님이 질문이 있으시단다. '아이들이 문해력이 떨어져 수업이 잘 안 되는데 문해력 길러 주는 방법이 무엇일까?'라고 묻는다. 이 질문에 얼핏 '우천시' 이야기가 떠올랐다. 모 일간지에서 "우천시 ○○로 장소 변경이라고 공지하면 '우천시에 있는 ○○지역으로 장소를 바꾸는 거냐'고 묻는 분도 있다"는 기사가 촉발한 문해력 논란이다. 이런 상황은 사회 전반에 문해력이 떨어져서 의사소통이 안 된다는 문제가 드러났기 때문이기보다 우리가 '어휘를 이해하지 못한 어떤 사람이 물어보는 상황'이 쉽게 드러나는 정보통신 사회, 민원 사회에 살고 있기 때문이 아닌가 싶다. 처음 들었을 때는 우스개로 만들어 낸 이야기가 아닌가 싶기도 했다. 실제 상황이라고 하더

라도 전반적인 의사 불통이 문제라기보다는 소수가 한 언행이
나 질문이 화젯거리로 등장했다가 사라지는 코미디에 불과해
보인다. 1970년대에도 대학생 대상으로 설문을 했는데 '여인
숙을 여인이 자는 곳'이라고 대답했다며 문해력이 낮음을 우려
하는 기사가 있었다. 당시 대학생이라면 현재 70대이다. 그렇
다고 해서 의사소통이 더 안 되는 사회로 나빠졌다고 할 근거
는 없어 보인다.

그럼에도 불구하고 지금 우리 사회가 문해력이 떨어진 사회
라는 점에는 대부분 동의를 한다. 하나는 의사 불통에 대한 이
야기이고 하나는 학교 공부와 관련된 이야기이다. 언론에서 다
루고 있는 대상은 사회의 의사 불통에 대한 이야기인데, 은어
나 외래어를 사용함에 따라 의사소통이 원활하게 이루어지지
않는 현상을 말한다.

사단법인 국어문화원연합회에서는 보도자료나 기사를 검색
하여 새말을 발굴하면 국립국어원에서 대체할 말을 제공하고
정부나 지자체와 언론사에 다듬은 말을 사용하도록 권고하는
사업을 벌이고 있다. '펫로스 증후군'을 '반려동물 상실 증후군'
으로, '디지털 사이니지'를 '전자 광고판'으로 다듬는 것과 같은
일이다. 그런데 잘 사용하지 않는 어휘보다는 사회 곳곳에서
많이 사용하지만 모르는 사람도 많은 어휘가 의사소통을 방해
하는 문제를 해결해야 한다.

과거에는 어려운 한자어가 의사소통을 방해했었다. '영어(圀

圈)의 몸이 되었다. 교통사고로 많은 사람이 역사(轢死)했다'와 같은 말이 의사소통을 방해하던 시대도 있었지만 이제는 영어나 역사 같은 어휘는 죽은 말이 되었다. 많은 사람이 관심을 가지고 쉬운 말을 쓰는 노력을 하면 어휘에 의한 의사소통 장애는 해소가 될 것이다.

어휘의 정의에 대한 차이 때문에 의사소통이 잘 안 되는 경우도 많다. 수능이 공정한가, 학생부종합전형이 공정한가에 대한 논란은 지난 몇 해 동안 지속되었는데 이에 관한 세미나를 할 때마다 공정성에 대한 정의를 세우는 논의부터 시작했다. 공정을 어떻게 정의하는가에 따라 수능이 공정하기도 하고 학생부종합전형이 공정하기도 하다는 주장이 가능하기 때문이다.

은어가 의사소통을 방해하는 경우도 갈수록 많아지고 있다. '고터에 가서 강신에 들렀다가'라는 말은 고속터미널에 가서 강남신세계백화점에 들렀다는 말이라고 한다. 입시 관련 용어도 정도가 심하다. 학생들은 '낙지로 8칸~9칸이면 무조건 된다고 보면 되나요?'와 같은 질문을 한다. 변표, 누백 같은 어휘는 워낙 많이 쓰이니 모르는 사람 잘못으로 치부되지만, 제곧내 같은 '제목이 곧 내용'이라는 뜻을 줄인 말은 혼자서는 알 길이 없다. 이런 말은 안 쓰면 좋겠지만 대세가 은어를 인정하는 분위기로 몰고 가면 어쩔 수 없어 보인다. 학생부종합전형을 학생부종합전형이라고 부르지 않으면 안 될 것 같은 분위기가 그것이다.

이밖에도 문장 구조가 잘못되어, 주어를 사용하지 않아서 의사소통에 방해가 되는 경우도 많다. 그래도 대화 사이에는 맥락 속에서 해석이 가능한 경우가 많아서 의사소통 문제를 일으키는 경우는 많지 않다. 대중 앞에서 발표할 때는 말을 녹음하면 바로 문서가 되도록 정확하게 말하는 습관을 가져야 한다.

그런데 학생이 문해력이 떨어져서 문제라는 지적은 학생이 현재 하고 있는 수업을 이해하지 못하고 있어 문제라는 말이다. 모든 학생이 그런 상태인 것은 아니지만 점점 많은 학생이 말귀를 못 알아 듣거나, 과거에는 수동적으로 수업하니까 말귀를 못 알아들어도 드러나지 않았었는데 지금은 학생 참여 수업을 하니까 드러나서 문제가 되었을 수도 있다. 우천시는 어디에 있는 도시가 아니고 비가 올 때라는 말이고, 금일이 금요일이 아니고 오늘이라는 말이라는 것을 몰라서 문제가 된 것이 학생이 아니고 학부모라면 어휘력 문제는 과거에도 잠재해 있었는데 수동적 학습 상황 때문에 드러나지 않았던 것으로 보는 것이 맞지 않을까?

MBC에서 방송한 〈공부가 머니?〉에서도 국어영역 성적이 오르지 않는 학생이 고지식은 지식이 많은 것이라고 답했었는데, 이 학생처럼 많은 사람이 어휘력 부족을 겪고 있는 것은 사실이다. 초등학교 4학년 때 사전 찾아가면서 책을 읽으라고 지도하는데, 그 단원 이후에도 낯선 어휘를 사전에서 찾아보았다면 어휘력은 많이 늘었을 것이다. 그래도 절반의 학생들은

이 정도를 고등학교 졸업 때는 이해를 한다. 다음 글은 2022학년도 수능 국어영역에 출제되었던 글인데 이어지는 문제의 정답률이 50% 가까이 되었다고 한다. 그렇다면 문해력이 부족한 나머지 절반이 문제이다.

"헤겔은 미학도 철저히 변증법적으로 구성된 체계 안에서 다루고자 한다. 그에게서 미학의 대상인 예술은 종교, 철학과 마찬가지로 '절대정신'의 한 형태이다. 절대정신은 절대적 진리인 '이념'을 인식하는 인간 정신의 영역을 가리킨다. 예술·종교·철학은 절대적 진리를 동일한 내용으로 하며, 다만 인식 형식의 차이에 따라 구분된다. 절대정신의 세 형태에 각각 대응하는 형식은 직관·표상·사유이다. '직관'은 주어진 물질적 대상을 감각적으로 지각하는 지성이고, '표상'은 물질적 대상의 유무와 무관하게 내면에서 심상을 떠올리는 지성이며, '사유'는 대상을 개념을 통해 파악하는 순수한 논리적 지성이다. 이에 세 형태는 각각 '직관하는 절대정신', '표상하는 절대정신', '사유하는 절대정신'으로 규정된다."

"학생이 문해력이 떨어져서 수업이 안 되는데 어떻게 하면 학생의 문해력을 높일 수 있을까?"라고 질문한 선생님은 문해력을 주제로 책을 쓴 저자라면 문해력을 높이는 비법을 가지고 있을지 모른다는 생각에 물어본 것이었겠지만 불행하게도 문해력 높이는 왕도는 없는 듯하다.

'형, 선생님이 오시래요.'와 같이 어법에 맞지 않는 말을 쓰는 것이 문제라면 바로 쓰도록 훈련을 하면 된다. 선생님이 형을 '오시라'고 했다고 해서 말이 안 통하는 것도 아니므로 문해력이 떨어진다고 할 사안은 아니다. '무리를 일으켜서 죄송'한 것 역시 '물의'라고 쓰지 않았다고 말이 안 통하는 것은 아니므로 무식을 탓할 일이지 문해력을 걱정할 일은 아니다. 물론 바로 말하고 바로 써야 하는 것이 최상이기는 하다.

문해력이 문제가 되는 것은 대화가 통하지 않기 때문이다. 상대가 무슨 말을 하는지 알아듣지 못하고 내가 할 말을 적절하게 구사하지 못하면 의사소통이 안 된다. 이 경우 문해력이 문제라고 말한다. 그런데 문해력은 시간을 들여 훈련을 해야 한다. 그러다 보니 문해력을 높이려면 숏폼과 게임에서 나와서, 즉 시간을 확보해서, 많은 사람과 대화를 하고 독서하고 토론하면서 생각을 정리하고 말을 해야 한다. 입시에 유용한 문해력을 기준으로 말한다면 많은 사람과 대화를 하는 데서 그치는 것보다는 독서·토론을 실천하는 것이 유의미한 방법이다. 학교에서는 국어시간에 초등학교 3학년 때부터 독서 방법을 가르치고 그 방법을 실천하도록 하고 있는데 이 내용대로 독서·토론·논술을 실천하면 문해력 걱정에서 해방될 수 있다.

특히 4학년 때 지도하는 '사전 찾아가면서 책 읽기'는 성인이 되어서도 실천해야 한다. 맥락 속에서 어휘의 뜻을 짐작하더라도 분명한 뜻을 확인해야 사고가 촘촘해진다. 글을 읽다가 잘 모르는 어휘가 나오면 우선 맥락으로 짐작해 보고 글을 읽고 난 다음에 사전을 찾아보면 된다.

5학년 1학기를 마칠 때쯤에는 읽는 방법을 공부한다. 독서를 할 때 정독이 좋은지, 다독이 좋은지, 발췌독은 좋지 않은지, 속독은 독서 효과가 없는지 등에 대한 답을 얻을 수 있는 공부를 하는 시간인데, 답은 '상황에 맞게 읽는다'이다. 2학기에 독서 단원이 또 나온다. '질문하며 읽기'와 '비판하며 읽기'라는 어려운 과제를 만나게 된다. 교과서에서는 '책을 비판하며 읽으려면 어떻게 해야 할까?'라고 묻고 '선입견, 과장, 왜곡이 있는지 생각하며 읽어야 해.'라고 답하는 장면이 들어 있다.

6학년 2학기가 되면 '책 읽는 목적 확인하기' 단원이 있는데, 나중에는 책을 읽을 때는 늘 '왜'라는 질문을 하면서 읽으라는 충고로 이어진다. '나는 이 책을 왜 읽는 거지?'라는 질문을 하면서 읽어야 책에서 찾으려는 것을 찾아낼 수 있기 때문이다. 이어서 책 읽는 방법을 종합하여 생각하게 한다. '다른 책 또는 작품과 관련지어 읽기, 내용을 짐작하며 읽기, 질문하며 읽기, 책의 구조를 생각하며 읽기, 꼼꼼히 따져가며 읽기' 등의 방법은 어른이 되어서도 잊지 말아야 할 방법들이다.

아이가 학교 공부를 해 가는 사이에 문해력을 기르는 방법은 학교에서 독서 수업을 할 때 하라는 대로 잘 따라하기, 수업 시간 밖에서 책을 읽을 때 배운 방식 연습하기가 중요하다.

그런데 6학년이 되기까지 이미 국어의 어휘는 어른 못지않게 어려운 것을 사용하게 된다. 그래서 모든 과목에 나오는 어휘를 잘 익혀 두어야 한다.

그러고 보면 문해력을 높이기 위해 실천해야 할 사항은 몇 가지에 불과하다.

하나, 모르는 어휘가 나오면 사전을 찾아보자. 초등학교 때는 종이사전을 찾아보고, 중고생이 되면 온라인에서 표준대사전을 검색해도 된다. 둘, 글을 읽고 나서 요약하자. 요약은 읽은 내용을 줄여서 쓰는 것을 말한다. 의견 제시나 감상은 뒤로 미룬다. 셋, 여러 사람이 같은 글을 읽고 토론을 하자. 읽은 책에서 논의 거리를 찾아서 친구와 토론을 한다. 토론 방법은 학교에서 지도할 때 잘 익혀 둔다. 같이 책을 읽고 토론할 친구를 사귀어 두는 것이 문제의 핵심이다. 넷, 요약한 내용과 내용의 의미를 종합하여 독후감을 쓰자. 토론한 뒤에 생각을 정리해서 독후감을 쓴다. 독서를 통하여 내 생각이 어떻게 자랐는지도 적어 둔다.

시간이 허락한다면 소리 내서 읽기, 필사하기도 해 보면 눈으로 지나갈 때는 안 보였던 것이 드러난다. 매일 조금씩이라도 실천하면 자존감도 생긴다.

문해력을 높이기 위해서 독서-토론-논술을 지속적으로 해야 한다는 조언은 오래 전부터 유효했다. 20년 전 수시 1학기 모집이 있을 때 고려대학교에 합격한 정유진 학생의 조언도 같은 내용을 담고 있다. 당시 수시 1학기 모집은 수능 성적을 반영하지 않고 학생부와 자기소개서, 추천서를 반영하여 선발했었다. 단 외부상과 외부 체험활동 등도 비중 있게 반영되었기 때문에 외부 논술 대회 수상은 큰 영향력이 있었다. 학생이 논술대회에서 수상하기까지 노력했던 이야기는 현재 학생들에게도 유효하다.

저는 어려서부터 책을 무척 좋아하였습니다. 고등학교 3학년이 되어서도 한 달에 4권 이상은 읽었습니다. 논술을 잘하기 위해서는 좋은 문장을 많이 봐야 하는데, 좋은 문장은 전문가들이 지은 전문서적에 많이 있습니다. 특히 시험이 얼마 남지 않은 고등학교 3학년의 경우, 자신이 지망한 학과에 관련된 전문서적 2~3권 정도는 충분히 섭렵해야 합니다. 제가 추천하고 싶은 것은 각종 연구소에서 나온 책입니다. 전 경제학과를 가기 원했기 때문에 삼성경제연구소에서 매달 나오는 책을 보았습니다. 부동산, 노령화 등 많은 시사적 문제를 다루고 심층적인 분석까지 되어 있기 때문에 매우 도움이 되었습니다.

하지만 책을 '읽는'것 만으로 끝나서는 안 됩니다. 아무리 전문가의 의견이라고 해도 자신이 비판해 볼 줄 알아야 합니다. 꼭 반대의 입장을 생각해 보고 그에 대한 근거를 생각해 보세요. 저는 책을 다 읽은 후 책을 덮고, 공책에 내가 읽은 것에 대해 써 보았습니다. 잘 써지지 않거나 정리가 되지 않으면 책을 제대로 읽은 것이 아닙니다. 그다음, 지은이가 내세운 주장에 대한 근거들에 대해 하나하나씩 비판해 봅니다. 논술은 답이 없기 때문에 자신의 의견이 충분히 타당성 있고 설득력 있기만 하면 됩니다. 이러한 과정을 많이 반복해야만, 어떠한 논제가 나와도 비판적으로 사고할 수 있습니다.

이어서 논술글을 쓸 때 유의사항도 제시했다. 논술글을 쓸 때뿐 아니라 시험과 관련한 모든 글을 쓸 때 적용되는 조언이다. 평범한 수준에 그치지 않고 눈에 띄는 글을 써야 한다는 말은 눈이 번쩍 떠지는 조언이다.

제가 고대 시험을 보러 갔을 때 정말 많은 학생이 모였습니다. 정경대학의 경우, 24명을 뽑는데 1,200명 이상이 시험을 쳤습니다. 제가 본 시험에서 언어 논제는 주제 찾기가 쉬운 편이었습니다. 주제가 쉽다면 우선 일반적인 답안을 생각해 봐야 합니다. 즉 다른 학생들이 일반적으로 생각할 수 있는 결론을 예측해 봐야 합니다. 교수들은 매우 많은 학생들의 시험지를 채점하기 때문에 그 가운데서 눈에 띄기 위해서는 창의적인 결론을 내려야 합니다. 이 결론은 간단 명료해야 하고 근거가 뚜렷해야 하며, 새로운 아이디어가 드러나야 합니다.

반면, 논제가 매우 어렵다면, 주제찾기가 힘들더라도 기죽지 말고 자신의 의견을 충분히 뒷받침할 수 있는 근거들을 명확하게 제시하세요. 논술은 답이 없기 때문에 근거만 명확하고 제시문과의 연관성이 뚜렷하다면 높은 평가를 받을 수 있습니다.

논제가 쉽든, 어렵든 제시문을 읽은 후 가장 먼저 해야 할 것은 '브레인 스토밍'입니다. 내 머릿속에 있는 생각을 끄집어내는 것인데, 주제와 연관된 모든 것들을 연상해보고 주장과 근거를 만들어내는 것입니다. 이러한 과정을 거쳐야만 좋은 결론에 도달할 수 있습니다.

글을 잘 쓰기 위해서는 머리에서 아이디어를 잘 꺼내야 한다. 아이디어를 꺼내기 위해 브레인스토밍을 한다. 다양한 아이디어를 짜내기 위해서는 배경지식이 많아야 한다. 아는 만큼 보이고 아는 만큼 생각이 떠오르기 때문이다. 배경지식은 책을 많이 읽다 보면 머리에 쌓인다. 이런 문해력 높이는 방법은 이미 학교 수업 시간에도 지도를 하고 있기 때문에 낯선 것이 아니다. 자신만의 문해력 향상 계획을 짜 보자. 문해력을 높이는 왕도는 실천에 있다.

결국 독서력이
답이다

EBS에서 〈독자생존〉 프로그램에 사용할 인터뷰 장면을 녹화하기 전에 사전 질문지를 받았었다. 그 질문과 그에 대한 나의 생각이다.

Q1. 공부란 무엇이며, 공부를 잘하는 데 필요한 능력이나 요소는 무엇이라고 보시나요?

공부란 세상을 살아갈 힘을 기르는 것이다. 인문학 공부를 하면 어떻게 살아야 할지를 깨닫게 되고, 사회와 과학을 공부하면 현실에서 부닥치는 문제들을 해결할 힘이 생긴다. 미신에 빠지지 않게 된다.

공부를 잘하려면 지식을 습득할 수 있는 언어를 잘 배워야 하는데, 이 언어가 국어라는 언어, 외국어라는 언어, 수학이라는 언어, 디지털 언어가 있으니 이 언어들을 잘 사용할 줄 알아야 한다. 또 한 가지는 공부를 잘하고 싶다는 간절한 마음을 가지고 있어야 한다. 마음이 따르지 않으면 공부를 스스로 하지 못한다.

언어를 잘 배웠으면 이 언어를 이용하여 문제를 해결하는 역량을 길러야 한다. 그런데 현대는 문제에 대한 정답이 없는 시대이다 보니, 삶과 관련된 문제를 깊이 있게 탐구하여 해결하는 훈련을 해야 한다고 교육과정 문서에서 제시했다. 교육과정 문서에서는 '단편적 지식의 암기를 지양하라, 융합적으로 사고하고 창의적으로 문제를 해결하는 능력을 함양하라, 학습 내용을 실생활 맥락 속에서 이해하고 적용하는 공부를 하라, 자기주도 학습 역량을 길러라' 등을 제시했다.

요약하면 공부를 하고 싶은 간절한 마음을 갖고 학습의 기본이 되는 언어, 수리, 디지털 소양을 길러, 이를 이용하여 교과 내용과 개념, 원리를 깊이 있게 이해한 뒤 이를 탐구를 통하여 문제 해결에 적용하고 그 결과를 문자나 언어로 발표하는 것이 공부를 잘 하는 요소이다.

Q2. 공부를 잘하는 데 있어 독서가 도움이 될까요?

교과서에 제시된 내용을 교과서 학습활동에 적용하여 탐구해 보는 것은 수동적인 공부이다. 배운 내용과 관련된 지식을 찾아보고 스스로 궁금한 점을 찾아서 능동적으로 탐구해 보려면 독서가 꼭 필요하다. 결국 독서는 자기주도 학습의 출발점이다.

또한 독서를 하다 보면 언어 능력이 길러지고, 배경지식도 늘어난다. 아는 만큼 보인다고 하는 말처럼 독서를 많이 하다 보면 교과서에서 배우는 내용을 더 풍부하게 이해하고 적용하는 데 도움이 된다. 학습 만화나 학습 영상도 얕게나마 지식을 넓히는 데 도움이 되기는 하지만 깊이 있는 지식은 긴 글로 표현되므로 독서를 통하여 긴 글을 읽고 이해하는 능력을 길러야 하므로 문자로 된 책을 읽어야 한다고 강조한다.

뇌과학에서는 영상을 보는 것은 뇌의 활성화에 영향을 주지 못하는데, 독서를 하면 뇌에 불이 켜진다고 한다. 영상은 물멍, 불멍과 같이 멍 때리기에 가깝다고 한다. 독서만이 공부 능력의 바탕이 되는 사고력을 기르는 활동이다.

Q3. 독서가 수학과 과학과 같은 과목의 학습에도 영향을 미치나요?

수능 시험 수학, 과학 영역에서는 크게 독해 능력이 필요한 문항은 별로 없다. 그런데 독서는 배경지식과 관련이 있으므로 수학, 과학 공부에도 도움이 된다. 독서를 통하여 수학, 과학에 대한 일반적인 지식을 가지고 있으면, 과목이 주는 중압감이나 부담감, 낯섦에 따른 두려움이 사라져서 공부에 부담이 적어지는 효과가 있다. 17세기 말 미분법을 발견한 사람은 뉴턴인데 라이프니츠도 같은 시기에 미분법을 발견했다는 책을 읽은 학생이 있었다. 이 학생은 책을 읽은 덕에 미분법 공부에 부담을 덜 갖게 되고 이해도 깊이 할 수 있었다고 한다.

Q4. 대학 입시에서도 독서가 중요한가요?

국가교육과정에서는 추구하는 인간상으로 네 가지를 제시하였다. 대학은 공부하는 곳이므로 국가교육과정에서 제시한 '폭넓은 기초 능력을 바탕으로 진취적 발상과 도전을 통해 새로운 가치를 창출하는 창의적인 사람'이 가장 영향력 있는 요소이다. 그다음이 '전인적 성장을 바탕으로 자아정체성을 확립하고 자신의 진로와 삶을 스스로 개척하는 자기주도적인 사람'이다. 나머지 두 항목은 교양있는 사람, 더불어 사는 사람이라는 요소이지만 이 요소만으로 대학 공부를 하기는 어렵다. 그래서 두 요소가 갖추어지지 못하면 불합격 될 수 있지만 잘 갖추었다고 합격을 보장하지는 못한다.

그러고 보면 가장 중요한 요소는 학업 역량이다. 그런데 학업 역량은 독서역량과 관련이 크기 때문에 독서가 입시에서 중요한 비중을 차지한다. 책을 읽을 수 있는 역량이 있어야 긴 글에서 정보를 찾아내고 활용할 수 있기 때문에 독서역량을 중시한다.

Q4-1. 그 평가에 있어 독서가 영향을 미치나요?

독서는 학업 역량의 기초가 된다. 그러다 보니 학교생활기록부 교과 세부능력 및 특기사항에서 탐구 활동을 하였는데, 관련해서 이런 책을 읽었다는 기록을 하는 것이 좋다고 말들 한다. 실제 독서가 영향을 미친다.

Q4-2. 독서활동 기록이 제외되었는데, 그래도 독서활동이 필요한가요?

독서활동 기록이 제외되었어도 학생부 각 요소에 독서활동 상황이 기록되고 있는 점은 대입에서 독서의 중요성이 크다는 점을 증명하는 것이다. 독서는 능동적이고 자기주도적인 공부의 시작점이며, 배경지식을 풍부하게 해 주고, 나아가 글쓰기에도 도움이 된다는 점 때문에 독서 상황 기록 여부와 무관하게 독서를 해야 한다.

Q4-3. 입시에 도움이 되는 독서는 어떻게 해야 하나요?

독서는 비타민 알약이 아니라 사과이다. 독서를 하다 보면 입시에도 도움이 되는 것이지 입시에 도움이 되는 독서가 따로 있지는 않다. 그런데 고등학교 2, 3학년이라면 아무 책이나 읽지는 않을 것이다. 자신의 진로에 관련된 책이나 탐구 활동과 관련된 자료를 찾는 행위로서 독서를 하게 될 것이다. 이 정도가 입시에 도움이 되는 독서라고 하겠다.

Q5. 독서 습관은 어릴 때 기르는 것이 중요하다고 하는데, 어떤 방식으로 아이들에게 독서 습관을 길러 줄 수 있을까요?

초등학교 2학년까지는 글자가 별로 없는 그림책을 중심으로 읽기 때문에 독서 교육을 별도로 하지 않는다. 초3부터는 독서 교육을 하는데, 책 고르는 법, 독서활동, 독후 활동을 가르친다. 이 과정을 따라가고 지속적으로 실천하면 좋은 독서 습관을 가질 수 있다.

4학년 때 '차례를 보고 책을 골라라, 사전을 찾으면서 책을 읽어라'를 가르치는데 평생 실천해야 한다. 독후 활동으로는 초3부터 '책 내용 간추리기, 생각 나누기, 정리하기'를 하라고 하는데 이후 10년간 이 활동을 해야 한다. 단 각 학년이나 수준별로 다른 방법을 써야 한다. 무리하면 질리기 때문이다. 천천히, 즐겁게, 느리게 실천해야 한다.

독서 방법으로는 '소리 내서 읽기, 손가락으로 줄 짚어 가면서 읽기, 얇은 책 여러 권 읽기에서 두껍고 어려운 책으로 이동하기, 매일 일정한 시간 정해 놓고 읽기, 모르는 어휘 찾아 단어장에 정리하 기, 엮어 읽기, 유사 주제의 책 읽기, 독서 토론하기, 독후감 쓰기 등'을 염두에 두고 독서를 하면 된다.

Q6. 학습에 도움이 되는 독서는 어떤 독서인가요? 학습과 연결되는 독서를 하기 위해 전략이 필요한가요?

학습만화도 학습에 도움이 된다. 학습만화를 통해서도 넓은 지식을 알게나마 얻을 수 있다. 단지 고등학교나 대학에서 공부할 교재는 긴 글로 쓰인 책이고 참고할 논문도 긴 글이므로 긴 글을 읽는 훈련을 해야 한다.

모든 글로 된 책 중 교과 지식과 관련된 내용의 책이 직접 학습에 도움이 된다. 그렇지만 다양한 독서를 해서 그릇을 키워 두면 모든 학습에 도움이 된다. 어떤 책이든 읽으면 머리에 남게 되고 필요할 때 꺼내 이용할 수 있게 된다.

그리고 꼬리를 무는 독서를 하라고 하는데, 엮어 읽기를 하고 비판적인 토론을 거친 뒤 독후감을 써 두면 도움이 된다. 학습에 도움이 되는 독서가 따로 있다기보다는 모든 독서가 학습이라고 해야 한다.

루브릭으로 공부를 점검하자

　'루브릭'은 프로젝트나 시험 등에서 평가를 하기 위한 구체적인 기준을 나열한 안내서라는 뜻으로 쓰인다. 평가를 하려면 평가 요소가 있고 각 평가 요소별로 수준을 나열하면 루브릭이 된다. 사각형을 만들고 세로축에 평가 요소를 쓰고 가로축에는 수준별로 나누어 도달해야 할 사항을 적은 것이 이름하여 루브릭이다.

　루브릭은 2008년부터 시작된 입학사정관 전형에서 평가 방법을 소개할 때, 대학이 학생을 평가하는 루브릭을 만들고 있다고 하면서 알려졌다. 이제는 학교 수업에서 수행평가를 할 때 학생의 성장을 돕는 평가도구로 사용하면 좋을 것으로 권장하고 있다. 즉 수행평가에서 과제물의 결과만을 평가하지 말고 학생이 수행해 가는 과정에서 더 나은 수준에 도달하기 위해 해야 할 사항을 평가해 가다 보면 학생이 자신이 무엇을 더 보강해야 하는지, 더 공부해야 하는지를 알 수 있게 되니 학생의 성장을 돕는 도구라는 것이다.

'너는 89점이야, 너는 B등급이야.'와 같은 평가 결과는 학생이 무엇을 더 해야지만 99점이 되는지, A등급이 되는지를 알 수 없다. '창수야, 더 열심히 해서 99점 맞도록 해라.'와 같은 격려의 말도 무엇을 해야 하는지를 알려 주지는 않는다.

선택형 문항으로만 평가한다면 89점 맞은 학생은 문제집을 사서 더 어려운 문제를 풀고 틀린 문제를 중심으로 오답 노트를 만들어 공부할 계획을 세웠을 것이다. 그러나 수행평가가 큰 비중을 차지하게 되면서 결과만이 아니라 과정도 평가하게 되었고, 그 결과 루브릭은 좀 더 필요성이 강조되었다. 2018년 12월에 교육부에서 주최한 〈고등학교 교원의 교육과정·수업역량 강화 워크숍〉에서 충남대 김선 교수는 루브릭 사례를 들어 루브릭을 잘 활용할 수 있는 방법을 소개하기도 했다.

학습목표에 도달하기 위한 학습 요소별로 학생이 기초, 발전, 능숙, 우수 등의 단계에서 보여 주는 특성을 기록하자. 과정별로 평가를 적용해 보고 높은 수준에 도달하기 위해서 해야 할 사항을 기록해 둔다면 학생 스스로도 이 루브릭을 보고 자신의 학습을 주도적으로 추진할 수 있을 것으로 보인다. 특히 과정 중심 평가에서는 수행 과정 중에는 평가 점수를 매기

지 말고 학생의 성장을 돕도록 하고 있으니 루브릭은 학습 과
정 중에 미흡한 점을 스스로 파악할 수 있는 꼭 필요한 평가
도구이다.

선생님이 과목 수업에서 루브릭을 만들어 주면, 학생은 교사
가 제시하는 루브릭을 보고 자신이 학습해야 할 요소를 더 능
숙하게 할 수 있도록 노력 중점을 파악하는 데 사용할 수 있
고, 루브릭을 만들 때 참여를 시켜 준다면 자신이 어떤 노력을
해야 목표에 도달하게 되는지를 알게 되는 기회가 된다.

중위권의
마인드셋

중위권 학생은 중위권 대학에 가기가 왜 어려울까? 여기에는 '중위권'이라는 용어의 문제가 있다. 대학을 서열화해서 말하기는 껄끄럽지만 현실에서 대학은 정원만큼 선발하고 지원자 입장에서는 선호도 차이가 있으므로 때문에 서열이 만들어진다. 중위권 대학은 보통 15개 대학 다음 순위에 해당하는 대학을 말한다. 상위 15개 대학과 의·약계열, 교육대를 합한 정원은 전제 수험생의 10%를 조금 넘는다. 반에서 10%를 넘는 맞는 학생이라면 아마도 모둠활동의 리더급일 것이다. 이 정도 성적인 학생들이 중위권 대학에 가게 된다. 그런데 학교에서 40~60%에 해당하는 진짜 중위권 학생은 어떻게 해야 할까?

일단 공부를 해야 한다. 당연한 말이지만 공부를 하는 것과 공부 걱정만 하는 것은 다르다. 공부는 무엇을 모르는지를 파악해서 무엇을 해야 할지를 아는 데서 출발한다. 알았으면 계획을 세워 시간을 마련해서 실천해야 하고, 설명할 수 있게 될 때까지 노력해야 한다. 공부가 늦은 순간은 없다. 공부를 했는데도 성적이 안 오르면 수능 성적을 올리는 데 사용하게 될 것이다. 그런데 중위권 학생 중에는 공부할 의지도 있고 책상에 앉아 있는 시간도 길지만 성적은 오르지 않는 친구들이 꽤 있다. 이런 공부법을 모르거나 모르는 것을 깨닫는 공부를 하지 않아서 그렇다. 이럴 때는 담임선생님 등 자신의 문제를 해결해 줄 수 있는 멘토의 상담을 받기를 바란다. 담임선생님뿐 아니라 시도교육청에서 운영하는 상담방에 문의할 수도 있고, 대교협 상담교사단이 도움을 받을 수도 있다.

학교 성적이 중간인 학생 중에는 실제 수능을 보면 대박 날 거라는 꿈에 사로잡힌 학생도 있다. 갑자기 성적이 수직 상승해서 성공했다는 말은 신화가 되어 학생을 꿈꾸게 한다. 대충 공부해서 그냥 그 정도 성적을 받는 학생의 이야기는 어디서도 들을 수 없다. 그러다 보니 행운이 본인에게도 올 것처럼 생각하지만 실제는 그렇지 않다. 3월 학력평가 성적을 유지만 해도 잘 한 것이라는 말은 나중에 N수생이 합류할 때 더 성적이 떨어지는 현실을 두고 하는 말이다.

3월에 국어 영역에서 1, 2등급 학생이 20%였던 학교에서 실제로 수능에서 1, 2등급 학생은 반 토막 나는 사례가 정말 많다. 수학 영역은 더하다. 그러니 막연히 수능에 기대를 갖고 있으면 대입에 성공하기 어렵다. 성적을 올리려면 수능이든 학교 성적이든 철저 대비를 해야 한다.

2021년 12월, 교육주간지 〈내일교육〉 1026호에는 고등학생 대상으로 설문을 해서 그 중 4~6등급 학생 477명의 응답을 분석했는데, 이 학생들이 진학하려는 이유는 '취업에 도움이 될 것 같아서'가 49.9%, '향후 하고 싶은 공부를 하기 위해'가 26.8%였다. 상위 성적대 학생들보다 취업을 중시하는 비율이 높은 것이다. 그리고 2, 3년제 전문대 진학을 희망하거나, 대학보다 학과를 보고 진학하겠다는 학생 비율이 3분의 2 내외였다. 이렇게 보면 중위권 학생들도 진로에 대한 자기만의 생각을 가지고 있는 것으로 보인다. 부모님이나 선생님이 진로·진학 방향을 물어보면 대답을 잘 안 하지만 사실은 생각이 있는 것이다.

그런데 이 학생들은 학교에서 정보를 찾거나 온라인에서 정보를 얻는다고 하는데, 여전히 정보가 부족하다고 말하고 있다. 사실 대학입학 정보를 상세하게 제공하기 위해 대학어디가 포털에 많은 정보를 제공하고 있다. 어디가에 자주 접속해 보면 대학, 학과, 입학 성적 등의 정보를 얻을 수 있다. 또 대학과 전문대학은 입시박람회도 하고 있다. 박람회에 가보면 학생들은 항공운항 등 아주 일부 인기 학과에만 몰려 있는 것을 볼 수 있다. 시간을 들여 꼼꼼히 들여다보면 자신에게 더 맞는 학과 진로를 얻을 수 있다.

성적이 흔들릴 때
돌아봐야 할 것들

학부모 대상 진로·진학 설명회에서 사전 질문을 받았는데 그 중 아이의 성적이 갈수록 떨어지고 있다는 사연이 눈에 띄었다. "고등학교 초에 최상위권이었다가, 공부를 하지 않기 시작하여 점점 성적이 떨어지고 있는 고2 자녀에게 어떤 조언을 해 주어야 할까요? 처음에 자신이 가고 싶었던 학교·학과를 수시로는 갈 수 없다고 생각하여, 학업 의욕을 상실하고 무기력한 상태입니다."라고 물어 왔다.

중학교 때까지는 공부를 잘해 왔고 스스로 공부 계획도 세워 잘 해 왔는데 고등학교에 와서 공부를 등한시하는 원인이 늦은 사춘기에 있는 경우가 있다. 고등학생 때 맞은 늦은 사춘기에 인생과 우주의 본질을 정의하기 위해 개똥철학자가 되면서 공부를 접는다. 수학과 영어 공부가 인생과 무슨 관계가 있는가, 하는 회의가 짙게 들면 이 공부에서 멀어지게 된다. 대부분 아이는 한 학기 정도 사춘기를 앓다가 돌아오게 되므로 지나치게 걱정할 일은 아니다. 공부에 관심을 둔 친구들과 어울리도록 해서 학습 분위기를 유지하고 아이가 잘 따르는 멘토에게 조언을 부탁하면 도움이 된다. 공부를 접고 나서 친구들이 공부와 거리가 먼 그룹으로 바뀌면 공부하는 사람으로 돌아오는 데 시간이 더 많이 걸린다.

아이가 공부를 안 하면 부모는 대학 보낼 일이 걱정이 된다. 그런데 한 학기 정도 성적이 나쁘면 평점이 떨어져 '학교장 추천 학생부 교과 전형'으로 대학 가기는 어려울 수 있지만 학생부종합전형으로 대학 가는 데는 크게 문제가 되지는 않는다. 오히려 학생의 회복 탄력성을 높이 살 수도 있다. 시련을 딛고 일어난 사람을 영웅이라고 한다. 영웅 설화의 공식은 어려움을 겪다가 귀인의 도움으로 성장하여 훌륭한 성과를 내고 해피엔딩을 맞는 것이다. 이처럼 아이가 슬럼프에서 벗어나서 이후 학기에서 성적이 회복되었다면 영웅 설화의 주인공이 될 수 있다.

중학교 때 공부를 깊이 있게 하지 않아서 고등학교에 와서 성적이 떨어지는 경우도 많다. 중학교 때는 성취평가제로 성적을 받아오므로 학생이 대부분 과목에서 A를 맞으면 공부를 참 잘한다고 하겠지만 고등학교 성적은 상대평가로 산출되므로 고등학교에 와서 시간이 갈수록 성적이 떨어진다. 고등학생은 시간을 내서 지난 시기에 배웠지만 깊이 있게 공부하지 않았던 것을 깊이 공부해야 한다. 선행 학습보다는 복습이 실력을 높인다. 고2는 배우는 과목 내용도 어려워지고 종류도 많아져서 각오를 단단히 해야 한다. 그런데 이때 방해가 되는 것이 자존심이다. 이 알량한 자존심을 극복할 수 있는 마음의 근육이 필요하다.

현재 중학생이라면 현행 진도에서 깊이 있게 공부를 해야 한다. 중학교를 마치고 고등학교 입학하기 전 시기에도 선행을 많이 한 것을 자랑할 일이 아니고 학기 초에 배울 것을 깊이 있게 예습해야 한다. 선행은 평가와 연계되지 않아서 제대로 학습을 하고 있는지 알 수 없다. 그러니 설렁설렁 시간을 보내고 실력은 늘지 않는다. 실력은 현행 심화를 통해 는다.

2학년에서 성적이 떨어지는 아이는 현재의 학습량을 견디지 못하는 것이 원인일 수도 있다. 고등학교 2학년은 이전 학년과는 상대가 안 되게 공부 부담이 크다. 국어도 문학과 독서 과목이 1, 2학기로 이어지면서 해야 할 공부할 양이 많아진다. 수학은 1학기에 대수, 미적분 I 을 이어서 배운다. 이 과목은 수능 범위에 해당된다. 내용도 많은 데다 깊이 하지 않으면 수능 시험의 최고난도(킬러 문항)는 아니라도 고난도 문항(준킬러 문항) 수준도 해결하지 못한다. 사회나 과학도 여러 과목을 깊이 배우고 학습활동도 많다. 잠시 눈을 돌리면 저만큼 떨어져 나온 자신을 발견하게 된다. 2학년이 되면 공부 폭탄이 떨어진다는 것을 알고 마음으로라도 대비하고 2학년에 올라와야 한다. 고1 겨울방학에는 학습결손을 돌아보면서 앞 부분은 예습을 좀 해 두어야 한다.

2학년인데 성적이 떨어지지만 수능 모의고사 성적은 잘 나오고 있다면 정시로 대학 가려고 수능 준비를 하려고 할 수도 있다. 그런데 수능 과목은 주로 2학년에서 배운다. 현재 진도를 소홀히 하면 수능 모의고사 성적도 곧 떨어지게 된다. 또한 수능 성적이 해당 과목 공부만으로 완성되는 것도 아니다. 학생이 지레짐작으로 원하는 대학 학과를 못 갈 거라고 판단하지 말고 현재 진행 중인 공부를 성실히 해야 한다. 학교 공부를 등한시하면서 수능으로 승부를 보려는 자세 역시 현실 도피의 한 모습에 불과하다.

느리지만 끝까지 가는 아이 만들기

중학교 1학년 남자 아이이의 사연이다. 차분하고 꼼꼼한 성격인데 과제를 할 때 다른 아이들보다 두 배나 시간이 걸려 힘들어한단다. 중학교 입학하면 공부할 양도 많아질 터인데 어떡하면 좋을까?

꼼꼼하면 느리지만 실수가 적고, 빠르면 덜렁거리다 실수를 많이 한다고 한다. 실수를 적게 한다는 면에서 보면 꼼꼼한 성격이 장점이기도 하다. 그런데 너무 꼼꼼해서 과제를 완수하기도 어렵다면 느린 이유를 점검해 보아야 한다.

시험 시간에 주어진 문제를 대부분 학생이 시간 안에 풀었는데 우리 아이만 시간이 부족했다면 상대적으로 느리다고 하겠다. 우리 아이만 시간이 부족한 게 아니었다면 느리다고 걱정할 일은 아닐 것이다. 보통 수준의 속도인데 과도하게 걱정하고 있는 것은 아닌지 살펴보아야 한다.

시험 볼 때 주어진 시간 안에 문제를 다 풀지 못한다면 그 과목에 필요한 능력이 부족해서 그럴 수 있다. 수학 시험 시간이 부족하다면 연필을 들고 계산할 때 계산 속도가 느려서 그럴 수 있다. 이 경우는 계산을 빠르면서도 정확하게 하는 연습을 해야 한다. 계산이 맞았는지 확신이 서지를 않아서 확인하는 데 시간을 많이 쓰는 아이도 있다. 계산 연습을 할 때 틀리지 않을 자신감도 같이 키우면 다시 계산하는 습관은 없어질 것이다.

문제 해결의 실마리를 찾는 데 시간이 많이 걸린다면 예제 수준의 문제를 좀 더 많이 풀어 보면 해결이 된다. 공식을 외워 두었다가 문제를 풀 때 바로 적용해서 풀어야 시간 안에 답을 구할 수 있는 경우, 학생이 공식을 유도할 수 있다는 생각에 공식을 외워 두지 않았다가 문제를 두고 공식을 유도하는 과정부터 푼다면 늘 시간이 부족하 이 질문은 '수학도 외워야 하나요?'와 같은 질문과 관련이 있다. 수학도 외울 건 외워야 한다.

책을 읽고 이해하는 속도가 느린 학생은 독서 훈련을 해야 한다. 책을 읽는 속도는 집중력과 이해력을 바탕으로 한다. 책의 논리를 따라가면서 자기 생각과 비교하면서 읽는 훈련을 하면 책의 내용과 논리에 집중하게 되고, 비판적으로 빠르게 읽을 수 있다. 초등학교 3학년부터 국어 수업 시간에 독서를 체계적으로 지도하므로 학교에서 제공하는 정보를 바탕으로 연습을 하면 된다.

또한 책 읽는 속도는 배경지식과 비례한다. 배경지식이 많으면 책의 내용 중 많은 부분을 쉽게 이해하므로 깊이 생각하지 않고도 정확하게 읽어 낼 수 있다. 배경지식은 학교에서 배우는 모든 과목의 학습과 이전 독서 경험, 영상 자료 등을 통하여 머리에 쌓이게 된다. 그러므로 한 번 얻은 지식을 기억하려고 노력할 필요가 있다. 지식을 장기 기억에 저장하려면 복습을 해야 한다. 배운 내용을 복습하는 과정뿐 아니라 추가 지식을 찾아가는 과정에서도 복습이 이루어진다. 그러므로 복습은 단순한 반복만은 아니다.

글씨 쓰는 속도가 느려서 전체적인 속도가 떨어지는 학생도 있다. 중학생이 되면 자신만의 글씨체를 가질 때가 된다. 잘 썼다는 평을 받는 글씨체를 갖기 위해서 글씨 연습을 할 필요가 있고, 또 빠르고 알아볼 수 있게 쓰는 글씨체 연습도 할 필요가 있다. 긴 글을 쓰는 시험을 볼 때 유용하다. 과제로 보고서나 독후감을 쓸 때는 주로 컴퓨터 워드 프로그램을 이용하므로 타자 연습을 해서 빠르게 타이핑할 수 있으면 시간이 절약된다.

'대충'이 습관이 되기 전에 끊어라

초등학교 5학년 아이 이야기이다. 공부를 하지 않는 건 아니지만 대충한다고 한다. 고칠 방법이 있을까?

아이가 공부를 대충 한다는 것은, 공부를 하긴 하는데 내용을 정확히는 모르고 배운 것을 활용해서 문제를 해결하지 못한다는 뜻이다. 고치려면 원인을 찾아야 하는데 원인을 정확하게 찾기는 쉽지 않다. 아이가 냄비에 담긴 물에 손끝을 넣었는데 소리를 질렀다면 물이 뜨거워 손끝에 통증이 온 것이 원인일 수도 있지만, 물에 바퀴벌레가 있어서 또는 갑자기 잊고 있었던 중요한 약속이 떠올라서 등 다른 원인들도 있을 수 있다. 아이가 공부를 대충 하게 된 원인도 정확히는 알기 어렵다. 그래도 몇 가지를 짚어 보겠다.

K는 초등학교 1, 2학년 때 선생님이 숙제를 내주시기만 하고 검사를 하지 않는 분을 만나서 숙제를 대충 하거나 안 하는 습관이 생겼다. 3학년 때는 꼼꼼히 검사하는 선생님을 만났지만 '대충 하고 걸리면 혼나고 말지.' 하는 생각을 하게 되었다. 그런데 선생님과 부모님은 이 아이의 마음을 모른다. 아이가 말로는 최선을 다하고 있다고 하고 있기 때문이다. 이 경우라면 아이가 잘 따르는 분이 멘토가 되어 아이를 잘 설득해서 성실성과 책임감을 채워 주어야 한다.

선행 학습을 심하게 하면서 대충 공부하는 습관이 생겼을 수도 있다. 아이가 학원에서 두 학년 앞의 것을 배우는데 지금 배우고 있는 것을 70% 정도는 알아듣는다. 그런데 진도는 계속 나가고 아이는 어차피 다음에 또 배울 거라는 걸 알고 있으므로 대충 공부해 둔다. 막상 그 진도를 학교에서 나갈 때는 이미 배웠으니 대충 공부한다. 그러다 보면 아이는 대충 공부하는 것이 습관이 된다. 이런 경우라면 진도를 달리는 선행을 멈추고 지금 배우는 것을 정확하고 깊이 있게 공부하는 습관을 들여야 한다. 공부 시간 안배도 여기에 맞춰야 한다.

대충 하는데 작용하는 마음의 바탕이 유창성 효과에 있기도 한다. 유창성 효과는 해 보지 않고도 유창하게 할 수 있다고 착각하는 것을 말한다. 아이돌 동영상을 보면 자기도 쉽게 따라할 수 있을 것 같지만 막상 몸을 움직여 보면 생각처럼 춤

이 춰지지 않는다. 공부도 그렇다. 우리의 뇌가 잘 모르는 것도 아는 것으로 착각하게 학생을 조종하고 있는 것이다.

유창성 효과는 메타인지와 관련이 있다. 사람의 행동과 인식은 메타인지의 지배를 받는다고 한다. 메타인지는 자신이 무엇을 아는지 모르는지를 아는 능력이다. 그런데 대상이 알고 있는 것처럼 보이면 안다고 착각을 하게 된다. 완전히 낯선 것이었다면 꼼꼼하게 찾아보고 이해하기 위해 노력을 했겠지만 대충 아는 정보가 있으므로 뇌가 안다고 판단을 해서 깊이 이해하는 것을 방해한다. 뇌가 에너지를 절약해서 생존에 유리하게 진화해 온 것이 원인이라고 한다.

이렇게 정확한 근거도 없이 안다고 생각하고 대강 판단하는 것을 휴리스틱이라고 한다. '저기 칼국수집이 있는데, 저 집이 원조네. 거기가 맛있을 거야.'와 같이 판단하는 것을 말한다. 결국 아이는 기존의 지식을 활용해서 대충 지금 배우는 것을 이해하지만 이 이해가 오해일 수도 있어서 물어보면 설명을 못 한다. 여기에는 과거에 배운 것을 대부분 망각했지만 그런 것이 있었다는 어렴풋한 기억이 자리하고 있기 때문이다.

이런 상황은 아이의 지식이 오개념에 머무르게 하기도 한다. 지구는 둥글다는 사실을 두고 아이는 지구가 농구공 위에 쟁반을 얹은 모양이라고 생각할 수도 있다는 것이다. 아이가 가진 지식에 오개념이 많다면 오개념을 바로잡는 것이 공부의 출발점이 된다.

이렇게 보면 대충 공부하는 것은 사람이 가진 한계에서 비롯된 것으로 보인다. 이 한계를 극복하기 위해 공부를 할 때 우선 관련 지식을 점검해야 한다. 보통 교실에서는 해당 단원을 공부하기 위해 알아야 할 것을 아는지를 점검하는 진단평가를 한다. 진단평가 결과 부족한 것은 과거의 학습 결손이므로 반드시 채워야 한다.

지금 배우는 것은 설명해 보아야 한다. 방에 칠판을 두고 그날 배운 것을 설명하며 복습했다는 공부 잘하는 학생들의 이야기를 실천하면 좋다. 이때 엄마가 직접 코치에 나서면 역효과를 낼 수도 있다. 아이는 엄마의 눈높이를 맞추지 못할까 봐 두려워하기도 한다. 친구를 가르치는 것도 칠판 앞에서 설명하는 것과 같은 효과를 낸다.

소리 내서 읽고 내용을 요약해서 적는 것이 지식을 분명하게 한다. 소리 내서 유창하게 읽을 수 있으면 내용을 빼먹지 않는 것과 내용을 잘 아는 것 두 가지는 해결된다. 낯선 어휘 등을 만나면 읽고 나서 사전을 찾아야 한다. 글로 쓰면 내용을 정확하게 기억하는 데 다양한 감각이 동원되어 더 기억에 잘 남는다고 한다. 손의 촉감, 글씨와 그림의 모양, 글을 쓴 공책의 자리까지 기억을 돕는 지원군이 된다.

어떤 분야의 것만 대충하는 아이도 있다. 좋아하는 것에는 몰입을 하는데, 마음에 들지 않으면 이해하려고 하지를 않다. 일종의 편식이다. 시간이 지나서도 복구가 될 수 있는 과목이라면 두고 보아도 되겠지만 위계가 있는 과목이라면 지금 모르면 앞으로 나오는 것은 알 수 없으니 상황에 맞게 대응해야 한다.

4장

자기주도 공부는 훈련이다

자기주도성은 입니에서 경팽력이다

서울대학교는 〈학생부종합전형 안내〉 책자에서 평가 요소 중 하나인 '학업 태도'에 대하여 "자기주도적 학습 경험에서 나타나는 지적 호기심과 탐구 의지, 깊이 있는 배움에 대한 열의, 학업수행 과정에서의 적극성 및 진취성, 진로 탐색 의지 등의 학업 소양을 평가한다."라고 설명을 했다. 학업 능력이 자기주도적으로 학습하여 역량이 길러진 상태를 말한다면 학업 태도는 학업 역량을 기르기 위한 태도를 말한다.

MBC 〈공부가 머니?〉에서는 2020년 수능 만점자 세 학생을 출연시켜 대담을 나눴었다. 잠실고 손수환 학생은 중학교 때까지는 야구 선수를 했었는데 야구로는 큰 꿈을 이루기 어려울 것 같아 공부에 매진하기로 마음먹고 독하게 공부했다고 말했다. 김해외고 송영준 학생은 입학할 때 반배치고사에서 전교 꼴찌가 만점 맞았다고 보도되었지만, 꼴찌는 아니고 꼴찌에서 두 번째였다며 입학한 뒤 성실하게 공부해서 좋은 성과를 얻었다고 했다. 이 두 학생은 서울대 경영학과와 자유전공학부에 수시로 합격했다. 학교생활을 성실하게 한 흔적이 학생부에 드러난 학생이었다는 것이다. 두 학생의 공통점은 서울대가 '학업 태도' 요소로 평가하겠다는 덕목을 갖추고 실천했다는 사실이다.

그런데 보통은 큰 결심을 하고 실천에 옮기기도 하지만 작심삼일에서 벗어나기 어렵다. 뜻을 세우지조차 않는 경우가 더 많다. 무엇을 공부해야 할지조차 결정을 내리지 못 하는 것이다. 그래서 공부의 시작은 동기이다.

동기 부여의 힘

동기 부여는 학생이 힘을 내서 공부를 할 수 있도록 시동을 걸어 주는 역할을 한다. 동기 부여에는 용돈을 주거나 선물을 사 주는 외적 동기 부여가 있다. 그런데 물질로 보상을 하는 것보다는 칭찬해 주고 안아 주는 보상이 더 효과적이라고 한다. 물질로 매사에 보상하면 물질로 보상하지 않을 때는 동기 부여가 되지 않는다고 한다. 그래서 간헐적 보상을 한다. 간헐적 보상은 때로는 잘했다고 칭찬하면서 용돈을 조금 주기도 하고 어떨 때는 칭찬만 하기도 하는 방식이다.

내적 동기는 학습과 활동 자체에 대한 개인의 관심과 열정에서 비롯되는 동기를 말한다. 내적 동기 부여는 손수환 학생이나 송영준 학생처럼 스스로 공부를 열심히 하고 자신이 성과를 내고 있는 것에 대하여 만족감을 갖는 것을 말한다. 외적 동기 부여로 시동을 걸면 그다음은 스스로 문제를 해결해서 뿌듯한 마음이 생기고, 글을 잘 써서 또는 발표를 잘해서 뿌듯해하는 마음이 생긴다. 이런 뿌듯함이 내적 동기이다. 뿌듯함이 아니라도 호기심이 발동한 상태 등도 동기가 된다.

뿌듯함이나 보람이 생기지 않으면 어떡할까? 고학년이 될수록 학습 내용이 어려워진다. 교과 지식과 개념 원리를 이해하기도 쉽지 않다. 그래서 자신감을 잃고 좌절하게 된다. 그러다 보면 뿌듯함이 생길 틈이 없다. 이럴 때 필요한 것이 성공 경험이다. 계획한 일을 성공적으로 완수하여 자아 효능감을 갖는 경험이 필요해진다.

부모는 아이가 성공할 수 있는 목표를 세웠는지 검토한 뒤 성공할 수 있도록 지지해 주고 성공한 뒤 칭찬해 주자. 이를 통해 아이는 성공 경험을 통한 자존감을 갖게 된다. 태어나서 세 살 이후에는 칭찬을 받아 본 적이 드문 아이가 성공 경험을 갖고 칭찬을 받으면 이제는 스스로 목표를 세우고 도전할 수 있는 사람으로 성장한다.

성공을 위한 목표는 꼭 공부로 잡을 필요는 없다. 우선은 자기 주변 환경 정리, 농구공 자유투 10번 던져서 5번 성공하기, 달걀 한 손으로 깨서 지단 부치기와 같은 목표도 좋다. 성공이 중요하고 스스로 성공했다는 마음을 갖는 것이 중요하고 칭찬받는 것이 중요하다.

내적 동기 부여가 이루어져 스스로 공부를 잘해낼 수 있게 되었을 때, 자기에게 스스로 선물을 하기도 한다. 자신에게 성과에 대한 보상을 스스로 해서 만족감을 높이는 방법이다. "이번에는 탐구보고서가 만족스럽게 되었으니 돌아오는 주말에는 나에게 영화를 한 편 보여 줘야지."와 같은 보상을 하는 것이다.

아이 스스로 공부한다

동기 부여가 되어 학습을 시작하려고 하면, 목표를 세워야 한다. 목표를 세워야 효과적으로 공부할 수 있다. 공부를 왜 하는지, 어떤 목표를 이루고 싶은지 명확하게 생각해야 어떤 과목을 어느 수준으로 공부해야 하는지를 정할 수 있다. 또 목표를 이루었을 때 성취감이 생긴다. 목표는 최종 도달점을 정하는 것이지만, 단기 목표는 당장 실천해서 이룰 수 있는 목표부터 세워 보는 것이 좋다. '이번 주에는 영어 문장 10개를 외우겠어.'와 같이 쉽게 이룰 수 있는 목표를 세워야 성공 경험을 통한 성취감이 생기고 그로 인하여 자존감이 높아진다. 목표가 이루어지기 어려운 것이라면 이루지 못해 좌절할 수 있다.

자기주도적인 태도를 가진 학생은 학습 계획을 세워 생활한다. 학생은 장기 계획부터 하루 단위 공부 계획까지 계획을 세우는 데 시간을 투자해야 한다. 계획을 너무 빡빡하게 세우지는 말아야 한다. 실천하지 못하는 날이 늘어날수록 계획은 계획에 그치고 만다. 계획을 세우지 않아야 더 공부가 잘된다는 말은 계획을 세우기 싫어서 하는 말이다. 계획을 세우지 않으면 책상에 앉은 뒤에 바로 공부를 시작하지 못하고 무엇을 공부할지를 결정하는 데 대부분의 시간을 쓰게 된다. 시간을 아끼려면 루틴을 만들어야 한다고 한다. 루틴을 만들기 위해서는 어떤 시간에는 무엇을 할지를 정해 두어야 한다. 계획을 세워 규칙적으로 공부하고 매일 일정한 시간에 공부하는 습관을 들여 보자. 규칙적으로 공부하면 공부에 대한 흥미가 떨어지지 않고, 학습 성과도 높아진다.

　자신의 학습 스타일을 파악하고 실천하는 학생이 자기주도적이다. 새벽 공부가 잘 된다는 말을 듣고 '나도 새벽에 공부해야지' 하고 마음을 먹어도 새벽에 일어났기 때문에 하루 종일 졸게 된다면 의미가 없다. 자신이 공부가 잘되는 시간대를 파악해서 집중적으로 공부해야 한다. 그러나 저녁에는 자고 밤새워 공부하는 방식 등 낮에 학교 공부에 영향을 주는 방식은 좋지 않다.

　음악을 들으며 공부하는 것도 좋은 습관이 아니다. 들려오는 노래에 대하여 뇌가 정보 처리를 하면서 동시에 공부하는 내용도 처리하기가 어렵다. 또한 시험을 볼 때는 음악을 들을 수 없으니 조건 반사를 만들지 말아야 한다고 한다.

공부 환경도 스스로 정리해야 한다. 뇌는 지루한 것을 싫어한다고 한다. 같은 환경에서 공부를 오랫동안 하다 보면 뇌가 싫증을 내서 학습 효율이 떨어진다고 한다. 그러나 딱히 이런 환경이 공부에 도움이 된다고 정해진 것은 없다. 자신에게 맞는 환경을 만들고 가끔 환경을 바꿔 보는 것이 좋다.

공부에 집중할 수 있는 환경을 만들려면 공부를 방해하는 물건들을 멀리해야 한다. 공부에 필요한 책과 자료들을 가까이에 두고, 공부에 방해가 되는 화장품, 게임기, 스마트폰 등을 멀리 두어야 한다. 침대를 가까이 두면 눕고 싶다.

깊이 공부하다가 휴식을 취하는 것도 중요하다. 우리 뇌도 근육과 같아서 일정 시간이 지나면 피로해진다. 휴식을 취하면 집중력이 높아지고, 공부에 대한 흥미도 유지된다. 그래도 자기주도적인 사람은 휴식 시간을 마치고 바로 공부로 돌아온다.

무엇보다 부모님은 아이가 자기주도적으로 생활을 설계하지 못할 때 대신 해 주면 안 된다. 아이가 스스로 할 수 있도록 곁에서 조언해 주고 점검하면 좋다. 아이가 못한다고 대신 해 주면 결국 아이는 구경꾼으로 남게 된다.

대학이 탐구활동을
보는 이유

　학생부종합전형에서 탐구활동 경험은 학생의 학습 상황을 평가할 때 가장 중시하는 사항이다. 서울대학교의 평가 기준을 보면 첫째가 '학업능력'인데, '폭넓은 지식을 깊이 있게 갖추고 활용할 수 있는 학생인가?'를 보겠다고 한다. '폭넓은 지식을 깊이 있게 갖추고'는 '오류가 없는 조건화된 지식'을 갖추라는 말이고, '활용'은 평가 기준에서 말하는 '습득한 지식을 적절히 활용한 경험이 있는가?'에 해당하는 말이다. 즉, 지식과 그 활용 경험을 보겠다는 말이다. 그런데 지식을 활용한 경험은 탐구활동으로 나타난다.

　이 탐구활동은 사회문제 탐구, 과학과제 탐구 같은 탐구 관련 과목을 수강해야 할 수 있는 것은 아니다. 모든 과목에서 학습활동으로 제시된 활동을 통하여 탐구활동을 할 수 있다. 자율자치활동이나 진로활동 등에서도 탐구활동을 할 수 있다. 스스로 궁금한 주제를 정해서 탐구활동을 하고 이런 시간에 발표할 수도 있다. 그러니까 학교 교육과정 전체에서 탐구가 이루어진다는 뜻이다.

21세기에 가까이 올 무렵 뇌과학과 학습관련 심리학 분야의 연구 성과를 바탕으로 미국의 학습과학발전위원회와 학습연구·교육실천연구위원회가 펴낸 《학습과학》(학지사, 2007)에서 제시하고 있는 학습 및 교수 관련 조언들은 우리나라 교육과정에도 영향을 미쳤는데, 여기에서도 탐구활동이 왜 중시되는지를 알 수 있는 단서들이 있다.

학생이 학습을 잘 하기 위해서는 선행 지식이 분명해야 한다. 레오 리오니가 쓰고 그린 《물고기는 물고기야!》(시공주니어, 2000)라는 동화책이 있다. 물고기 친구 올챙이가 개구리가 되어 물 밖에 나가 세상 구경을 한 뒤 물 속 물고기 친구한테 동물과 새 이야기를 해 주었더니 물고기는 물고기 몸에 다리가 달린 동물, 물고기 몸에 날개가 달린 동물을 상상했다는 이야기를 담고 있다. 이처럼 학습자의 선행 지식이 다음 단계 학습에 잘못된 영향을 줄 수 있다. 학습자의 과목에 대한 불완전한 이해, 잘못된 신념, 오개념 등이 있다면 바로잡아야 한다.

'다트 던지기 실험' 이야기도 있다. 물 속에 다트판을 두고 빛의 굴절을 아는 집단과 모르는 집단이 다트 던지기를 한 뒤, 다트판을 더 깊은 곳으로 이동시켜 다시 다트 던지기를 하면 빛의 굴절을 이해한 집단이 더 명중률이 높았다고 한다. 문제 해결에 선행 지식이 필요하다는 것을 보여 준 실험이었다.

암기보다는 이해하는 학습을 해야 한다. 새로운 학습과학도 사실을 아는 것이 사고와 문제해결에서 중요함을 부인하지 않는다. 그러나 '사용 가능한 지식'은 분리된 사실을 단순히 나열하는 것과는 다르다고 한다. 단순한 '사실에 대한 기억'은 활성화되지 않은 죽은 지식이다. 이 지식은 다른 상황에는 피상적으로 적용되어 문제 해결에 도움이 되지 못할 가능성이 높다. 또 이 지식은 다른 상황에 적용되지 않으므로 기억에서 사라진다. 그래서 암기한 지식을 휘발성 지식이라고 한다.

예를 들어 정맥과 동맥의 특성을 단순히 외운 사람은 외운 사실만 기억하고 있지만, 정맥과 동맥에 대한 사용 가능한 지식을 많이 소유한 사람은 심장에서 혈액이 높은 압력으로 분출되기 때문에 동맥이 더 탄력적이어야 한다는 사실, 역류를 막기 위해 맥박이 밸브 역할을 한다는 사실을 외우지 않아도 알 수 있다는 것이다.

이해를 통해 중요한 개념·생각을 중심으로 조직화된 지식은 활용할 수 있는 지식이다. 이를 조건화된 지식이라고 한다. 다른 상황에 적용해서 문제 해결에 도움을 주는 지식인 것이다. 이 지식을 머리에서 꺼내는데 노력이 많이 들 수 있기도 하고,

노력이 덜 필요하기도 하며, 자동적으로 꺼낼 수도 있다. 유능한 사람의 지식은 노력을 덜 하고도 지식을 꺼내 사용할 수 있고 다른 지식을 적용하는 것이 더 나은지를 성찰할 수도 있다.

'두 의사가 같은 대학을 우수한 성적으로 졸업했는데 한 의사는 명의라고 불리는데 한 의사는 그렇지 못했다. 왜 그럴까?'라는 이야기가 떠오른다. 지식이 양은 같지만 이해를 통해 조건화된 지식을 가지고 있어, 그 지식을 상황에 잘 적용할 수 있는 의사가 명의이다. 유능한 전문가 또는 명인은 문제를 창의적으로 해결하는 사람이다. 레시피대로 요리하는 숙련된 전문가 요리사와 창의적으로 요리하는 유능한 전문가 요리사 중 상황에 맞는 해결책을 제시하는 사람은 창의적 요리사이다.

유능한 전문가나 명인은 모르는 것을 탐색하는 메타인지가 발달되어 있다고 한다. 이들을 숙련된 초보자라고 하는데, 많은 분야에 숙련되어 있고 자부심도 있지만, 자신이 앞으로 알 수 있는 것에 비하면 보잘것없다는 것을 깨달은 사람이라고 한다. 이 상황이 계속 전문성을 높이는 계기가 된다고 한다.

공부에서 탐구활동을 중시하는 까닭이 여기 있다. 특정한 맥락에서 학습하고 그것으로 마치면 다른 맥락에 적용할 수 없고 지식을 활용할 수 없다. 연관이 없어 보이는 상황에서 배운 지식을 활용하여 문제를 해결하는 연습을 평소에 해 봐야 이해를 바탕으로 조직화된 지식을 활성화시킬 수 있고, 지식을 유창하게 인출할 수 있으며, 자신이 모르는 영역을 깨닫고 더 학습하게 된다. 나아가 공부의 재미를 알게 되며 계속 전문성을 높이는 계기가 되어 대학에 와서도 공부의 즐거움, 학문의 즐거움을 유지하게 되리라고 대학은 기대하므로 대학이 학생을 선발할 때 탐구활동의 경험과 그 본질을 알고 싶어 한다.

탐구력이 왜 중요해졌을까?

우리 교육에서 학습에서 탐구가 중심이 되어야 한다는 주장은 이미 1986년부터 제기되었다. 1985년에 교육개혁심의회라는 기구를 만들고 교육 현안을 다루었는데, 1986년에 나온 보고서에서는 학생이 참여하는 수업이 이루어져야 한다고 주장하면서 학생이 참여하는 수업이라야 학생의 학습 효과가 크다, 지식 암기 수업에서 벗어날 필요성이 커졌다, 이미 있는 정답을 찾는 학습이 아니라 학생이 문제를 설정하고 문제를 창의적으로 해결하는 학습을 중시해야 한다고 하였다. 교과서에서 그대로 출제되고 과목도 많았던 학력고사가 범교과적인 수능으로 바뀌게 된 것도 같은 맥락에서 이 기구가 제시한 것이다.

이 기구는 교육을 바꾸는 방향으로 '창의성을 기르는 교육'을 해야 한다며, '지식의 암기를 강요하는 교육으로부터 무한한 가능성을 지닌 창의적 잠재력을 계발하는 교육으로의 전환'이 필요하다고 주장했다. 그래서 "학습자들의 독창적 사고가 격려되고 남들과 다르게 사고할 수 있는 자유가 보장되는 교육, 학습자 스스로가 학습의 주체가 되는 교육, 다양한 교육과 정의 운영과 개방적 수업체제가 운영되는 교육, 교사의 창의성·자율성·독창성이 존중되고 격려되는 교육"이 이루어져야 하며 "질문과 학습 과제를 학생들이 스스로 해결해 보는 경험을 많이 하도록 하는 수업 설계, 학생들의 경험과 역량을 남에게 보일 수 있는 기회를 빈번히 제공"이 필요함을 제시하였다.

그러나 이 보고서의 주장은 학교 현장에 적용되지는 못했다. 당시 대입제도는 학력고사였고 따라서 학력고사 고득점을 보장해 주는 것은 아닌 수업 개선을 할 동력이 부족했기 때문이었다.

본격적으로 탐구가 교육에서 중요하다는 주장은 2015개정 교육과정 시기에 제기되었다. 2015개정 교육과정 시기의 교과서는 개념과 원리를 간단히 제시하고 학습활동을 다양하게 제시하여 학생이 활동을 통하여 지식을 구성하도록 만들어졌다. 2017년 11월 교육부, 한국경제신문 등이 주관한 글로벌인재포럼에서 온정덕 교수는 세계 각 나라의 교육과정 문서에서 탐구(inquiry)를 요구하고 있다는 점을 보여 주었다. 2019년 교육부는 우리나라 교육의 방향을 검토하기 위해 '2030 미래교육 한-OECD 국제교육컨퍼런스'를 개최했다. 여기서 '세션Ⅱ. 새로운 시대, 새로운 학교교육'의 발제를 맡은 부산대 김대현 교수는 "학생이 주인이 되어 스스로 알아 가는 교수·학습이란 '학생이 말하고 교사가 듣는 수업', '학생이 주체가 되어 답을 스스로 찾아가는 수업', '학생이 활동하는 수업', '실수가 용인되는 수업'으로 표현된다."면서 '학생이 주인이 되어 스스로 알아가는 교수·학습'의 중요성을 주장했다. 학생이 스스로 탐구하는 학습이 중요하다고 주장한 것이다.

　학교에서의 학습 방법이 달라졌을 뿐 아니라 대학이 학생을 선발하는 관점도 달라졌다. 점수로 뽑기보다 탐구활동을 잘 수행하는 학생을 더 우수한 학생으로 보기 시작한 것이다. 이런 양상을 보여 준 것이 건국대, 경희대, 연세대, 중앙대, 한국외대 등 5개 대학이 제시한 〈학생부종합전형 공통 평가 요소 및 항목〉 보고서이다. 여기에서는 평가 요소를 학업 역량, 진로역량, 공동체 역량으로 세 가지를 제시했는데, 그 중 학업 역량의 요소 중 하나로 '탐구력'을 제시했다. 이에 대하여 "기존의 평가항목인 '탐구활동'은 '탐구력'으로 용어를 변경하고, 정의도 '지적 호기심을 바탕으로 사물과 현상에 대해 탐구하고, 문제를 해결하려는 노력'으로 변경하였다. 학생부종합전형은 교과 학습활동을 통해 드러나는 학업 관련 탐구력을 학업 역량 평가의 중요한 항목으로 활용한다. 탐구력이란 어떤 대상에 대해 호기심을 가지고 깊게 꾸준히 연구할 수 있는 역량을 지칭한다."라고 언급했다.

　탐구력: 지적 호기심을 바탕으로 사물과 현상에 대해 탐구하고,
　문제를 해결하려는 노력

- 교과와 각종 탐구활동 등을 통해 지식을 확장하려고 노력하고 있는가?
- 교과와 각종 탐구활동에서 구체적인 성과를 보이고 있는가?
- 교내 활동에서 학문에 대한 열의와 지적 관심이 드러나고 있는가?

"탐구력은 학교에서 이루어지는 다양한 교과 관련 활동이나 실험 실습, 탐구, 연구 활동 등을 통해 드러나게 되는데, 그 과정에서 학문적 열정이나 지적 관심이 어느 정도인지 살펴본다."고 한다.

경희대 임진택 입학사정관은 자신의 SNS에 올린 글에서 '세특의 주제탐구, 너무 거창하게 생각하지 않길 바란다. 고등학생에게 연구논문을 기대하지 않는다. 숙제형 수행평가가 아니라 학생참여형 수업에 학생의 발표, 토론, 실험, 질문하는 과정을 말한다.'라고 하여 탐구에 대하여 부담 갖지 말고 접근하라고 조언하였다. 임진택 입학사정관이 〈내일교육〉 1048호에 기고한 글에서는 '주제탐구는 논문 형식의 거창한 연구 보고서를 의미하는 것은 아니다. 수업 활동 주제에 대한 발표와 토론 그 과정에서의 질문 등 과정 평가의 한 부분이다. 주제탐구는 학생 참여형 수업 활동의 전반이다'와 같이 언급하였으며 '말문 트인 학교, 말문 트인 수업'이 되기를 바란다고 했다.

탐구보고서 정리하는 법

그렇다면 탐구활동 보고서는 어떻게 정리해야 할까? 기존의 지식과 기능 및 태도를 익히는 것을 바탕으로 탐구활동을 해 보는 과정을 거치면서 학습은 내면화된다. 수능 공부는 휘발성 지식만 외우는 거라고 하는 이유는 지식이 내면화되지 않아 시험 본 다음날이면 모든 지식이 날아가 버리기 때문이다. 탐구활동을 하는 동안 과거에 배운 지식들을 활용하는 기회를 가져야 지식이 내면화 되는데, 수능 공부는 단순 암기 또는 문제 풀이로 완성되기 때문이다.

학자들은 궁금한 사항을 바탕으로 실험을 하여 논문을 쓴다. 예를 들면 어떤 언론학자는 '인터넷 댓글 중 부정적 댓글이 많이 달린 기사는 읽는 사람에게 부정적인 영향을 준다'와 같은 주제로 연구를 했다. 결과가 뻔할 것 같아도, 실험을 통해 증명하는 과정이 있어야 가설은 정설로 확립된다.

특히 고등학교에서의 학습은 탐구활동을 중시하기 때문에 학생부종합전형으로 진학한 학생들은 탐구활동을 했던 경험을 가지고 있다. 학생들이 했다는 탐구활동 주제를 보면 진학한 모집 단위와 관련이 있는 경우가 많다. 고등학교 생활은 늘 시간이 부족하므로 기왕 탐구를 하려면 관심을 갖고 있는 분야를 하게 될 것이고, 그러다 보면 진학한 학과와 관련을 맺게 된다. 학생부종합전형은 적성 및 진로희망에 따라 진학하는 전형이므로 더욱 관심 분야와 지원 모집 단위의 관련성이 높다.

국문과 학생은 수학 시간에 한글 자판과 이용 빈도의 관련성을 탐구했다고 하며, 융합학부 학생은 생명과학 시간에 인슐린 농도를 낮춰 알츠하이머를 예방하는 방법을 탐구했다고 한다.

교과서에는 학습활동이 제시되어 있는데, 이 활동을 기본으로 좀 더 깊은 주제로 탐구활동을 해 보면 자기주도 학습이 이루어진다. 대학은 이런 학습 경험을 가진 학생을 선발하려고 한다. 교과서 학습활동만 하면 조금 부족하다. 물론 교과서 학습활동을 착실히 해야 하지만 선생님과 수행평가를 기회로 탐구활동을 심화하고 스스로 관심 분야의 주제를 선택하여 탐구활동을 하기를 바란다. 자신만의 주제를 찾아 탐구활동을 해 보라는 이유는 여러분이 가고 싶은 대학이 경쟁이 심한 대학이기 때문이다.

탐구활동은 몇 단계를 거쳐 완성된다.

1단계로 주제를 선정한다. 교과서를 받았을 때 차례를 보면서 관심 있는 주제를 생각해 보면 좋겠다. 평소 자신이 의문을 품고 있는 것을 적어 두었다면 그 메모와 교과서 차례를 비교해 가면서 주제를 정할 수 있다.

2단계는 아이디어 만들기이다. 관련 주제에 대한 다양한 생각을 적어 본다. 초등학교 때부터 해 왔던 생각그물 만들기를 활용하여 생각을 쏟아 보아야 한다.

3단계는 자료 검색과 수집 단계이다. 논문자료를 검색하기도 하고 인터넷에서 관련 주제에 대한 정보를 수집할 수도 있다. 이 과정에서 관련 서적을 알게 된다면 도서관에서 확인할 수도 있다. 특히 검색하는 과정에서 자신이 탐구보고서를 써 보려는 주제가 과거에 연구가 된 것인지도 확인해야 한다.

4단계는 개요를 작성하는 단계이다. 탐구를 위해 수집한 모든 자료를 논리 순서에 따라 배열해서 글의 개요를 만든다. 개요 작성 방법은 국어 수업 시간에 배우게 되는데 그 때 잘 익혀 두어야 한다.

5단계는 글을 쓰는 단계이다. 글은 문어체로 써야 한다. 다른 논문의 연구 요약, 단행본의 서문 등을 필사해 보면 문어체 글을 빠르게 익힐 수 있다. 문장을 쓸 때는 주어와 서술어를 정하고 그 사이에 정보를 넣는 훈련을 하면 글을 유창하게 쓸 수 있다.

마지막은 퇴고 단계이다. 검토와 수정 단계를 꼼꼼하게 진행해야 한다. 논리적 결함이나 윤리적인 문제는 없는지, 참고문헌은 제대로 제시했는지, 비문과 오타는 없는지를 확인해야 한다. 내용이 훌륭해도 마지막 단계에서 해야 할 검토가 되지 않았을 때 빈틈이 발견되면 평가자에게 좋은 인상을 줄 수 없다.

모든 인용 자료는 출처를 밝혀야 한다. 그러기 위해 각주 다는 법을 익혀 두어야 한다. 또한 참고문헌도 정리해서 밝혀야 한다. 참고문헌 정리해서 제시하는 방법도 익혀 두어야 한다. 이에 대한 설명 자료를 찾아보아도 좋다. 물론 학교에서 기본을 가르쳐 준다. 그때 잘 이해하고 익숙하게 쓸 수 있도록 연습을 해야 한다.

달라진 수업 방식을 환영해 주세요

학교에서 학부모를 대상으로 연수 강의를 열 때면 선생님으로부터 받는 부탁이 있다. '학생이 참여하는 수업을 하지 말고 선생님이 수업해 달라는 요구'에 대응을 해달라는 부탁이다. 현행 교육과정 교과서는 학습활동 위주로 학습하도록 구성되어 있기도 하고, 선생님들이 학생이 참여하는 학습을 통하여 학생이 진정으로 배우게 된다는 신념도 있고 하여 교실 수업이 학생 참여형으로 이루어지고 있다.

그런데 이런 수업이 환영받는 것만은 아니다. 선생님이 말하고 학생은 듣는 수업은 학생도 선생님도 선호하는 방식이다. 선생님도 학생을 앞에 두고 혼자서 원맨쇼를 하는 방식으로 초중고를 다녔고 배운 그대로 교실에서 실행하는 것이 익숙하다. 학생도 선생님의 강의 수업을 원한다. 연전에 교육부가 위촉하여 모 영재고를 컨설팅하러 방문했었는데 학생들이 소원하는 첫 번째는 선생님이 가르치는 수업을 해 주었으면 좋겠다는 것이었다. 활동 중심 수업은 힘이 드는 데다 한 과목도 아니고 대부분의 과목에서 동시에 활동 중심 수업이 이루어진다면 학생도 공부가 벅차고 시간에 쫓길 가능성이 있다.

그런데 선생님은 수업을 하다 보니 수업이 바뀌어야 한다는 생각을 하게 되고 학생이 스스로 학습에 참여해야 학습이 이루어진다는 것을 확신하게 되는 과정을 거쳐 교실 수업을 바꾸는 것이다. 학생도 막상 참여하는 수업을 해보니 교실에서 조는 학생도 없어지고 수업에 대부분 참여하게 된다고 한다. 모둠을 만들어 학습할 때 한두 학생이 과제를 해 오지 않으면 학습 진도가 나가지 않으므로 친구들끼리 학습을 충실히 준비해 오도록 독려한다고 한다. 결국 조는 학생, 딴청 부리는 학생이 없어지는 부수적 효과도 있다는 것이다.

한편 정시 입시가 확대되자 수능 준비에는 협력학습이나 탐구학습이 필요하지 않으니 '선생님이 수능에서 독하게 어려운 킬러문항과 킬러문항에 가까운 준킬러문항 수준의 문제를 풀어 달라.'고 학부모·학생이 요구하는 경우가 종종 있단다. 중학교 단계에서도 '나중에 수능 보려면 굳이 활동 중심 수업, 탐구 중심 수업을 할 필요가 있는가?'라는 의문을 제기하기도 한단다. 자유학기제에 대한 부정적 시선도 같은 맥락이다.

그러나 우리 학생들은이 전대미문의 문제를 해결해 가면서 행복을 추구하는 삶을 살아야 한다면, 선생님은 가르치고 학생은 배우는 방식의 수업을 개선해야 한다. 학생들도 처음에는 학습활동에 스스로 답을 해 보는 것이 어렵기도 하고 틀릴까 두렵기도 할 것이다. 자습서의 답을 보고 싶은 유혹이 가득할 것이다. 그런데 정답을 요구하는 문제가 아니고 해답을 요구하는 문제라면, 문제점을 해결·해소할 수 있는 방법을 창의적으로 제시하는 문제라면 스스로 생각해서 답을 제시해야 한다.

이렇게 배운 과정을 보고 대학이 학생을 선발하는 방식이 학생부종합전형이다. 이 전형으로 주요 대학에서 약 40%의 학생을 선발하는데 대부분 재학생들이 선발된다. 정시 수능도 40%의 학생을 선발하지만 졸업생이 차지하는 비율이 매우 높다. 그렇다면 미래의 생존에 적합한 학습이면서 고등학교 성적과도 관계가 깊고 대학 문도 넓히며 대학에서도 학습 과정을 보고 선발하는 '학생이 참여하는 학습'을 지지해 주시기를 바란다.

교과세특이
브랜드가 된다

학교생활기록부(이하 학생부)는 개별 학생의 학교생활을 기록하기 위해 존재하는 것이고 대입에 사용하는 것은 그다음 문제라고 말하기도 한다. 사람은 목적 자체이고 수단이 되어서는 안 된다는 말과 같은 느낌이다. 학교에서는 학생부를 기록해서 무엇에 쓸까? 학교에서는 학년이 올라가면 새 담임선생님이 학생의 학교생활 태도와 학습 성취 상황 등을 파악할 수 있는 자료로 사용하게 될 것이다. 그런데 대입에서 사용하는 것은 목적 외 사용하는 것일까? 이 답은 초·중등 교육법에 있다.

초·중등교육법 제25조(학교생활기록)에는 "① 학교의 장은 학생의 학업성취도와 인성(人性) 등을 종합적으로 관찰·평가하여 학생지도 및 상급학교(「고등교육법」 제2조 각 호에 따른 학교를 포함한다. 이하 같다)의 학생 선발에 활용할 수 있는 다음 각 호의 자료를 교육부령으로 정하는 기준에 따라 작성·관리하여야 한다."고 규정하였다. 즉, '학생지도 및 상급학교의 학생 선발에 활용'하는 것이 학생부의 존재 이유이다.

상급학교의 학생 선발 중 학생부종합전형에서는 학생부가 절대적인 자료로 사용된다. 그러다 보니 학생부를 관리할 수 있는 방법에 대한 관심도 많고 이에 대한 정보도 많이 돌아다닌다. 이렇게 다양한 이야기가 존재하는 이유는 대학입학사정관이 학생부를 평가할 때 어떤 점을 눈여겨보는지를 정확히 알 수 없다는 점과 대학에서 제공하는 학생부 평가에 대한 정보를 이해했다고 해도 대학마다 밝히는 정보 내용이 다르기 때문이다.

그래도 공통점은 있다. 우선은 교과 중심의 학업 역량에 대한 평가에 대비해야 한다. 사실 인성 역량이 중요하지만 학생부 기록을 인성에서 평가하기는 어렵다. 학업 역량을 평가하기 위해 먼저 교과 성적을 대강 살펴볼 것이다. 이어서 성적과 세특(세부 능력 및 특기 사항)을 정성적으로 관찰·평가할 것이다. '시험을 잘 봐라, 수행평가에 성실히 임해라' 하는 조언은 정량 성적을 놓치지 말라는 말이다. 세특에 들어갈 내용에 충실하라는 말은 사정관이 세특을 읽고 학생이 공부한 수준과 내용이 무엇인지를 파악하니 이에 유의해서 학업에 참여하라는 말이다.

세특은 과목별 성취기준 중심으로 적는다.

성취기준이란 교과서 단원별로 표기된 학습목표라고 생각하면 된다. 입학사정관은 특정한 과목 시간에 학생이 성취기준에 따라 어느 정도 수준의 학습을 했는지를 평가한다.

① 성취기준 중심으로 학생의 학습활동이 기록됨, ② 진로를 염두에 두면서 성취기준 중심으로 기록됨, ③ 진로 방향에 충실하게 기록됨. 이 세 가지 중 어떤 것이 좋은 기록일까? 교육부가 발간한 〈2021학년도 학교생활기록부 기재요령〉에는 '과목별 성취기준에 따른 성취수준의 특성 및 학습활동 참여도'를 적도록 안내했다. 이에 의하면 당연히 답은 ①번이다. 진로 관련 사항은 굳이 교과세특에 적지 않더라도 창체 영역의 진로활동에 적을 수 있다. 그런데 학습활동을 하게 되면 때로는 자유주제로 탐구하고 발표하게 되는 경우도 있다. 그래서 ②번처럼 될 수도 있지만 직접적으로 학과나 직업을 특정하여 남발할 필요는 없다.

학생의 진로는 학생이 선택해서 이수한 과목 구성에서 드러난다. 기계공학과에 가려는 학생의 국어 과목 세특에 기계공학과를 지망하므로 기계공학과 자율자동차의 미래를 탐구하고 발표했다고 써 있어도 물리학을 공부하지 않았다면 진로를 쓴 것이 오히려 학생의 미래를 구속하게 될 수도 있다.

서울대가 제공한 〈학교생활기록부 기반 면접 내실화를 위한 교사 자문 결과 보고서〉에 실려 있는 세특 기록 예시에도 진로

중심기록을 볼 수 있다.

'항생제 내성을 부르는 네 가지 현상' 기사를 접한 후 항생제 내성 세균 탄생 원리에 호기심을 느낌. 이후 항생제의 β-lactam 고리 구조가 세균의 세포벽 합성을 억제하는 원리를 바탕으로 항생제가 작용한다는 내용을 정리함. 또한 후속 조사를 통해 세균은 돌연변이에 의해 β-lactamase라는 효소를 통해 β-lactam 고리 구조를 분해하여 항생제의 효과를 무력화한다는 것을 알고 학생이 진행했던 항생제 감수성 디스크 실험에서 오구멘틴 등의 항생제에 효과가 없던 세균들이 β-lactamase를 가지고 있었을 것이라는 결론을 도출함. 이처럼 자기주도적 탐구 역량을 바탕으로 주어진 정보를 논리적, 유기적으로 연결 짓는 역량이 우수함.

이 기록은 어떤 과목의 세특일까? 과목을 가리고 보면 어떤 과목 세특인지 알 수 없다는 말들을 하는데 바로 이런 경우이다. 이 세특은 생명과학 같지만 국어과 세특이다. 입학사정관이 이 세특을 보고 이 학생의 국어 교과 역량을 파악하기는 어렵다. 기록해야 할 내용인 '과목별 성취기준에 따른 성취수준의 특성 및 학습활동 참여도'는 알 수 없다. 이런 기록은 좋지 않은 기록이다. 그러니 학생은 교과세특에 진로희망이 어떻게 담겨야 하는지는 고민하지 않기를 바란다.

세특은 학습 수준을 평가할 수 있는 자료이다. 세특은 성취

기준 중심으로 학생이 학습한 사실을 적는다. 학생은 지식과 기능 및 태도를 익힌다. 여기까지는 수동적인 학습일 가능성이 크다. 다음 단계는 교과서 학습활동을 하는 단계이다. 교과서 학습활동이 탐구활동이다. 그런데 교과서 학습활동보다 더 어려운 수행평가 과제도 해야 하고, 스스로 관심 있는 주제를 찾아 탐구활동도 한다. 탐구 결과는 보고서를 쓴다, 설명한다, 토론한다 등의 표현 행위를 거친다. 대부분의 세특은 학생이 발표하고 토론하고 실험하고 역할극으로 나타낸 사실들을 기록한다.

여기까지는 대부분 대학에 학생부종합전형으로 지원한 학생들이 하고 있고 세특에 남긴다. 이를 두고 세특이 상향평준화되었다고 말한다. 그러나 학생이 무엇을 했는지는 수업의 질과 개별학습의 수준에서 차이를 보인다. 서울대의 앞의 보고서에 실린 다른 세특 예시 자료를 보면 이 점이 드러난다.

'조별 토너먼트 토론' 수업에서 '청소년에게 선거권을 부여해야 한다'라는 주제로 토론을 함. 토론 전에는 찬성 측 입장의 자료를 충분히 조사하였고 토론에서 반대 측 기조연설을 함으로써 조리 있고 논리적인 주장을 펼치고 반박함. 이후 이 내용을 바탕으로 설득하는 글쓰기 활동에서 청소년에게 선거권을 부여해야 한다는 입장의 주장을 논리적으로 작성하여 읽는 이를 설득함과 더불어 청소년들에게 미치는 정치 교육의 필요성을 강조함.

위 세특에 의하면 국어과 성취기준에 해당하는 토론 준비도 잘 하고, 주장을 잘 펼쳤으며, 글쓰기도 잘 했다는 평가를 받았다. 그런데 무엇이 부족할까? 고등학교 2학년 때 했던 활동으로는 고차원적 지식·정보를 탐구한 것은 아니라는 점이다. 서울대를 지원한 학생이라는 점을 염두에 두고 보면 그렇다는 이야기이다. 서울대가 교사 자문을 받아 제시한 자료이기 때문이다. 그런데 학습에 능동적으로 참여한 것만은 틀림없다. 능동적으로 학습함과 능동적으로 학습하지 않음으로도 합불이 구분되는 대학에서는 '했는가'가 중시된다.

이렇게 보면 학생이 학생부에서 교과세특을 관리할 수 있는 방법은 딱 한 가지이다. 그때그때 배우는 과목에서 능동적으로 충실하게 학습하는 것이다. 개념·원리를 익히고, 교과서의 학습활동을 해보고, 수행평가 과제를 충실히 하고, 스스로도 탐구활동을 하는데, 말이나 글로 발표하고 성찰하는 활동으로 마무리 지으면 된다. 곧, 학교의 교육 계획을 따라가고 자기주도적으로 탐구활동에 관심을 기울이고 독서활동을 열심히 하는 것이 학생부를 잘 관리하는 길이다.

안다는 착각이
위험하다

'테스형, 세상이 왜 이래'라는 가사의 노래가 유행했었다. 이 노래가 옛날 교실에 붙어 있던 소크라테스의 명언 '너 자신을 알라'라는 말을 소환했다. 과거 교실에는 이 말이 표어로 붙어 있었는데, '알라 니 꼬라지'라는 변형이 더 정확한 의미를 나타내지 않았을까? 자기 분수를 알라는 말을 이렇게 멋지게 하기 어렵다. '너 자신을 알라'는 말은 자신의 무지를 깨달아야 한다는 말이기 때문이다. 공자님도 '아는 것을 안다고 하고 모르는 것을 모른다고 하는 것이 참 앎이다(知之爲知之 不知爲不知 是知也)'라고 했다고 논어에 나오는데 이 말 역시 모른다는 것을 아는 것이 안다는 것이라는 역설을 보여 준다. 요즘은 메타인지를 설명하면서 모른다는 것을 안다는 능력이 학습 능력에서 중요한 부분을 차지한다는 차원에서 이 논의에 접근하고 있다.

아는 것에는 두 가지 종류가 있다. 진짜 아는 것과 아는 것 같은 것이다. 진짜 안다면 아는 것을 활용해서 다른 문제를 해결할 수 있다. 아는 것 같은 것은 활용할 수가 없다. 그리고 설명할 수 있어야 진짜 아는 것이다. 설명할 수 없다면 진짜 아는 것이 아니다. 그래서 공부하기 위해 '실천해야 할 일'이 설명해 보는 것이다.

하나, 친구를 가르쳐 보자. 친구가 모른다고 물어오면 이 친구가 나의 지식을 시험할 수 있는 기회를 주는 것이므로 친절하게 가르쳐 주어야 한다. 친구가 납득할 수 있게 설명할 수 있다면 나는 분명히 아는 상태가 되고 기억에도 오래 남는다. 시간을 아낀다고 나도 몰라 하면 쩨쩨하게 비치는 것뿐 아니라 자신을 시험할 기회를 스스로 발로 차는 것이다. 친구와 설명해 주는 품앗이를 하는 것도 도움이 된다. 서로 설명하고 들어주기 역할을 바꿔 가며 하는 것이다. 설명하는 사람은 실력이 늘고 듣는 사람은 경청 능력이 는다. 그런데 아무래도 고등학생이 초등학생을 가르치는 것은 실력을 늘리는 데는 의미가 좀 적다.

둘, 자기 공부방에서 칠판에 가면서 선생님 놀이를 해 보자. 그날 배운 것 중에서 중요한 것을 복습할 때 칠판에 또는 창문 유리에 흰색 보드마커로 써 가면서 보는 이 없는 가운데서도 설명을 하면 분명하게 설명할 수 있는 것과 없는 것이 드러난다.

셋, 벽에 커피 종이컵 뚜껑으로 주는 플라스틱 뚜껑을 붙이고 컵 뚜껑을 카메라 렌즈로 삼아 바라보면서 설명해 보자. 30도 각도에 스마트폰을 설치한 뒤 녹화해서 잘했는지 스스로 평가해 보면 자신이 자신에 대한 코칭을 할 수 있다. 다른 사람의 코칭이 필요하면 학교 선생님께 보여드려 보자.

한 가지 설명에 대하여 3분 정도 시간을 쓰면 좋겠다. 대학 면접도 10분에서 15분 정도 시간에 하게 되는데, 한 가지 질문에 대하여 3분 안에 할 말을 담는 것이 좋다. 3분이면 통상 600자 정도 된다.

발표 연습 전에 '페임랩 대회' 영상을 검색해 참가자들의 설명 모습을 보면 도움이 된다. 이 대회는 "3분의 제한 시간 동안 가장 창의적이고 명료하게 자신의 연구 내용을 발표하여 청중과 심사위원의 마음을 사로잡아라!"라는 주장을 모토로 하고 있는데, 말 그대로 3분 발표를 하는 세계 대회이다. 다른 강연 프로그램에 앞서 권하는 것은 '3분 발표'이기 때문이다.

숲을 보는 눈을 길러야 한다

대학생 때 문병란 시인의 《죽순 밭에서》(한마당, 1979) 시집을 선배에게 받았다. 먼저 차례를 보고 '죽순 밭에서'가 제목인 시를 찾아 읽었더니 책 보는 감각이 있다는 칭찬을 선배에게 듣고 우쭐했었다. 고등학교 1학년 때 국어를 가르쳤던 시인 정희성 선생님은 교과서 차례를 1시간 내내 짚어 가면서 이 수업에서 한 학기 동안 무엇을 공부하게 될지를 알려 주셨는데 이런 경험이 차례를 보게 만들었나 보다. 나도 선생이 되어 학기 첫 시간에는 차례를 붙들고 한 학기 공부할 큰 그림을 이야기했었다. 배운 대로 한다는 말이 바로 이런 거 아닐까? 특히 시인은 시집에 실리는 작품 중 대표작을 시집 제목으로 쓰는 관행이 있으므로 대표작을 찾아볼 때 차례가 유용하게 쓰인다.

공부도 그렇다. 대부분의 과목은 차례를 기억하고 있으면 전체의 흐름을 알 수 있다. 사회의 변화와 선택형 교육과정 도입으로 인하여 진로교육이 중요해지자 대부분 학교에서는 '진로와 직업' 과목을 배운다. 진로와 직업 교과서는 국가 수준에서 정한 진로와 직업 교과 교육과정의 순서대로 편찬되어 있다. 나를 알고 직업 세계를 알아본 뒤 진로를 탐색하고 진로를 결정하고 설계하는 순서로 되어 있다. 이 정도 순서는 금방 외울 수 있다. 이 순서가 대단원 Ⅰ부터 대단원 Ⅳ까지의 순서인데 이 안에 중단원이 있고 그 안에 다시 소단원이 있는 구조이다. 그런데 진로와 직업 교과서 순서를 기억하고 있을 학생은 거의 없다. 기억해야 할 이유가 별로 없기 때문이다.

그러나 수학 교육과정은 기억을 해야 한다. 이 과목의 차례를 보면 자신이 아는 것과 모르는 것을 구분해 내는 데 도움이 된다. 차례는 교과서의 앞 부분에 나와 있다. 고등학교 1학년 때 배우는 수학 과목은 전국의 모든 학생이 공통으로 배우니 고등학생이라면 다음 차례를 기억하고 있어야 한다. 공통수학 Ⅰ의 앞 부분 차례를 보자.

Ⅰ 다항식

  1. 다항식의 연산

  2. 나머지정리와 인수분해

    (1) 나머지정리

(2) 인수분해

II 방정식과 부등식

1. 복소수와 이차방정식

(1) 복소수의 뜻과 사칙연산

(2) 이차방정식의 판별식

(3) 이차방정식의 근과 계수와의 관계

2. 이차방정식과 이차함수

(1) 이차방정식과 이차함수의 관계

(2) 이차함수의 최대, 최소

3. 여러 가지 방정식과 부등식

(1) 삼차방정식과 사차방정식

(2) 연립이차방정식

(3) 연립일차부등식

(4) 절댓값을 포함한 일차부등식

(5) 이차부등식과 연립이차부등식

이 차례를 기억하고 있으면 과거에 배운 것과 지금 배우는 것을 눈을 감고 회상할 수 있다. 그러면 아는 것과 기억에서 사라져 버린 것들을 구분할 수 있다. 또한 백지에 차례를 쓰고 차례에 해당하는 지식·정보의 개념을 교과서를 보지 않고 요약해 볼 수도 있다.

이런 방식의 공부는 과거 문제풀이를 중시하던 시절의 오답 노트로 공부하기보다 전모를 아는 데 도움을 주는 방식이다. 공부를 꼼꼼히 하려는 친구들은 '차례 외워 쓰고 내용 요약하기'를 먼저 하고 문제를 풀면서 공부할 때는 '오답 노트 쓰기'를 하는 방식으로 공부한다.

차례를 기억하는 방법은 나무보다 숲을 보는 거시적인 방법에 해당한다고 할 수 있다. 거시적으로 공부하려면 수학, 사회, 과학 과목의 교과서 차례를 복사해서 책상 머리에 붙여 두기를 해야 한다. 초등학교 교과서는 과학은 차례가 상세하게 제시되어 있지만 사회는 비교적 간단하게 대단원과 그 아래 소단원 몇 개가 제시되어 있고 수학은 대단원 제목 몇 개가 제시되어 있을 뿐이어서 축소복사하면 A4 한 장에 담긴다. 지난 학기의 차례도 붙여두거나 클리어파일에 넣어 가까운 책꽂이에 두고 쉽게 볼 수 있게 두면 도움이 된다. 이렇게 하면 지난 시기에 공부했던 것들과 현재 공부하고 있는 것, 앞으로 공부해야 할 내용을 한 눈에 볼 수 있어서 숲을 보는 데 도움이 된다.

그런데 국어, 영어 과목은 차례를 붙여 두는 것은 별로 도움이 되지 않는다. 이 과목들은 교과서 집필자들이 교육과정에 나와 있는 성취기준(학습 목표)들을 재구성해서 차례를 만들고 제목도 새로 붙이므로 차례를 보고도 배워야 할 개념 원리가 무엇인지를 알기가 어렵기 때문이다. 그래서 수학, 사회, 과학 교과서는 어떤 출판사에서 나온 책이라도 차례가 거의 같은데, 국어와 영어 교과서는 출판사마다 구성도 차례도 다르다.

시험 때가 다가오면 시험범위에 해당하는 차례를 외워 쓰고 그 차례에 해당하는 내용을 요약해서 개념노트를 몇 번 정리해 보면 모르는 것이 없어질 때가 찾아온다. 그때가 시험이 시작하기 직전일 것이다.

질문과
의문의 힘

    선생님이 학생에게 물어보는 상황은, 물어보는 사람인 선생님이 알고 있는 것을, 질문을 받은 사람인 학생도 알고 있는지 확인하기 위한 것이다. 선생님이 '시에서 운율이란 무엇이지?' 라고 묻는 것은 선생님이 몰라서 묻는 질문이 아니다. 이런 질문을 발문이라고 한다. 이 발문에 학생은 '운율이란 운과 율격을 뜻하는 말을 통칭하는 문학 용어인데, 운은 같은 소리의 반복으로 리듬감을 만들어 내는 것을 말하고 율격은 고저장단이나 강약의 반복을 통하여 리듬감을 만들어 내는 것을 말한다' 와 같이 대답하면 개념을 분명히 알고 있는 것으로 평가받게 된다. 대부분 수업은 교사의 발문과 학생의 대답으로 이루어진다. 모든 시험 역시 발문에 답하는 과정이다. 학생은 교사의 발문에 답을 하면서 자신의 생각을 정리한다.

운율을 말해 보라는 발문은 답이 정해져 있는 지식에 대한 물음이다. 인터넷을 검색하면 금세 답을 알 수 있는 발문은 고급 발문은 아니다. 고급 발문은 학생의 사고를 이끌어 낼 수 있어야 한다. 로댕의 〈생각하는 사람〉은 지금 무엇을 생각하고 있을까? 네 생각을 말해 봐.'와 같은 발문은 학생이 스스로 답을 만들어 내야 하므로 사고력을 기르는 훈련이 된다. 학생은 교사의 발문에 답을 하면서 사고력을 기른다.

답을 하기 위해 자료를 찾을 수도 있다. 인터넷 검색을 해 보면 이 작품이 원래 〈지옥의 문〉이라는 작품의 일부였으며 인간의 고통과 번뇌 등을 보여 주는 조각상들을 지켜보는 사람이었다는 것을 알 수 있다. 학생은 이 조사를 바탕으로 '〈생각하는 사람〉은 죽음 앞에선 사람의 고통에 대하여 고뇌하고 있다'와 같이 말할 수도 있다. 더 나아가 창의적인 답을 할 수도 있다. 이 답은 정답이 없으며 학생이 스스로 할 수 있는 세계를 향한 유일한 외침이다. 답이 틀렸을까 봐 조마조마할 필요도 없고 정답이 무엇인지 알아야 할 필요도 없다. 자신의 논리를 바탕으로 논거를 대면 그만이다. 또한 학생의 답은 새로운 질문으로 이어지고 그 질문은 토론거리가 될 수 있다.

학생이 하는 기초적인 질문은 모르는 것을 묻는 것들이다. "'4 곱하기 5는 12, 4 곱하기 6은 13'은 왜 이렇게 돼요?"와 같이 이해가 되지 않아서 묻는 질문은 스스로 검색해서 답을 찾을 수 있는 것도 있고, 답을 찾기 어려운 것도 있다. 선생님은 위와 같은 질문에 '4 곱하기 5가 12라는 것은 18진법을 썼다는 뜻이지. 4 곱하기 6은 13이라면 몇 진법이겠니?'라고 했을 것이다. 다시 학생에게 답을 찾을 기회를 준 것이다. 선생님이 '4 곱하기 6이 13이 된다는 것은 21진법이지.'라고 다 말해 주면 학생이 생각할 기회가 조금 줄어든다.

그런데 워낙 검색 기능이 발달된 세상에 살고 있으므로 가급적 단순하게 검색해서 답을 찾을 수 있는 것은 스스로 찾는 습관을 갖는 것이 좋다. 상대에게 물으면 답을 쉽게 들을 수는 있지만 답이 맞고 틀리고는 차치하고라도 더 다양한 견해를 듣기는 어렵다. 그러다 보니 학생의 생기부에 '모르는 것을 수시로 물어보는 우수한 학생'이라는 기록이 정말 우수하다는 뜻일까 생각해 봐야 한다는 어떤 선생님의 의견이 일리가 있게 들린다.

궁리하는 사이에 떠오르는 생각들은 의문이다. 좋은 질문은 의문의 성격을 갖는다. 학생이 자기주도적으로 학습하기 위해 필요한 것이 의문이다. 배운 모든 것에 대하여 의문을 가지는 것이 학문 하는 사람의 자세이고 우수한 학생의 자질이다. 과거 어떤 사람들은 '지구는 과연 평평할까, 태양이 뜨는 것은 사실인가'와 같은 의문을 품어 진리를 밝혔다. 또 언어와 문자가 안 맞는 불편을 해소할 수는 없을까와 같은 의문을 품은 세종대왕 덕에 우리는 한글을 쓰고 있는 중이다.

정혜승 교수는 BRAVELY-Q라는 질문 모형을 만들었다. 이 모형의 제목에는 용감하게 질문하기라는 중의가 들어 있다.

Brainstorm(생각열기) : 텍스트의 제목을 보고 다양한 생각을 떠올리기

Read(읽으면서 질문하기) : 텍스트의 의미를 파악하기 위한 질문하기

Analysis(분석하기) : 텍스트에 대한 질문에 답을 찾아가기

Value(평가하기) : 텍스트에 제시된 저자의 생각을 비판적으로 평가하며 문제점 찾기

Extend(적용하기) : 텍스트를 통하여 습득한 정보를 다른 상황 맥락에 적용하여 질문하기

Link(연결하기) : 텍스트와 삶의 세계를 연결하여 비교하고 넓게 보기

Your turn(너의 차례) : 학습 결과를 글로 정리하고 관련 질문을 만들기

각각의 단계에서 질문을 바탕으로 의미 있는 학습을 하는 과정을 보여 주는 연구인데 자세한 내용은 '정혜승 외(2016), 창의적 사고력 계발을 위한 교과서 질문 개선 방안 -국어 교과서를 중심으로-, 한국교과서연구재단'이라는 이슈 리포트에서 볼 수 있다.

서울대학교는 2018년에 《고교생활 가이드북》을 발간하고 2019년에는 개정판을 냈는데, 이 책은 서울대 재학생들이 고등학생에게 주는 조언을 담고 있다. 이 책에서도 질문 또는 의문의 중요성을 곳곳에서 외치고 있다. 원문은 웹진 〈서울대 아로리〉에서 볼 수 있다.

- 단순한 암기보다는 '왜'라는 질문을 항상 생각하며 조금 더 본질적으로 이해하며 이를 통해 나만의 생각을 쌓아야 합니다. '왜'라는 단어를 항상 떠올리며 주어진 것 그대로가 아닌 더 많은 것을 얻어갈 수 있는 공부를 하며 대학에서 학문을 진짜 즐길 수 있는 사람이 되기를 바랍니다.
- 대학에서 공부할 때 필요한 실질적인 역량은 자신이 무엇을, 왜 공부하고 싶은지에 대한 성찰과 학문의 기초에 대한 탄탄한 실력입니다. 또 자신이 아는 것과 의견을 글로 잘 표현하는 역량 역시 중요합니다.
- 저는 책에 있는 모든 개념, 정리들을 접할 때 항상 의심하는 태도로 뻔한 내용도 그냥 넘기지 않았습니다.
- 우선 세상에 대한 호기심을 갖고 나와 가장 가까운 물음을 던질 줄 알아야 합니다. 우리가 습득하는 지식을 '나의 것'과 연결하면 조금 더 효과적으로 지식을 습득할 수 있습니다.
- 공부할 때 '왜?'라고 스스로 질문하는 것입니다. 공부할 때 정말

필요한 습관이라고 생각합니다. 해당 과목의 교과서를 읽다가 궁금한 점이 생기면 먼저 그에 대한 해답이 무엇일지 혼자서 생각했습니다. 그 후 다른 책을 찾아보거나 인터넷 검색을 통해서 최대한 스스로 해결해 보려고 했고 마지막에 담당 과목의 선생님께 질문해서 제가 생각한 그 답이 맞는지 확인했습니다.

의문을 품고 이를 해결하기 위해 학습활동을 추진하는 역량을 호기심과 문제해결력이라고 하는데 이 역량을 학생부종합전형에서도 중시하고 대학 강의실에서도 중시한다. 어떤 학생에게 대학 공부란 무엇인가하고 질문하자 그 학생에게서 "대학 수업 시간에 교수님이 과제를 냈는데, '이 책을 다 읽고 요약한 뒤 중요한 질문 두 개를 만들어 발표하세요.'라는 것이었어요. 이게 대학 공부의 핵심이라고 생각해요."라는 대답이 돌아왔다. 대학 공부에서도 호기심 어린 비판적 핵심 질문을 중시한다는 것을 알 수 있다.

디지털 시대,
교육이 바뀐다

2015 개정 교육과정이 고시된 뒤, 이세돌 기사와 알파고가 바둑 대결을 하는 새로운 세상이 열렸다. AI가 바둑의 신과의 대결에서 완승하는 일이 벌어졌다. 분야가 바둑에 한정되었기 때문에 충격이 제한적이기는 했지만 드디어 AI 시대가 온다는 신호탄을 눈치채게 하기에는 충분했다. 2022 개정 교육과정에는 AI 시대에 사람답게 살아갈 역량이 핵심 역량 중 하나로 반영되었다. 협력적 소통 역량, 공동체 역량이 그것이다. 정보 수업 시수도 늘렸다.

2022 개정 교육과정이 고시된 뒤, 2023년에는 드디어 모든 요구에 답을 하는 챗GPT가 등장했다. 챗GPT뿐 아니라 유사한 기능을 가진 도구가 속속 등장하고 있다. 마이크로소프트

에서는 bing에서 유사한 기능을 구현할 수 있게 했고, 구글은 람다2를 내놓았다. 네이버도 하이퍼클로버를, 카카오톡에서는 아숙업(AskUP)을 제공한다. 워낙 기능이 좋아져서 학생은 과제를 여기 부탁하면 수준 높게 해결이 가능하다고 한다.

이런 환경을 반영해서 교육과정을 또 개정해야 하지 않을까 한다. 2015개정 교육과정을 고시하자 2016년에 알파고가 나와 세상을 바꾸고, 2022 개정 교육과정을 고시하자 챗GPT가 나왔다. 그만큼 세상이 빨리 변한다는 뜻이다. 세상이 바뀐 것을 감지하고 시대정신을 반영하여 교육과정 개정 연구를 하고, 확정해서 고시를 하는 사이 세상이 달라지는 시대를 살고 있다.

이렇게 변화하는 세계에 디지털 선도 국가인 대한민국이 가만히 있을 리 없다. 2023년 2월 22일, 교육부는 〈대한민국 디지털 교육 비전 선포식〉을 했다. 챗GPT와 같은 생성형 AI가 문제를 해결해 주는 세상에서 사람은 개념 중심의 지식을 익혀야 하고, 인성과 비판적 사고 역량을 갖추어야 한다. 이런 사람으로 교육하기 위해 교사들이 디지털 기술을 활용하여 모두를 위한 맞춤 교육을 실현할 수 있도록 정책을 추진하겠다고 한다. 이 정책 추진에서 중요한 부분은 교사가 기술을 잘 사용할 수 있도록 연수하는 일과 현장에서 교육기술을 잘 사용할 수 있도록 교육기술 생태계를 조성하는 일이라면서 교육부가 이 일을 추진하겠다고 하였다.

이렇게 되면 교실에서는 학생이 개념과 원리를 잘 이해했는지, 개념과 원리를 현실 문제 해결에 잘 적용할 수 있는지 평가할 때 AI의 도움을 받아 개개인에게 부족한 부분을 보충할 수 있게 된다. 학생은 맞춤형 학습을 하게 되고 교사는 학습 지도 부담을 덜게 될 전망이다.

이러한 변화를 추구하는 이유는 디지털의 도움을 받아 교육을 혁신해서 모든 아이가 미래의 인재로 성장하도록 지도하려는 것이다. 이때 우리 아이들이 갖추어야 할 역량으로 선포식과 포럼에서 이야기된 것은 '생성형 AI를 잘 활용하려면 질문하는 능력이 이어야 한다는 점, 좋은 질문을 하기 위해서는 폭넓게 학습을 해야 한다는 점, 창의성을 발휘할 수 있는 교육을 해야 한다는 점, 인성 교육과 인문학이 더 중요해진다는 점' 등이다. 또한 AI를 이용하는 수준보다 더 높은 수준의 공부를 통해 AI를 만들 수 있는 능력이 있어야 한다는 주장도 있었다.

질문이 있는 교실 등의 구호를 외친지도 10년은 되었고 창의성이나 인문학, 인성 교육이 중요하다는 것도 과거에서부터 있었던 이야기라서 낯설지는 않다. 그러나 이런 교육을 할 수 있는 문화와 풍토, 여건을 만드는 일은 쉽지 않다.

한편 챗GPT가 모든 질문에 답을 하게 되면서 교육계가 어수선하다. 과제할 때나 궁금한 일이 있을 때, AI'에게' 마구 질문을 던지면 답을 한다. 바드에게 "6월 모의고사를 잘 보려면 어떻게 해야 하나요?"라고 묻자 답을 주었다.

"6월 모의고사는 수능을 준비하는 데 있어 중요한 척도입니다. 6월 모의고사를 잘 보기 위해 할 수 있는 몇 가지 방법은 다음과 같습니다. 공부에 집중하세요. 6월 모의고사는 수능 1년 전이므로, 공부에 집중할 수 있는 좋은 기회입니다. 모의고사 일정에 맞춰 공부 계획을 세우고, 그 계획을 철저히 실천하세요.(이하 생략)"

바드의 답장 일부이다. 이중 '수능 1년 전이므로, 공부에 집중할 수 있는 좋은 기회이다'라는 답은 맞는 말이 아니다. AI가 주는 답은 검증을 해야 한다. 그래도 이만한 답을 주는 것이 신기하다.

요는 아이들이 공부할 때나 과제를 할 때, 연구자가 논문을 쓸 때 생성형 AI를 활용해도 되는가 하는 문제에 있다. 한국교육과정평가원이 낸 국제교육동향 2023년 1호에서도 이 문제를 다루고 있다. 싱가포르에서는 생성형 AI가 널리 퍼질 것이므로 '학교와 고등교육기관 교육자에게 학생들의 학습 향상을 위해 효과적으로 활용할 수 있는 지침과 자원을 제공'하겠다고 한다. 이어서 '교육자는 생산성 AI의 기본적인 개념을 이해하고, 학생들이 기술 도구에 과도하게 의존하지 않도록 지도'하라고 하고 있다. 학교는 AI로 대치할 수 없는 '개념 이해와 새로운 역동적인 상황에 대한 적용, 자기주도적이고 협업적인 학습, 창의적인 사고, 관계관리, 이종문화 기술과 같은 중요한 학습 기회를 학생들에게 제공'하는 곳이라는 점도 강조한다. 영국의 동향에서는 '생성형 AI의 잠재력을 활용하려면, 먼저 학생들은 지식이 풍부해야 하고 또한 지적 역량이 발달되어야'한다며 '지식이 풍부한 교육과정은 학생들의 미래를 준비시키는 데 중요'하다고 말한다.

우리나라도 무슨 지침을 만들게 되겠지만 아직은 준비 중인 것으로 보인다. 그러나 학생들이 디지털 기술을 활용해서 문제를 해결하는 역량이 탁월해야 한다는 점에서는 이견이 없다. 4월 22일자 조선일보에서는 '학교, 이제 국·영·수 말고 언·수·디·리에 집중하자'는 제호의 기사가 실렸다. 조선일보사에서 주최한 미래사회 교육 컨퍼런스에서 송승헌 맥킨지 한국사무소 대표가 주장했다고 한다. 2022 개정 교육과정에서도 기초 소양으로 언어 소양, 수리 소양, 디지털 소양을 들었다. 포럼에서는 교육과정에서 기초 소양으로 정한 것 이외에 리더십을 포함시켰다.

이처럼 앞으로는 디지털을 유창하게 활용할 수 있는 역량을 기본적으로 갖추어야 한다. 그런데 그 이전에 지식이 풍부해야 생성형 AI에게 잘 물을 수 있고 진위 판단도 잘 할 수 있으므로 교육과정의 내용 요소와 개념, 원리를 이해하고 활용하는 데 소홀해서는 안 된다. 내비게이션 없으면 운전을 못하는 사람이 되어서는 안 된다는 말이겠다.

5장

입시는
방향이 중요하다

대입 경쟁은
완화되지 않는다

70년대와 80년대 초반에는 매해 90만 명 정도가 세상에 탄생의 울음소리를 내었다. 이때 태어난 사람들이 지금 중·고등학생 학부모이다. 그 당시 대입 경쟁은 가히 살인적이었다. 절대 인구도 많고 진학을 희망하는 수험생도 많았기 때문이다. 대학 가기는 어려웠고 원하는 사람은 많으니 대입에 만족하는 사람보다는 좌절을 겪은 사람이 더 많았다. 가까이에 있는 대학을 두고 멀리 지방으로 유학을 가야 하기도 했다. 지방 대학도 쉽게 가기가 어려웠다. 공부를 꽤 하던 서울 잠실 사는 J가 대구시에 있는 사립대학에 지원했는데 떨어질까 봐 조마조마해 했었을 정도였다. 지금 그 대학은 미달 사태를 겪고 있다. 그 대학뿐 아니라 많은 지방대학은 현재 학생을 선발하기 어려운 처지에 있다. 학생 수가 급격히 줄었기 때문이다.

그런데 미달인 대학도 많은데도 여전히 대학 가기는 어렵다고 하소연한다.

마이클 샌델 교수는 하버드에서 신입생을 2천 명 정도 선발하는데, 4만 명이 지원하니 자격이 되는 두 배수 정도를 대상으로 추첨을 하는 제도를 운영할 것을 주장했다. 이렇게 하면 하버드 대학생은 자신의 능력으로 입학한 게 아니라 운이 좋아서 하버드에서 공부할 기회를 부여받은 게 되므로 능력주의가 불식될 수 있다고 본 것이다. 능력주의가 불식되면 조금이라도 더 이름 있는 대학에 가려는 경쟁은 줄어들 수 있을 것이다.

문제는 이런 제도를 우리나라에 적용할 수 있을까 하는 점이다. 수능이 공정하므로 40% 이상을 선발해야 한다는 공정 위주 정책 앞에서 추첨 전형이 공정하다고 국민을 설득하기는 어려워 보인다. 또한 4만 명을 대상으로 4천 명을 일단 선발하는 제도라면 4천 명 안에 들기 위해서 무한 경쟁이 벌어질 것이다. 그러고 보면 샌델 교수의 주장은 대입 경쟁을 완화하는 정책이라기보다는 능력주의 사회의 폐단을 없애는 정책으로 보인다.

인구학자 조영태 교수는 인구가 줄어도 다들 수도권 대학에 가기를 원한다면 경쟁률만 줄 뿐이지 대학 가기가 쉬워지는 것은 아니라고 그의 저서 《인구 미래 공존》(북스톤, 2021)에서 말한다. 대학에 가려는 수험생 모두가 인서울을 원한다면 현재도 5.7대 1은 되는데 2030년이 되어도 5대 1 아래로 내려가지 않기 때문이라고 한다. 경쟁률이 떨어지면 합격점이 낮아지기는 한다. 1만 등이어야 들어가던 대학의 경쟁률이 20% 낮아지면 전년도의 1만 2천 등에 해당하는 성적으로 들어갈 수 있다. 그러나 이런 정도로는 대학 가기가 쉬워졌다고 말할 사람은 없다. 1만 등과 1만 2천 등은 수능 한 문제 차이일 뿐이기 때문이다.

문재인 정부에서는 2022학년도 대학입시제도 개편과 관련하여, 2018년 4월 11일 주요 대학입시제도 개편에 대해 국가교육회의에 숙의와 공론화를 요청하는 〈대입제도 국가교육회의 이송안〉을 발표했다. 교육부는 선발 방법(수능 전형과 학생부종합전형 간의 비율), 선발 시기(수시, 정시 통합 여부), 수능 평가방법(절대평가 전환, 상대평가 유지, 수능원점수제) 세 가지 사항에 대해서 국가교육회의에서 핵심적으로 숙의 공론화할 것을 요청하였다. 또한, 추가적으로 학생부종합전형 공정성 제고, 2015 개정 교육과정에 따른 수능 과목 구조, 수시 수능최저학력기준, 대학별고사, 수능 EBS 연계율 등에 대해서는 필요한 경우 결정하거나 의견을 제시해 줄 것을 요청하였다. 국가교육회의는 공론화위원회를 구성하여 이 중 일부 의제를 다루었지만 대입 경쟁 완화는 교육부가 요구할 때부터 포함되지 않았다.

2020년의 한 토론회에서 상지대 김명연 교수도 추첨제를 주장했다. 거점국립대학은 연구중심 대학으로 개편하고, 지역 중심 국공립대와 공영형 사립대는 실용학문 중심 교육 대학으로 육성하며, 특성화·전문화한 대학 간 통합네트워크를 구성하고 집중 육성해서 대학 서열을 해소하자고 했다. 내신과 수능은 절대평가로 해서 경쟁을 완화하고, 권역별 1년 과정 교양대학에 입학·수료한 뒤, 복수의 전공 학부를 신청하면 학생이 선호한 학과에서 추첨제로 공부할 자격을 부여하자는 주장이다. 그러나 많은 대학을 어디 가더라도 불만이 없게 서울대 수준으로 육성하기 위해서는 예산 확보도 어렵고 그밖에도 상당한 난관이 있을 것이라는 비판적 견해도 있다.

서울대 등 학생이 가고 싶어 하는 경쟁이 심한 대학에서 졸업정원제를 실시하면 경쟁이 완화될 거라는 주장도 있다. 그러나 학생 수가 부족해서 충원이 어려운 대학, 전문대학을 두고 일부 대학의 정원을 무한정 늘릴 수는 없다는 문제에 부닥친다. 또한 현재 정원으로도 강의실과 실험·실습 시설은 포화 상태라고 한다. 정원을 대폭 늘릴 수는 없는 구조라는 것이다. 이런 조건하에서 현재는 고등학교에서 평가가 절대평가로 바뀐다고 해도 대학은 정원이 있고 경쟁이 있으므로 결국은 상대평가가 된다. 대학 경쟁이 없어질 수 없는 구조라는 것이다.

서울 소재 대학에 대한 선호도가 높은 이유는 수도권에 학생이 많기 때문이고, 한번 서울로 온 학생은 고향으로 다시 내려가지 않기 때문이라고 한다. 지방 소재 고등학교의 고민도 여기 있다. 잘 가르쳐서 경쟁이 심한 서울에 있는 대학에 보내는 것이 과연 지역사회를 위한 일인가 하는 점이다.

서울에 사는 학생뿐 아니라 서울에서 거리가 먼 영호남 지역 학생들도 서울 소재 대학에 진학하기를 희망한다. 서울 지역 대학에 진학하기를 원하는 학생 본인의 의지도 작용하지만 유학비가 많이 들더라도 자녀를 서울 소재 대학에 보내고 싶은 부모의 희망 때문이기도 하다. 수도권 대학의 경쟁이 심하다 보니 학생은 공부 경쟁을 해야 하고, 자존감이 떨어지며, 사교육 과의존이라는 큰 부작용도 나타난다. 더 큰 문제는 대학 졸업장의 차이가 평생의 삶을 좌우하는 것인데, 졸업장 차이가 '엄빠 찬스'라는 말로 대표되듯이 부의 세습에 바탕으로 두고 있다는 점이 문제점이다.

결국 대입 경쟁을 완화하는 일은 대학 졸업장이 결정하는 사회적 지위 결정을 완화하는 것이고 초중고 학생의 삶은 사람답게 살 수 있도록 지원하는 것이라는 점에서 큰 의미가 있다. 그러다 보니 지역 거점 대학을 서울대만큼 교육력을 갖추도록 하고, 서울대는 연구중심 대학원 대학으로 운영하며, 대학 공동 졸업장제를 운영하면 경쟁이 줄어들 거라는 주장이 나온다.

위 주장의 핵심은 우선 공간을 분산하면서 숫자를 늘리면 경쟁이 줄어든다는 주장이다. 그런데 지방 대학을 서울대만큼 육성해도 문제가 해결되지 않을 거라는 주장도 있다. 지방에 있는 대학이 석학 교수진을 확보하고, 능력 있는 지원 인력을 갖추기가 쉽지 않다는 주장이다. 우리나라는 모든 인프라도 서울에 집중되어 있기 때문이라는 것이다.

그런데 코로나19 팬데믹 이후 일상화된 온라인 학습 방식이 문제를 해결하게 될 것으로 기대하기도 한다. 온라인 대학 미네르바 스쿨은 현재 소수 학생을 대상으로 교육하지만, 여건만 된다면 원하는 모든 학생을 받아 교육하면서 졸업정원제 방식으로 질 관리를 할 수도 있다. 우리나라도 사이버대학 또는 디지털대학이라는 이름을 가진 원격대학이 21개나 있다. 한국의 미네르바대학이라고 소개되고 있는 태재대학도 온라인 위주 교육을 한다. 그뿐 아니라 교육부는 K-MOOC을 활성화하기 위해 지원을 하고 있다. 또한 세계적인 유명한 강의가 OCW(오픈 코스 웨어)로 제공되고 있다. 이 교육의 질이 경쟁력을 갖추게 된다면 서울 소재 대학으로 몰려올 필요가 없다.

더구나 AI의 도움을 받아 학생의 학습 성취 정도를 파악하고 원하는 공부를 제공해 주는 때가 온다면 굳이 서울대로 몰려야 할 이유가 없다. 사실 세상은 이미 대학 졸업장보다 실력을 보기 시작했다. 동료끼리도 어느 대학 출신인지 모르는 채로 근무를 하는 시대가 되었다.

김하나 리포터가 임팩트스퀘어 도현명 대표를 인터뷰한 기사가 〈내일교육〉에 실렸다. 학벌과 관련된 부분만 발췌해서 요약하면 다음과 같다.

"학벌 없는 채용의 시대, 이미 왔다. 동료의 출신학교도 모른다. 입사지원서에 출신학교명을 쓰는 칸이 없다."

"한국 청년들의 머릿속에 오로지 '서울'만 있다. 글로벌 시장에 도전하려 하지 않는다."

"대학은 그저 거쳐가는 작은 과정일 뿐이라는 점을 명심하면 좋겠다."

오프라인 대학의 졸업장의 가치가 하락하고 진짜 실력이 존중되는 사회가 다고오고 있으므로, 서울 소재 대학이 아닌 온라인에서 실력을 쌓는 길을 개척하는 것이 왕도가 될 수도 있다. 한편 우리말로 된 사이트보다 영어로 된 사이트가 더 많으니 영어를 잘 익혀 해외 사이트에서 공부하라는 조언도 새겨들어야 한다.

수능으로만 대학 가기 VS 수능 안 보고 대학 가기

검정고시로 대학 갈 수 있을까?

"고등학교 1학년인데 학교 자퇴하고 집에서 공부하고 싶어요. 검정고시로 대학은 어떻게 가나요?"라는 질문을 받았다. 고등학교는 의무교육이 아니므로 학교를 자퇴하고 혼자 공부할 수 있다. 의무교육 기간이라도 학교를 가지 않고 홈스쿨링을 할 수는 있다. 아이가 학교에 가지 않게 되면 관계 기관에서 확인을 한다. 어떤 나라는 홈스쿨링을 할 수 없고, 어떤 나라는 자유롭게 할 수 있기도 한다. 우리나라는 홈스쿨링을 할 수도 있는 정도로 허용하고 있다. 중간 정도의 자유가 있는 셈이다.

홈스쿨링을 하게 되면 매일이 방학과 같다. 학생이 학원에 가지 않고 집에만 있으면 부모가 아이의 선생님 역할까지 해야 한다. 공부는 인강 등으로 할 수 있지만 생활지도도 해야 한다. 그런데 웬만한 인내심을 갖고서는 아이를 지도하기가 어렵다. 학생도 학교를 그만두는 순간 소속감이 없어지면서 불안한 마음이 드는 경우가 많다고 한다. 결국 학원에 등록하고 학원에 의지하게 된다.

학교를 다니지 않았으면 검정고시를 보고 학력을 인정받게 된다. 학력을 인정 받았을 뿐이지 검정고시 성적이 좋다고 대학이 인정해 주는 것은 아니다. 대부분 검정고시를 본 학생들은 정시 수능 전형으로 대학에 진학한다. 정시에도 서울대처럼 교과 평가를 하면 학생부 대체서식에 공부한 내용을 기록해서 제출해야 한다. 서울대는 교육과정에 있는 10개 과목까지 기재해서 제출할 수 있는데, 기재 내용을 증명하는 기관도 기재해야 하므로 집에서 혼자 공부했다면 공부한 내용을 기재하기가 어려울 것 같다. 그러므로 수능 100% 전형에 지원하게 될 가능성이 크다.

수시에서도 역시 학생부 대체서식을 제출한다. 양식은 각 대학의 홈페이지에 탑재되어 있거나 수시 모집요강에 실려 있다. 교과성적이 없으니 학생부교과전형은 지원하지 못 하고 학생부종합전형에 지원하게 된다. 그런데 자기소개서가 없어진 2024년 대입부터는 오로지 학생부 대체서식에 기재된 내용만으로 평가받는다. 결국 평가받을 내용이 별로 없어서 합격이 어렵다.

각 대학에서 발표한 합격자 현황에는 수시 모집에서도 검정고시 출신도 꽤 많이 합격하는 것으로 나타나 있지만, 검정고시 출신으로 수시에 합격하는 학생들 중에는 비인가 대안학교나 비인가 국제학교를 다녀서 학교생활기록부는 있는데 검정고시를 보아야 하는 학생이 많다. 그 학생들은 학생부가 없는 것은 아닌데 비인가학교를 다녔기에 검정고시를 본 것이다.

학교를 그만두고 수능 과목만 공부하면 시간도 넉넉하고 공부도 잘될 것 같지만 그렇지 않은 경우가 대부분이다. 학교 시험을 망쳐서 학교를 그만두고 수능 과목만 공부해서 대학에 가겠다고 한 학생이 있었다. 2주 정도가 지났는데 생각처럼 공부는 되지 않고 마음만 불안해져서 학교 그만둔 일을 후회한다고 했다. 그만두기 전에 숙려기간이 있었지만 그때는 의지가 굳었다고 한다. 그래서 아직은 수업일수로 보면 다시 다녀도 되는 기간이니 학교에 찾아가서 다시 다니게 해 달라고 애원해 보라고 했다.

수능 없이 대학 가도 될까?

대학이 학생을 선발할 때 사용하는 자료를 전형 요소라고 한다. 전형 요소는 대학수학능력시험(수능), 논술, 학교생활기록부 세 가지가 전부다. 여기에 추가로 면접을 부과할 수 있다. 이 자료를 기준으로 학생을 평가하여 선발하는 일을 사정이라고 한다. 수시전형에서는 학생부 또는 논술을 주 자료로 사용하여 사정하고, 정시에는 수능을 주 자료로 사용하여 전형한다.

수험생이 되면 수능을 안 보고 대학 가면 좋겠다고 생각한다. 수능은 부담이 많은 시험이다. 수능을 안 보고도 대학에 갈 수 있다. 대개 학생부종합전형이 수능을 반영하지 않는다. 수능 최저 기준을 적용하지 않을 뿐 아니라 면접 등 다른 요소도 없는 전형도 있다. 서강대(일반), 성균관대(융합형, 탐구형), 한양대(서류형), 한국외대(서류형, SW인재), 서울시립대(서류형) 전형은 학생부만으로 사정한다. 이 대학만을 목표로 준비하면 학교 공부만 충실히 해서 학생부종합전형에 대비하면 된다.

학생부종합전형 중 수능 최저 기준을 적용하지 않지만 면접이 있는 전형이 더 많다. 수능을 준비하지 않고 학생부종합전형으로 진학을 하고 싶다면 면접까지는 준비를 해야 선택의 폭이 넓어진다. 서울대(일반, 기균), 고려대(계열적합), 성균관대(성균인재, 과학인재), 한양대(면접형), 중앙대(탐구형, 융합형), 경희대(네오르네상스), 한국외대(면접형), 서울시립대(면접형), 건국대(자기추천), 동국대(Do Dream), 이화여대(면접형), 숙명여대(소프트웨어, 면접형) 등이 여기에 해당한다.

학생부교과전형 중에서도 수능 최저를 적용하지 않는 대학도 있다. 건국대(KU지역균형), 동국대(학교장추천) 전형이 이에 해당한다. 이 대학은 교과전형에서 교과 이수 평가를 통해 지원자의 역량을 평가한다. 대부분 대학은 학생부교과전형에는 수능을 반영한다. 논술전형에서도 수능을 반영하지 않는 대학도 있다. 연세대와 서울시립대가 수능을 반영하지 않고 논술만으로 사정한다.

이렇게 보면 꽤 많은 대학이 수능을 반영하지 않고 학생부나 논술로 선발하며, 전형 유형으로도 학생부종합, 학생부교과, 논술 등 모든 전형에 걸쳐 수능을 반영하지 않는다고 생각하게 된다. 실제로 수능에 응시하지 않고 대학에 합격했다는 수험생을 간혹 보게 된다. 제주나 대구에서 IB 교육과정을 이수한 학생들도 수능에 대비한 공부를 하지 못했을 것이다.

그런데 대부분 수험생은 수시 6장의 원서 중 몇 개는 수능 최저가 포함된 전형에 사용하게 되고, 수시에서 지원한 대학 중 한 군데도 합격하지 못했을 때를 대비해서 수능 준비를 하게 된다.

2028 수능 과목은 대부분 2학년에서 배우게 될 일반선택과목이 범위이고 바뀔 수능은 수학에서 미적분Ⅱ가 제외된 것, 사회와 과학은 1학년 때 배우는 통합사회와 통합과학이 범위이며 두 과목 다 응시해야 한다는 점이 크게 바뀐 것 등이 특징이다. 수능이 달라진 부분이 꽤 중요한 부분이므로 대학은 수능을 덜 중시할 가능성이 있다.

그렇다 하더라도 학교에서 수능 과목들을 배울 때 교과 내용을 잘 이해하고 기억해 둘 일이며, 교과 시간에 탐구하고 발표할 때 잘 참여하고 지필고사 준비도 잘해 두면서 2학년까지

학습을 하고 난 뒤에 수능을 어떻게 해야 할지를 2학년에 가
서 정할 일이다.

점수의 절반은
주어에 달렸다

2021년에 초등학교 다니는 모든 학생은 서·논술형 수능을 보게 될지도 모른다. 그렇다면 답을 문장으로 정확히 써야 한다. 이때 어색한 문장을 쓰면 당연히 감점될 것이다. 그뿐 아니라 학교 공부를 하는 중에도 서·논술형 문항이 출제된다. 또 보고서나 토론문을 써야 할 때도 있다. 이럴 때에도 글을 제대로 써야 학교 공부를 잘한다는 말을 듣는다. 성적의 절반은 문장력이고 문장력의 절반은 주어를 설정하는 데 달렸다.

말은 쉬운데 글은 이상하게 잘 안 써진다고 하소연하는 사람들에게는 말하듯이 쓰라고 조언한다. 말하듯이 쓸 때에 중점을 두어야 하는 것은 주어를 설정하는 일이다. '주어의 설정이 어렵다.'처럼 쓰면 글이 어색해진다. '주어를 설정하기가 어렵다.'라고 쓰면 좀 쉽다. 말할 때는 '주어의 설정이 어렵다.'처럼 말하지 않는다. 주어가 간결하다. '나는 동백꽃을 사랑해.'라고 쓰면 쉽게 풀릴 것을 '나의 동백꽃에 대한 사랑은'을 주어로 내세우는 순간 서술어가 막막해진다. 주어가 간단할수록 서술어를 쉽게 쓸 수 있다. 서술어를 주어에 포함시키면 서술어로 쓸 말이 사라진다.

'컨설팅의 성공은 서로 호감을 가져야 한다'는 문장이 어색한 것은 주어 때문이다. '컨설팅은 컨설턴트와 고객이 서로 호감을 가져야 성공한다.'처럼 쓰면 좀 글이 부드러워지는데, 이 효과는 주어가 준 것이다.

'이 과정의 의미는 학생 스스로 힘이 있는 존재이고 변화를 가능하게 할 수 있는 가능성이 있음을 스스로 발견하도록 하다'라는 문장 역시 주어를 고치면 나머지도 정리가 쉽게 된다. '이 과정은 ~~발견하도록 하는데 의미가 있다'와 같이 정리하면 그럴듯해진다. '이 과정의 의미는'을 살리면 서술어는 '발견하도록 하는 것이다.'로 써야 하는데 말은 되었지만 역시 좋아지지 않는다. 그 이유는 '의미는'을 주어로 삼았기 때문이다.

주어가 많으면 복잡해진다. 복잡해지면 서술어를 놓치기 쉽다. 아래 문장을 살펴 보자.

"작고 조용한 섬이 서방 세계에 알려진 것은 1521년에 포루투갈 사람 마젤란이 스페인 국왕의 재정적 도움을 받아 전 세계를 항해하던 중 발견되었다."

이 문장의 주어는 '섬이 알려진 것은'이다. 그렇다면 서술어는 '1521년이다.'로 쓰면 된다. 그래야 쉬워진다. 그런데 '마젤란이'라는 주어가 다시 나왔는데 서술어는 '발견되었다.'로 나타났다. 주어가 많아 서술어를 놓친 경우에 해당한다. 그리고 시제도 일치하지 않는다. "작고 조용한 섬이 서방 세계에 알려진 것은 1521년이다. 당시 스페인 국왕의 재정적 도움을 받아 전 세계를 항해하던 포루투갈 사람 마젤란이 이 섬을 발견하였다."라고 문장을 나누고 주술 관계를 명확히 하면 글이 쉬워진다.

또한 생략하지 말아야 할 주어를 생략하면 해석이 안 될 수 있다. "그로부터 44년 후 선교사와 군대를 파견하여 원주민과 전쟁을 치룬 후 섬을 점령하였다."라는 문장에는 주어가 없다. 독자는 주어가 무엇이라고 생각할까? 마젤란과 연결하여 포루투갈이라고 생각하기 쉽다. 그러나 실제 점령한 나라는 스페인이다. 그러므로 주어 스페인은 생략해서는 안 된다.

글이 더 길어지면 주어를 찾기가 어려워진다. 그래서 무슨 말인지 파악이 잘 안 된다. 장황하게 자기소개서를 쓰면 합격이 쉽지 않을 것이다. 김진섭의 수필 〈백설부〉를 보면 만연체의 진수를 볼 수 있다. 이 글의 내용을 파악하기가 쉽지 않은 이유는 여러 개의 주어가 등장하고 이어지기 때문이다.

"그러나 무어라 해도 겨울이 겨울다운 서정시는 백설, 이것
이 정숙히 읊조리는 것이니, 겨울이 익어가면 최초의 강설에
의해서 멀고 먼 동경의 나라는 비로소 도회에까지 고요히 들
어오는 것인데 눈이 와서 도회가 잠시 문명의 구각을 벗고 현
란한 백의를 갈아입을 때 눈과 같이 온 이 넓고 힘세고 성스러
운 나라 때문에 도회는 문득 얼마나 조용해지고 자그마해지고
정숙해지는지 알 수 없는 것이지만, 이때 집이란 집은 모두가
먼 꿈속에 포근히 안기고, 사람들 역시 희귀한 자연의 아들이
되어 모든 것은 일시에 원시 시대의 풍속을 탈화한 상태를 나
타낸다."

〈백설부〉는 정보를 전달하는 글이 아니고 예술글이니 글의
분위기에 맞게 적절하게 만연체로 어렵게 써서 효과를 볼 수
있다. 그러나 정보를 전달하는 글이라면 간결하게, 주술 관계
가 한 번만 맺어지도록 쓰는 습관을 들여야 한다.

고등학교 선택은
교육과정이 핵심이다

한 강의에서 학부모로부터 질문을 10개쯤 받았는데 그중 절반이 고등학교 선택에 관한 질문이었다. 부모의 가장 큰 고민이 고등학교 선택에 있어 보인다. 융합 인재 시대에 모든 과목을 골고루 배우는 일반고가 가장 시대 정신에 맞는 선택이라고 답을 하지만 그 답으로는 학부모를 만족시키지 못한다.

과거에는 선택의 갈림길에서 한 길로 들어서면 삶의 행로가 달라지는 큰 선택 기회가 세 번 있었다. 고등학교 가서 문과냐 이과냐 선택하는 것. 그 이전에 고입에서 진학계 고등학교냐 직업계 고등학교냐를 선택하는 기회가 있지만 이 선택은 크게 드러나지 않는다. 그러다 보니 첫 선택은 대부분 문과냐 이과냐에서 만났었다. 문·이과 구분이 없어진 지금은 양상이 달라졌다. 다음 선택은 대학과 학과를 정하는 선택이다. 학과를 대학 입학 이후에 정하는 자율전공 선택 선발이 늘어나면 대학을 정하고 전공은 나중에 정할 수도 있지만 그렇더라도 어떤 분야의 공부를 할지는 대학 입학을 앞두고는 정해야 한다. 대학을 졸업하면 취업이나 창업을 하게 된다. 사회 첫발을 어떤 직장에서 시작하느냐도 인생을 바꾼다. 마지막 선택은 배우자를 결정하는 선택이었다.

이렇게 문·이과 선택, 대학·학과 선택, 직업 선택, 배우자 선택이 과거에 중요했던 선택이었다. 지금은 고등학교 선택, 학습할 과목 선택, 대학·학과 선택, 직장 선택이 핵심이고 배우자 선택은 옵션인 시대에 살고 있다. 그 첫 번째 선택이 고등학교 선택이다. 그러다 보니 유난히 어떤 고등학교가 유리한지 묻는 질문이 늘었다.

고등학교를 선택하는 방법은 중학교 진로와 직업 책에 자세히 안내가 되어 있다. 그렇지만 진로와 직업 시간에 고등학교 교육과정의 특징까지는 파악하기가 힘들다. 그런데 자신이 원하는 공부를 하려고 하거나 학생부종합전형으로 대학에 진학하려면 교과 영역에서 어떤 과목을 어떻게 배우는가 하는 점이 가장 비중이 크기 때문에 선택하는 학교 교육과정을 잘 파악해야 한다.

영재학교와 과학고

영재학교는 대학과 같은 방식의 학점제로 운영된다. 영재학교는 조기졸업을 하는 학생이 없다. 수학, 과학을 대학 수준까지 배우면서 영어도 졸업에 필요한 일정 수준을 통과해야 하고, 국어 과목도 일반고보다 다양하게 배울 기회가 주어진다. 학년별로 연구활동을 해야 하며 졸업 논문을 써야 한다. 사회 과목을 좀 적게 배우는 것 이외에는 단점보다는 장점이 많다.

과학고는 수학, 과학 과목 비중이 크다. 전 과정의 절반은 수학, 과학 과목으로 채워진다. 따라서 영어 과목 시수가 적고 국어와 사회 과목 시수도 적다. 중학교 때 영어 공부를 잘 해두지 않으면 고등학교에서도 영어 공부를 할 시간이 부족하여 나중에 대학에서 영어로 수업을 받게 될 때 고통을 겪는다. 그 이전에 진학이 힘들 수도 있다. 특히 과학고에서 우수한 학생은 2학년을 마치고 조기에 대학 진학을 하는데 그 비율이 30% 정도 된다. 그래서 수학·과학을 깊이 있게 배울 기회도 없고, 영어도 단 2학년까지만 배우게 되는 경우가 많다. 대학에서는 우수한 학업 역량을 가진 학생이 3년 과정을 다 마치고 지원하기를 바란다는 점에 관심을 가져야 한다.

의대 진학이 꿈인 학생이 영재학교나 과학고에 진학하는 것이 유리한가를 묻는데, 의대 입시는 수시에서 수학 과학뿐 아니라 일반고나 자사고에서 배우는 다양한 과목을 잘 배워야 하고 인문학적 소양도 있어야 하므로 영재학교나 과학고로 진학하는 것은 재고할 필요가 있다.

외국어고등학교와 국제고등학교

외국어고등학교(외고)는 교육과정의 절반 정도가 외국어 과목으로 채워진다. 절반 중 전공어가 60%, 그 밖의 언어가 40%를 차지한다. 즉 프랑스어과라면 절반 중 프랑스어가 60%, 영어가 40%가 된다. 영어과는 영어가 60%, 제2외국어가 40%가 된다. 영어는 필수이수단위 10단위가 더 있어 실제로는 60%보다 많다.

경기외고에서는 IB 교육과정을 운영하고 있는데 신입생을 대상으로 희망자를 모집하여 IB 교육과정을 이수시키고 있다.

초등학교 교사가 되려는 학생이 외고에 진학하려고 하는데 의견을 달라고 해서, 초등학교 교사가 되는데 외고라고 문제될 것은 없지만 사회와 과학을 적게 배우는 것이 다양한 과목을 가르치게 되는 초등 교사에게는 기초 소양이 필요한데, 기회를 놓칠 수도 있다고 말해 주었다.

외고에서는 미적분 II 를 편성한 경우가 거의 없고 사회 과목도 적게 배우게 되므로 경제 경영 등 사회과학계열로 진학하기가 점점 어려워지고 있다. 의약계열로 진학하는 데 학습 분위기가 좋아 외고를 선택하겠다는 학생은 이제는 없다.

국제고등학교(국제고)는 절반 정도는 국제에 관한 교과와 영어 등 외국어를 배운다. 국제고는 광역 단위 모집을 하므로 서울 학생은 서울국제고에만 지원할 수 있다. 국제에 관한 교과는 영어로 수업하는데 그뿐 아니라 국어와 한국사를 제외하고는 영어로 수업을 한다. 경기도 학생은 청심국제고에 진학할 수 있는데, 이 학교에서는 유학에 필요한 미국 AP과목도 제공하고 있다.

영재학교, 과학고, 국제학교는 기숙사 생활을 한다. 기숙사는 한 방에 몇 명이 같이 쓰는데, 이런 생활을 힘들어하는 학생이라면 아무리 좋은 교육과정을 제공받을 수 있다고 해도 선택하면 후회한다. 실제로 기숙사 생활에 어려움을 겪는 학생도 간혹 있다. 엄마의 적극적 보살핌이 공부의 동력이었던 학생이 더 심하다.

주중에는 학원에 다닐 수 없다. 따라서 스스로 공부하는 습관이 있는 학생이 잘 버틴다. 물론 스스로 공부하는 습관은 누구에게나 중요하다.

영재학교·과학고를 방문하면 가고 싶은 생각이 들 것이다. 대부분 건물이 깨끗하고 시설이 좋다. 그런데 가서 공부를 잘 해내느냐는 개인적 차원이다. 입시에 유리한가에 답하기는 어렵다. 과학고에 떨어졌지만 일반고에서 성적이 좋은 학생이 원하는 대학에 진학해서 전화위복이 되기도 하는 경우를 종종 본다. 기숙사 방에 책상이 있는지도 개인 취향에 따라 중요할 수도 있다. 그리고 이들 학교에 진학하려면 교육과정을 살펴보고 자신이 희망하는 것을 배울 수 있는지 구체적으로 알아봐야 한다. 그뿐 아니라 학업 역량이 뛰어난 학생들이 모이므로 경쟁으로 인한 스트레스에 강한 학생이 아니면 중학교 때와는 다른 중압감 때문에 고통스러울 수 있다. 그래서 가려고 하는 학교의 설명회에 참여해 보고 학교를 방문도 해 볼 필요가 있다.

자율형사립고등학교

자율형사립고등학교(자사고)는 전국단위 자사고와 광역단위 자사고가 있다. 자사고 중에서 하나고와 민사고는 일반고와는 차이가 있는 교육과정을 운영하고 있다. 이 학교에 진학하려면 학교 교육과정 설명회를 들어 볼 필요가 있다. 대부분의 자사고 교육과정은 일반고와 큰 차이는 없다. 학습능력이 있는 학생들이 모이는 자사고라면 특목고에서 배우는 과목까지 배울 기회가 있기도 하지만 대입에 큰 영향을 미치는 것은 아니다.

자사고와 일반고 교육과정에서 눈여겨볼 것은 과학 과목 선택 수이다. 과학 과목의 일반선택과목과 진로선택과목 중 자신이 원하는 과목을 선택할 수 있는 기회가 있는지 확인해 보아야 한다.

입시제도가 바뀌면 자사고가 유리하지 않을지 묻는 학부모가 있다. 10%가 1등급이면 자사고에서도 1등급이 되기 쉬우니 유리해질 것이라는 추측이다. 8학급에 25명씩 200명이 있는 자사고가 있다고 치면 모든 과목에서 20등을 하면 1등급이 될 줄 알지만 선택 중심 교육과정은 그렇지도 않다. 공통과목은 200명이 동시에 수강하지만 선택과목은 수강 인원 편차가 클 것이다. 20명이 수강하는 과목이라면 1등급은 단 2명에 불과하다. 공부를 잘해서 어떤 경우에도 1등급을 할 수 있다면 모르지만, 대부분 학생은 숫자로 보면 유리하지 않기가 변함이 없다.

교과전형을 생각하고 있다면, 등급 좋기 어려운 자사고는 지금도 기회가 없으니 성적 산출 방식이 달라져도 같은 수준일 것으로 예상된다. 교과전형으로 가기 어렵다는 뜻이다. 일반고에서 전 과목 1등급인 학생에 비하면 유리할 것이 없다.

종합전형은 학생부를 종합적으로 평가하니 이 전형 역시 현재와 다르지 않다. 수강한 과목을 고려하고 수강자수와 평균에 비하여 원점수를 보면서 학생의 학습 상황을 평가하는 방식은 오히려 석차 등급이 덜 중요하다. 내신 경쟁이 치열한 일부 자사고 학생은 수시에 논술전형 위주로 지원하고 정시를 공략한다. 이 역시 현재와 달라지지 않을 것이다. 그렇다면 입시제도가 달라진다고 유리할 것이 별로 없다. 사실 2028 대입에서 수시와 정시가 있고, 학생부 위주 전형과 논술 위주 전형이 있으며, 정시는 수능이 좌우한다는 점에서 보면 대입제도가 달라졌다고 할 것도 없다.

특성화고등학교

진로 설명회에서 중학교 3학년 학부모님이 질문하셨다. "특성화고등학교(특성화고)에 진학하면 대학에 가기가 쉽다고 알고 있는데 사실인가요?"였다. 예전에는 그런 적이 있었다. 2006년경에 특성화고등학교 졸업생을 대학에서 정원외로 5% 정도 선발하도록 하자 일반고에 가면 대학 못 갈 아이가 특성화고에 가면 대학 간다고 하던 때가 있었다. 그런데 지금은 정원외 선발 비중이 1%도 안 되는 경우가 많아서 정원외로 대학 가기는 쉽지 않다. 저소득 학생, 농어촌 출신, 특성화고 출신 학생을 합하여 5.5%를 정원 외로 선발할 수 있어서 그렇다.

2022년에 조사한 특성화고 등 직업계고 졸업자의 취업 통계를 보면 진학률은 45.2%로 졸업자 76,760명 중 34,686명이 진학을 했다. 진학자는 일반대학뿐 아니라 전문대학을 포함한 숫자이다.

그래도 일반고에 가서 못 따라가는 것보다는 특성화고에 가서 뭐라도 배우는 것이 좋을 것 같다고 생각할 수 있다. 좋은 생각이다. 그런데 특성화고는 자기가 고등학교 때부터 어떤 직업을 가질지를 정해서 가야 하니까 배우고 싶은 분야를 정한 다음에 해당 분야가 있는 고등학교를 찾아보고, 학교에 직접 가 보기도 하고 학교 평판도 알아봐서 학교가 교육을 잘 할 수 있는 환경을 갖추고 있는지 확인해야 한다. 또 아이가 마음에 들어 하는지를 확인하는 게 좋다.

질문한 학부모의 아이는 웹툰 관련 학과에 가려고 한다고 밝혔다. 웹툰이 인기이다 보니, 웹툰을 배우는 고등학교나 전문대, 일반대 모두 경쟁이 치열하다. 대학에서도 웹툰을 전공으로 하려면 우선 웹툰을 배울 수 있는 대학을 찾아가서 상담을 받으면 진학하는 방법을 확실히 알게 될 것이다.

  교수진 중에 실제 작가로 활동하고 계신 분이 있는지 등을 보고 본인의 진로에 맞는 학교의 학과로 진학하는 것이 좋다. 전공자의 경우 비전공자들에 비해 만화 관련 인맥을 갖기가 수월하고 선후배나 교수를 통한 멘토링으로 인해 더 쉽게 데뷔하기도 한다.

  대입에서는 대부분 실기가 있는데, 기본적으로 수시에서는 학생부가 반영되고 정시에서는 수능이 반영된다. 대학에 방문해서 상담을 받아도 '실기도 중요하지만 공부를 해야 한다'는 말을 듣게 될 것이다. 정시보다는 수시에 선발하는 인원이 많다. 결국 공부를 해야 한다는 뜻이다. 특성화고 출신은 어떻게 입학했는지도 알아보아야 할 것이다.

  가고 싶은 학교 1위는 '교복이 멋있고 급식이 맛있고 건물이 깨끗한 학교'라는 말이 있다. 이런 말에 휘둘리지 말고 학교 교육과정과 생활 전반에 대하여 잘 알아보고 선택해야 한다. 국적도 바꿀 수 있지만 한번 졸업한 모교는 바꾸지 못한다.

교과세특, 진짜 공부가
보여야 한다

세특은 선생님이 학생의 학업 상황을 관찰하고 평가해서 작성하는 것이므로 학생·학부모의 입장에서는 잘 받고 싶지만 선생님이 잘 써 주실지 궁금해한다. 그래서 세특 작성 꿀팁을 알려 달라는 요청을 받지만 세특이란 학생이 학습한 결과이기 때문에 별다른 꿀팁이 있을 리 없다. 입시 관련 잡지에 나오는 합격생의 세특 사례를 보아도 별로 특별해 보이는 것이 없다. 그러고 보면 세특에는 대단한 무엇이 담기는 경우가 별로 없다는 것을 알 수 있다.

세특에 진로 관련 내용이 많다면 유리할까? 학생이 진로로 설정한 분야에 대하여 각 과목 시간에 조사 발표를 했다는 기록이 많다면 정작 해당 과목에서 무엇을 배웠는지 알 수 없으므로 그 과목을 잘 배웠다고 평가할 수가 없다. 의대를 지망하는 학생이 문학 시간에 파킨슨 질환의 원인과 치료 방법을 조사 발표했다고 세특에 기록되어 있다면 이 학생은 문학 수업에서 어떤 것을 배워서 어떤 역량을 기르게 되었는지 알 수가 없다. 따라서 좋은 평가 점수를 매길 수 없겠다.

세특에 탐구활동을 한 기록이 많다면 유리할까? 당연히 학생은 탐구를 중심으로 학습하도록 설계되어 있으므로 제대로 학습했다고 평가를 받을 수 있을 것이다. 학습은 각 과목에서 개념과 원리, 교과 지식을 배운 뒤, 그 지식을 활용해서 문제를 해결하는 활동을 하는 사이에 이루어진다. 그런데 탐구를 잘했다고 세특에 기재되어 있는데 성적이 별로 좋지 않은 경우는 정말 탐구활동을 깊이 있게 했는지 의문이 들 것이다. 이런 경우 면접을 보게 되면 자신이 한 것도 모르는 경우도 있고, 실제 탐구활동이 수박 겉핥기로 이루어진 경우도 있다. 그러므로 각 과목에서 과목의 학습 목표와 부합하는 탐구활동을 성실히 하고 발표도 잘하고 성찰도 해야 한다. 특히 과목의 학습 목표에 맞는 탐구활동을 해야 한다.

탐구에 독서 기록이 많으면 많을수록 유리할까? 각 과목의 학습 목표에 관련된 학습을 하는 사이 추가로 독서 활동을 할 수 있다. 독서는 학습 경험을 확장시켜 준다. 더구나 문해력이 낮아 대학 공부에 어려움을 겪는 학생이 늘고 있는 현실을 감안하면 독서는 분명 매력적인 활동이다. 그런데 각 교과에서는 교과대로 배워야 할 것이 있다. 각 단원 별로 학습 목표가 있고, 학습목표들이 모여 한 학기 동안 학생이 배워야 할 교과 지식과 길러야 할 학습 역량이 있다. 세특에는 이런 교과 관련 진술과 독서 기록이 병행되어야 한다. 세특이 독서 기록으로 꽉 차면 교과 학습에서 어떤 역량이 길러졌는지 평가받기가 어려울 수 있다.

세특이 상향 평준화되었다고 하는데 어떻게 판별할까? 세특은 학생이 학습활동을 한 결과인데, 대부분 교과 지식과 개념·원리를 배우고 탐구활동을 하므로 유사한 내용이 담긴다. 그렇더라도 학생이 관심을 가지고 학습하는 내용에 대해 의문을 갖거나 탐구활동을 한 기록은 학생만의 것으로 다르게 기록된다. 더구나 세특과 성적을 연결해서 보면 세특 기록의 진위나 학습 정도를 알 수 있다. 세특 기록으로 보면 우등생이어야 하는데 성적은 그렇지 못하다면 사정관은 세특이 과장된 것은 아닌지, 다른 과목에서는 어떤지 등을 깊이 분석할 것이다.

그러므로 세특을 잘 받으려면 공부를 깊이 해야 한다. 대학에서는 학생이 고등학교 시절 어떻게 공부했는지를 보고 싶어 한다. 거기에 독서 활동이 추가되면 좋다. 세특이란 학생이 학습한 결과가 기록된 것이므로 딱히 학습활동을 제대로 하지 않고 세특만 잘 받는 방법은 없다. 어떻게 해야 유리한지에 관

심을 갖기보다 교과 공부를 충실히 하는 데 관심을 가져야 자
기만의 공부를 하게 되고 좋은 세특을 갖게 된다.

개정 교육과정을 보면
방향이 보인다

국가가 교육과정을 고시하여 모든 학교가 이 기준을 준용하도록 정한 것을 국가교육과정이라고 한다. 2022년에 고시한 교육과정은 2022 개정 교육과정이라고 한다. 2022 개정 교육과정 이전 교육과정은 2015 개정 교육과정이다.

학교교육과정에서 평가는 두 가지를 다룬다. 하나는 학교 교육과정 편성·운영의 질에 대한 평가이며, 다른 하나는 학생의 학습에 대한 평가이다. 학교 교육과정 편성·운영의 질에 대한 평가는 '학교 교육과정 지원' 부분에서 다룬다. 학생의 학습에 대한 평가는 '학교 교육과정 설계와 운영' 중 '교수·학습'에 이은 '평가' 부분에서 다룬다.

과거의 평가는 중간고사 기말고사로 대표되는 학습 결과의 평가로 이루어졌다. 그러나 현재 교육과정의 교수·학습에서는 암기한 지식보다 학습 경험을 중시한다. 그래서 중간고사와 기말고사가 있지만 과정 중심 수행평가가 상당한 비중을 차지한다. 이러한 변화가 총론에 담겨 있다. 이 평가 항목에서는 평가가 어떻게 이루어지고 사용되어야 하는지를 규정하고 있다.

그러나 학교에서의 평가 결과가 학생의 학습 역량과 비례한다고 보기에는 부족하다. 1910년에 존 듀이가 쓴 《하우 위 싱크》(학이시습, 2010)에서 "정확한 암기와 같은 목표가 (중략) 많은 수의 학생을 다뤄야 하는 상황과 신속하고 가시적인 개선 증거를 요구하는 학부모와 학교 당국의 성향으로 인해 유행"하게 되었다며 100여 년 전에 이미 지식 암기 학습과 평가를 비판했었는데, 지금도 평가는 개선할 여지가 있다.

한편, 대학에서 학생을 선발할 때 학생부 위주 전형에서는 교과성적이 반영된다. 학생이 독서 과목에서 89점 2등급이라고 하면, '이 학생은 학습 결과 89점을 맞았는데 이 교과의 학습에서는 교과 고유의 성취기준에 의한 개념·원리를 바탕으로 탐구활동을 하고 발표를 하고 스스로 탐구에 대한 성찰을 한 결과까지가 잘 평가되어 89점을 받았을 것'으로 가정한다. 점수가 높다는 것은 그 과목의 성취 기준에 의한 학습활동을 잘했다는 것과 동격으로 취급된다. 이런 생각의 근거가 교육과정에 명시된 '평가'에 관한 내용이다.

가. 평가는 학생 개개인의 교육 목표 도달 정도를 확인하고, 학습의 부족한 부분을 보충하며, 교수·학습의 질을 개선하는 데 주안점을 둔다.

여기서는 평가 결과에 대한 정보를 제공할 뿐만 아니라 추수 지도를 하여 학생이 자신의 학습을 지속적으로 성찰할 수 있게 학교와 교사는 수업의 질을 개선하는 자료로 쓰라고 하였다.

나. 학교와 교사는 성취기준에 근거하여 교수·학습과 평가 활동이 일관성 있게 이루어지도록 한다.

여기서는 성취기준에 근거하여 교수·학습을 하고 평가 활동을 하도록 규정하였다. 평가는 학습의 결과만이 아니라 결과에 이르기까지의 학습 과정을 확인하고 환류하여, 학습자의 성공적인 학습과 사고 능력 함양을 지원하는 방향이어야 하며, 인지적·정의적 측면이 균형 있게 평가되어야 한다고 하였다. '학생에게 배울 기회를 주지 않은 내용과 기능은 평가하지 않는다'라는 내용은 학습하지 않은 내용을 평가문제로 출제하는 관행이 없어지면 사라질 것이다.

다. 학교는 교과목의 성격과 학습자 특성을 고려하여 적합한 평가 방법을 활용한다.

여기서는 '수행평가를 내실화하고 서술형과 논술형 평가의 비중을 확대'하여야 한다든지, '다양한 지능정보기술을 활용하여 학생 맞춤형 평가를 활성화'한다는 내용을 규정하였다.

국가 수준 교육과정의 총론 문서 체재(體裁)는 총론의 의미를 부각하면서 가독성을 높이기 위해 개정 때마다 조금씩 바뀌어 왔다. 2022 개정 교육과정에서는 Ⅱ장에 '학교 교육과정 설계와 운영'을 내세웠다.

2015 개정 교육과정에서 Ⅱ장은 '학교급별 편성·운영의 기준'이었는데 여기에는 공통 요소인 '기본사항'과 학교급별로 '시간 배당 기준'과 '교육과정 편성·운영 기준'을 두었다. 2009 개정 교육과정에서는 2장에 '학교급별 교육과정 편성과 운영'을 두었고, 여기에 학교급별로 '교육목표'와 '편제와 시간 배당' 및 '교육과정 편성·운영의 중점'을 두었다. 2009 개정 교육과정 총론 문서는 학교가 시간 배당을 가장 관심 있어 한다는 점에서 보면 효용 가치가 큰 체재이다. 그런데 2015 개정과 2022 개정 교육과정으로 이어지면서 학교급별 시간 배당보다 교육과정과 학습을 설계해야 하는지를 강조하는 방향으로 바뀌어 가고 있다.

2022 개정 교육과정의 Ⅱ장은 '설계의 원칙, 교수·학습, 평

가, 모든 학생을 위한 교육기회의 제공'으로 구성하였다. 내용은 이전 교육과정에서도 규정하고 있었던 것인데, 흩어져있던 내용들을 한데 모으고 앞으로 배치했다. 2015 개정 교육과정에서는 주로 Ⅲ장에 배치한 내용들이다.

설계의 원칙에서는 폭 넓고 균형 있는 교육과정, 학습자에게 적합한 학습 경험, 다양한 교육활동 설계, 학습 격차 줄이기 등을 제시했고 학생이 건전한 생활 태도와 행동 양식을 가지고 학습할 수 있도록 지도한다는 내용을 두었다. 학교 교육과정 위원회를 구성·운영하여 자문 역할을 하도록 한다는 내용도 앞에 나와 있다.

교수·학습과 평가는 이전 교육과정에서 시간 배당보다 뒤에 있었던 내용이다. 2022 개정 교육과정에서는 교수·학습과 평가 부분을 시간 배당보다 더 중시한다는 의미를 담고 있다고 볼 수 있다.

교수·학습에서는 이전 교육과정에서는 없었던 내용이 포함되어 있다. 특히 '깊이 있는 학습'을 언급한 것은 새롭다. 이어지는 단편적 지식의 암기를 지양한다는 내용은 2015 개정 교육과정에서도 제시한 바 있지만 '지식·이해, 과정·기능, 가치·태도의 내용 요소를 유기적으로 연계'한다는 내용은 처음 제시된 것이다. '학습 내용을 실생활 맥락 속에서 이해하고 적용'한다는 것은 실제적 맥락이 바뀌어 표현되었다. '교과의 깊이 있는 학습에 기반이 되는 언어·수리·디지털 기초소양'을 제시한 부분도 새로 포함되었다.

'깊이 있는 학습'은 주로 자기주도적인 탐구 활동으로 이루어진다. 학생은 개념과 원리를 배우고 이해하여 이를 현실 문제에 적용하는 탐구 활동을 하는 과정 속에서 여러 교과에서 학습한 내용을 인출하여 문제 해결력을 기르게 된다. 이러한 학습활동을 통해 학생은 문제를 창의적으로 해결하는 능력을 기르게 되며 스스로 부족한 부분을 성찰하는 과정에서 더 깊은 학습에 도전하게 된다. 대입 서류평가에서도 탐구력과 탐구 경험을 중시하는 이유가 여기에 있다.

언어·수리·디지털 기초소양은 소홀히 할 수 없는 도구들이라는 점을 교육과정에서도 밝혔다는 의미가 있다. 학습은 언어로 이루어진다. 100여년 전에 이미 존 듀이도 《하우 위 싱크》에서 교육에서 언어의 중요성을 강조한 바 있다. 오래전부터 상투적인 말로 취급되는 국영수를 잘 해야 한다는 말이 여전히 의미를 갖는다. 학습에는 모국어, 외국어라는 언어, 수학이라는 언어가 필요하다고 해 왔는데 여기에 디지털 언어가 포함되어 네 가지 언어 소양이 필요하다고 본 것이다.

나 항에서는 '수업에 능동적으로 참여, 학습의 즐거움을 경험' 등을 언급하고 있다. 수업이 지겨운 묵언 수행이 되지 않도록 교수·학습을 설계할 것을 국가 수준 교육과정에서 밝힌 것이다. 다 항에서는 '선행 경험, 선행 지식, 오개념 등을 학습의 출발점을 파악'할 것을 말했고, '정보통신기술 매체를 활용, 지능정보기술 활용'도 언급했다. 특히 '지능정보기술 활용'은 AI 의 도움을 받아 학생 개개인의 학습을 점검하고 개별 학생 맞춤형 학습을 지원할 수 있는 근거가 된다.

학교가 교수·학습을 총론 문서에서 제시한 방식대로 운영하기 위해서는 대입제도가 뒷받침되어야 한다. 초등학교와 중학교는 입시에 영향을 덜 받지만 고등학교는 대입제도가 수업을 지배한다. 현재는 수능이 수시에는 최저학력기준으로 사용되고 정시에는 수능 점수가 거의 100% 전형요소로 사용된다. 이런 점에서 학교가 학생이 능동적으로 참여해서 즐겁게 학습을 설계하려고 해도 현실은 수능 문제풀이가 최고의 수업으로 대접받는다. 고등학생만 수능 문제집을 풀고 있을 뿐 아니라 중학생도 중학 수능 문제집을 풀고 있는 현실은 어서 개선되어야 한다.

'평가'에서 다루고 있는 내용은 학교 교육과정에서 평가의 방향을 설정하는 데 기준이 된다. 그런데 학교에서 이루어지는 평가는 현실의 다양한 요구를 반영하여 왜곡된다. 수행평가의 경우 수행 과정까지 포함하여 평가 성적을 산출하기 위해서는 과정에 대한 성적 산출의 의미와 방식이 잘 반영된 평가기준이 있어야 한다. 그러나 평가 과정을 설계하여야 한다는 생각이 있어도 이를 반영하여 평가를 시행하기는 어렵다. 과정에 대한 평가에서 학생과 학부모의 항의성 이의 제기를 받다 보면 교사는 과정을 포함한 평가보다는 결과만을 평가하게 된다고 한다. 탐구활동 중심의 수행평가를 전혀 하지 않고 수능 문제 방식으로 평가하는 것도 문제이지만, 수행평가가 형식적으로 이루어지고 40점을 반영하는데 성적은 40, 39. 38점으로 출석 기준으로 점수를 주고 나머지 변별은 지식 중심의 지필평가로 한다면 학생의 학습 상황을 평가한다는 본래의 평가 목적은 실종된다.

현재는 평가를 개선하기 위해 선생님들이 관심을 갖고 노력하고 있다고 들린다. 이 노력이 성공해야 한다. 학교에서는 평가 관련 위원회가 잘 작동하여 학교가 평가에 대한 권위를 가져야 한다. 이를 바탕으로 학습 상황이 잘 평가되고 학생에게 스스로 학습 상황을 점검할 수 있는 자료로 제공되며, 대입에서도 신뢰 있는 자료로 사용될 수 있어야 한다. 새로 포함된 '다양한 지능정보기술을 활용하여 학생 맞춤형 평가를 활성화'하기 위한 방안도 강구되어야 하겠다.

Ⅲ장은 2015 개정 교육과정에는 Ⅱ장에 있던 부분이다. 기본 사항은 초·중·고 학교급 전부에 해당하는 사항들이다. 뻔하면서 뻔하지만은 않은 규정들이 나열되어 있다. 아래에서 항목별로 의미를 살펴보려고 한다.

가. 초등학교 1학년부터 중학교 3학년까지의 공통 교육과정과 고등학교 1학년부터 3학년까지의 학점 기반 선택 중심 교육과정으로 편성·운영한다.

중학교까지는 공통 교육과정으로 운영한다. 이 시기까지는 모든 국민이 같은 교육을 받도록 한다는 의미이다. 고등학교는 선택 중심 교육과정이다. '중심'이라는 어휘가 포함된 것은 1학년에 공통과목이 포함되어 있기 때문이다. '학점 기반'은 고등학교 교육과정이 학점제에 해당한다는 근거가 된다.

나. 학교는 학교 교육과정 편성·운영 계획을 바탕으로 학년(군)별 교육과정 및 교과(군)별 교육과정을 편성할 수 있다.

학교가 교육과정을 편성·운영할 수 있는 근거를 제공한다. 과거 국가가 교육과정을 제시하고 학교는 실행만 했던 시기를 생각해 보면 이 항목이 학교에 교육과정 자율권을 부여한 조항임을 알 수 있다.

다. 학년 간 상호 연계와 협력을 통해 학교 교육과정을 유연하게 편성·운영할 수 있도록 학년군을 설정한다.

학교가 교육과정 자율권을 가지고 있으므로 학교마다 과목을 배우는 학년이 조금씩 다를 수 있다. 학년군 개념은 학교가 학년을 넘나들며 유연하게 교육과정을 편성할 수 있는 근거가 된다.

라. 공통 교육과정의 교과는 교육 목적상의 근접성, 학문 탐구 대 상 또는 방법상의 인접성, 생활양식에서의 연관성 등을 고려하여 교과(군)로 재분류한다.

개별 과목들 중 성격이 같은 과목들은 교과 또는 교과로 다 시 분류한다. 그런데 몇 교과를 묶어 교과군으로 이름을 붙인 경우도 있다. 그러다 보니 교과(군)이라고 이름을 붙이게 된다. 교과도 있고 교과군도 있다는 뜻이다. 국어는 국어교과이다, 음악과 미술은 다른 교과이지만 예술 교과군에 속한다.

마. 고등학교 교과는 보통 교과와 전문 교과로 구분하며, 학생들의 기초소양 함양과 기본 학력을 보장하기 위하여 보통 교과에 공통 과목을 개설하여 모든 학생이 이수하도록 한다.

고등학교에서 개설할 수 있는 교과를 보통 교과와 전문 교 과로 구분하였다. 2015 개정 교육과정에서 주로 특목고에서 개설하는 '전문 교과 I'과목은 보통 교과의 진로선택과목이나 융합선택과목으로 분류하고, 특성화고에서 개설하는 직업 관런 교과인 '전문 교과Ⅱ' 과목만 전문교과로 분류했다.

또한 공통 교육과정은 9학년까지로 했으나 10학년에 공통과목을 개설한다는 근거를 제시했다.

바. 교과와 창의적 체험활동의 내용 배열은 반드시 따라야 할 학습 순서를 의미하는 것은 아니며, 학생의 관심과 요구, 학교의 실정과 교사의 필요, 계절 및 지역의 특성 등에 따라 각 교과목의 학년군별 목표 달성을 위해 지도 내용의 순서와 비중, 교과 내 또는 교과 간 연계 지도 방법 등을 조정하여 운영할 수 있다.

국가가 고시한 교육과정과 그에 따른 교과서를 그대로 가르치도록 규정한 교육과정도 있다. 우리나라도 5차 교육과정까지는 교육과정의 자율권이 학교나 교사에게 주어지지 않았다. 이제 우리나라 교육과정은 교육과정 자율권을 학교 수준에서 확장해서 교사 수준에서 교육과정 자율권을 가질 수 있게 하였다. 이에 따라 교사는 교육과정을 재구성할 수 있게 되었다.

사. 학업 부담을 적정화하고 의미 있는 학습활동이 이루어질 수 있도록 학기당 이수 교과목 수를 조정하여 집중이수를 실시할 수 있다.

한 학기에 여러 과목을 편성하게 되면 과목당 시수가 줄어 학생이 탐구하는 학습을 하기 어렵다. 과목별로 적절한 주당

시수를 마련해 주려면 과목수를 줄여야 한다. 이에 따라 학기 집중 이수를 할 수 있는 근거를 마련했다.

아. 학교는 학교급 간 전환기의 학생들이 상급 학교의 생활 및 학습을 준비하는 데 필요한 교육을 지원하기 위해 진로연계교육을 운영할 수 있다.

2022 개정 교육과정에서는 초등학교 6학년 2학기와 중학교 3학년 2학기에 상급학교 적응을 목적으로 한 수업을 할 수 있게 하였다. 고등학교에서도 졸업을 앞둔 시기에 대학 생활에 대한 이해, 대학 선이수 과목, 사회생활 안내와 적응 활동 등을 교과와 창의적 체험활동 시간에 운영할 수 있게 하였다.

그러나 별도의 과목을 개설하는 것은 아니다. 이 규정은 별도의 과목을 편성하지 않고 진로 연계 교육을 할 수 있는 근거가 된다.

자. 범교과 학습 주제는 교과와 창의적 체험활동 등 교육 활동 전반에 걸쳐 통합적으로 다루도록 하고, 지역사회 및 가정과 연계하여 지도한다.

안전·건강 교육, 인성 교육, 진로 교육, 민주시민 교육, 인권 교육, 다문화 교육, 통일 교육, 독도 교육, 경제·금융 교육, 환경·지속가능발전 교육

범교과 학습은 학생에게 학습의 기회를 제공해야 하지만 별도의 과목으로 설정하기보다는 각 과목과 창의적 체험활동에서 지도하는 것이 바람직한 주제들을 제시하였다. 학교에서는 별도의 과목을 설정하기보다 각 과목과 창의적 체험활동에서 해당 주제와 관련 있는 내용 학습을 할 때 통합적으로 학습이 이루어지도록 지도하는 근거가 된다.

범교과 학습 주제는 2015 개정 교육과정에서 제시한 주제와 같다.

차. 학교는 가정과 학교, 사회에서의 위험 상황을 알고 대처할 수 있도록 체험 중심의 안전교육을 관련 교과와 창의적 체험활동과 연계하여 운영한다.

학교가 교과와 창의적 체험활동 시간을 통하여 체험 중심의 안전교육을 해야 함을 규정하였다. '체험 중심'에 방점이 있다.

카. 학교는 필요에 따라 계기 교육을 실시할 수 있으며, 이 경우 계기 교육 지침에 따른다.

학교가 교육과정과 별도로 계기 교육을 할 수 있는 근거를 제공한다. 계기교육은 시기별, 계절별로 교육적으로 의미가 있는 주제나 사회현안에 대하여 학생들의 올바른 이해를 돕기 위하여 실시하는 교육을 말한다. 한편 계기 교육은 지침에 따른다고 규정하여 시·도교육청이 지침을 정하도록 하였으며, 대체로 시·도교육청은 계기 교육 지침을 정할 때 학교장의 승인을 받아 실시하도록 학교장에게 권한을 위임하고 있다.

타. 학교는 필요에 따라 원격수업을 실시할 수 있으며, 이 경우 원격수업 운영 기준은 관련 법령과 지침에 따른다.

코로나 팬데믹 시기에 학생이 등교하기 어려울 때 이미 원격 수업을 진행하였다. 또한 학교가 개설하기 어려운 과목을 원격으로 학습하도록 제공하고 있다. 이 규정은 이에 대한 근거를 제공한다.

파. 시·도 교육청과 학교는 필요에 따라 이 교육과정에 제시되어 있는 과목 외에 새로운 과목을 개설할 수 있다. 이 경우 시·도 교육감이 정하는 지침에 따라 사전에 필요한 절차를 거쳐야 한다.

국가가 고시한 교과목 이외에 시·도 교육청과 학교는 새로운 과목을 개설할 수 있다. 이미 이전 교육과정 때에도 많은 신설 과목이 있었다. 신설과목을 만들 수 있는 권한은 교육청과 학교에 있다. 즉, 교육청이 신설과목을 만들어 학교가 사용할 수 있게 할 수도 있고, 학교가 신설과목을 만들어 사용할 수도 있다. 단, 학교가 과목을 만들 때는 교육청이 정한 지침을 따르도록 하였다. 이에 따르면 출판사나 개인은 신설과목을 만들 수 없다는 의미로 해석할 수 있다.

하. 특수교육 대상 학생에 대해서는 이 교육과정 해당 학년군의 편제와 시간(학점 배당)을 따르되, 학생의 교육적 요구를 고려하여 특수교육 교육과정의 교과(군) 내용과 연계하거나 대체하여 수업을 설계·운영할 수 있다.

특수교육 대상 학생은 특수학교에 재학할 때는 특수교육 교육과정을 이수하게 된다. 한편 일반학교에서 통합교육을 받는 학생은 일반학교 교육과정을 이수하게 되는데, 이때 학생에게 특수교육 교육과정이 필요하다고 판단되면 특수교육 교육과정 학습 기회를 제공할 수 있다는 규정이다.

이상과 같이 각 항목은 어떤 필요와 근거를 제공하기 위하여 제시하고 있음을 알 수 있다.

미래의 유망 직업은
기업가 정신이다

진로 교육 설명회 자리에서 진로 목표를 정하지 못했는데 미래에 유망한 직업에 대하여 소개해 달라는 주문을 받았다. 그런데 진로 교육을 하고 있는 나도 유망한 직업에 대하여 말하기는 쉽지 않다. 한마디로 '불확실성'이 미래의 특징이라고 할 수밖에 없다.

그러다 보니 교육도 지식 중심의 교육보다 역량을 길러 주는 교육을 해야 한다고 주장한다. 20년 전 미국 드라마 〈맥가이버〉는 맥가이버칼에 이름이 붙어서 아직도 많은 사람의 기억에 남아 있다. 드라마 속 맥가이버는 지식을 문제 해결에 활용할 줄 아는 사람의 표본이었다. 현재 우리 교육은 죽은 지식을 암기하기보다는 지식을 활용할 줄 아는 맥가이버처럼 기르려고 한다.

그런데 아이들이 학습해야 할 방향을 정해야 학교 교육과정이 만들어진다. 이 큰 줄기에 영향을 주는 것이 미래에 대한 전망이다. 2015 개정 교육과정을 개발하던 시기에 가장 큰 영향을 준 사건은 2011년에 일어났다.

하나는 문·이과 통합 교육과정을 추진하는 데 영향을 준 스티브 잡스의 죽음이었다. 그는 살아있을 때도 철학을 전공했으면서도 컴퓨터 등 공학을 깊이 이해한 문·이과 통합형 인재상의 모델이었고, 죽음 이후에는 추모 열풍이 일었다. 그 영향으로 쉬운 수학과 사회 교과 공부 조합이 깨지기 시작한 것이다. 거기에다 '문송합니다'로 대변되는 인문학 전공자의 취업난 현상도 한몫했다.

또 하나는 스티브 잡스가 만든 스마트폰이 2011년이 되면서 LTE가 상용화되면서 날개를 단 사건이다. LTE 이후 우리는 정보를 실시간 검색할 수 있는 세상에 살게 되었다. 초기 스마트폰은 스마트하지 않아 스마트폰으로 모든 업무를 처리하고 게임을 즐길 수 없었다. 그러던 것이 2011년을 기점으로 현재와 같이 스마트폰을 이용하는 상황으로 바뀌었다. 이에 따라 온라인 쇼핑이 일상화되었고 무인 시설이 크게 늘었다. 직업의 현재와 미래가 달라지게 된 것이다.

마지막으로 큰 사건은 IBM이 AI 슈퍼컴퓨터 왓슨을 세상에 선보인 것이다. 왓슨은 2011년 2월 미국 〈제퍼디 퀴즈쇼〉에 참가해 74회 연속 우승자인 퀴즈 영웅 켄 제닝스와 제퍼디 퀴즈쇼 금액 기준 사상 최대 우승자 브래드 루터를 이기며 총 7만 7140달러의 상금을 획득했다. 왓슨은 말로 된 질문에 대해 문제를 분석해서 답을 찾아냈다.

이런 과학의 혁명적 발전으로 세계가 예측 불가능한 방향으로 바뀌게 될 것이 예상되자 교육과정에서는 문·이과 통합형 교육과정으로 개정하게 되고 학생이 학습하는 방법은 스스로 학습에 참여하여 지식을 구성해서 자신의 것으로 만드는 방식을 추구하게 되었다.

2022 개정 교육과정에서도 이런 점이 고려되면서 미래에 대응하려고 한다. 2015 개정 교육과정 이후 가장 충격적인 사건은 2016년의 이세돌 기사와 알파고의 대결이었다. 20년 전만 해도 바둑은 복잡하므로 컴퓨터의 바둑 실력은 8급을 넘을 수 없다고 단언했었다. 그러던 것이 컴퓨터가 세계 최고의 기사 이세돌을 네 번이나 이기는 일이 벌어진 것이다. 지금은 스마트폰에 말을 알아듣는 기능이 있어 AI와 살아가기 시작했다는 것을 실감하게 되었다.

또 한 가지 충격적인 일은 코로나19 팬데믹으로 인한 세계의 변화를 들 수 있다. 바이러스 감염으로 인해 사람과 사람 사이가 단절될 우려가 커질수록 인류는 더 잘 소통하는 존재로 살아가야 한다는 가치를 구현해야 한다. 이 밖에도 자원, 인구, 환경 등 다양한 변화가 예상되므로 이런 변화에 적응할 힘을 갖도록 지원하는 교육의 요소와 방법은 무엇일까를 고민하면서 교육 방향을 정하고 내용으로 학습활동을 구성하게 될 것이다.

그런데 개인이 공부해야 할 방향 속에서 자신의 길을 정하는 것은 온전히 개인의 몫이다. 달라지는 세계에서는 지금과는 다른 생각을 해야 한다. 이미 혁신적인 생각으로 새로운 사업을 만들어가는 사람들이 있다. 코로나19로 체육관 운동을 하지 못하게 되자 온라인으로 하는 운동 일명 '홈트'가 개발되었다. 혼자 먹는 피자를 개발한 '고피자' 같은 상품도 있다. 구글은 세계 10억 명에게 영향을 주는 혁신적인 아이디어를 개발할 것을 직원들에게 주문했다. 앞으로 아이들이 살아갈 세계는 더 빠른 속도로 변화의 파도가 일 것이며, 학생은 그 안에서 계속 혁신적 사고를 통해 상황을 이끌어가는 사람으로 자라야 한다.

그래서 기업가 정신이 누구에게나 필요하다는 말을 자주 듣게 된다. 기업을 성장시키는 바탕이 혁신적 사고에 있는데 창업하는 사람뿐 아니라 모든 사회생활을 하는 사람에게는 기업가 정신이 필요하다. 2010년에 나온 댄 세노르와 사울 싱어의 《창업국가》(다할미디어, 2010)라는 책에서는 2007과 2008년 사이 이스라엘만 벤처 기업의 숫자가 늘고 있으며, 미국 증시에 상장된 기업 수가 한국보다 이스라엘이 21배나 많음을 보여 주었다. 그렇지만 2010년이라면 창업을 강조하였다 해도 우리 사회 전반에서 변화가 보이지는 않았었다. 그러나 현재는 상황이 매우 다르다.

2022개정 교육과정으로 개정하는 사이에 이세돌 기사와 알파고가 대국을 해서 AI가 스스로 학습해서 사람을 능가할 수 있다는 것을 받아들이게 되었고, 코로나19는 우리 사회가 더 빨리 온라인 사회로 변할 수 있다는 것을 깨닫게 해 주었다. 미래 사회에서는 이런 영향으로 새로운 직업이 만들어지게 된다. 코로나 펜데믹 사이에 코로나 우울증을 온라인으로 상담해 주는 직업이 생겨났고, 개인운동 교습도 온라인으로 화면 앞에서 받을 수 있는 시스템으로 바뀌었다. 박경수 작가는 그의 책 《언택트 비즈니스》(포르체, 2020)에서 '100년의 비즈니스가 무너진다.'면서 이러한 변화를 분야별로 상세하게 분석하여 보여주었다.

이런 이유로 새로운 문제가 나타났다. 우선 부모나 학교가 아이의 미래에 대하여 구체적인 조언을 해 줄 수가 없을 것이라는 문제이다. 아이가 살아갈 미래는 지금 있는 직업이 유지될 거라는 확신을 할 수 없다. 이미 2011년에 만들어진 AI 왓슨의 오진율은 사람 의사의 오진율보다 낮다고 했다. 왓슨보다

똑똑한 미래의 AI는 의사의 일을 바꾸게 될 것이다. 학생들이 선호하는 직업 1순위인 교사 역시 지금의 교사와는 다른 역할을 하게 될 것이다. 문제는 어떻게 달라질지 아무도 꿈꿀 수조차 없다는 것이다.

또한 학생들에게는 고등학교 때 진로를 확정하고 진로 목표를 이루기 위한 노력을 해야 대입 학생부종합전형에서 유리한 위치를 점하게 된다고 하는데, 현재 진로 목표가 미래에 유효하지 않다고 하면 진로를 정하는 것이 무슨 소용인가 하는 의문이 생긴다. 그래서 대학에서는 구체적인 진로를 정하는 전공적합성보다는 공부 방향을 정해서 노력하는 계열적합성이라는 용어를 쓰기 시작했다. 좁은 범위의 꿈이 아니라 넓은 영역을 두고 공부해 나갈 수 있는 꿈을 꾸자는 뜻이다.

이제는 학생의 진로희망을 구체화하는 것이 의미가 없어 보이게 되었다. 미래에 있지도 않을 직업에 대한 꿈을 가지고 미래 직업을 이루기 위해 매진했으나 정작 미래에는 그 직업이 없어져버렸다면 학생의 진로희망은 의미가 없다.

그래서 학생들은 새로운 것을 배울 수 있는 기본기를 익혀야 하고, 미래 직업보다 창업·창직에 관심을 가져야 한다. 새로운 것을 배울 수 있는 기본기는 언어소양, 수리소양, 디지털소양이라고 할 수 있다. 언어소양은 모국어와 외국어 능력이다. 모국어와 외국어로 읽고 듣고 말하고 쓰는 일이 능숙해야 한다. 수학이 만들어 놓은 현대사회에서 수학을 모르면 할 수 없는 일이 많아진다. 수학이 싫어 영문학과에 진학했다는 고려대 남호성 교수는 음성학을 하다 보니 수학이 필요해서 다시 공부를 했다고 한다. 영문학 전공자인 남 교수가 쓴 책 제목은 《수학을 읽어드립니다》(한국경제신문, 2021)이다. 디지털 소양이 필요하다는 점은 개발자 수준은 아니더라도 디지털을 잘 이용하는 능숙한 이용자 수준의 소양은 갖추어야 함을 말한다. 그런데 디지털은 하루가 다르게 발전하므로 지금 사용하고 있는 디지털 기기 활용법을 배우는 것 뿐 아니라 새로운 대상이 나올 때마다 배울 수 있는 능력을 갖추어야 한다.

그리고 미래의 직업은 고정불변한 상태로 있지 않으므로 창업과 창직에 관심을 가져야 한다. 창업·창직 정신은 달리 말해서 '기업가정신' 또는 '앙트레프러너십(enterepreneur ship)'이라고 한다. 세상을 혁신적으로 바꾸는 정신, 문제를 창의적으로 해결하는 정신은 창업가뿐 아니라 직장을 다니고 있다 해도 반드시 필요한 정신인 시대가 되었다. 2015개정 교육과정에서는 학교가 진로교육을 할 때 창업과 창직을 비중 있게 다루지는 않다. 그러나 앞으로는 학교에서도 창업과 창직에 대한 교육이 비중 있게 다루어져야 한다. 지금 초·중·고에 다니고 있는 학생이라면 개인적으로라도 창업과 창직에 관심을 가질 필요가 있다. 성호철과 임경업 기자가 쓴 《창업가의 답》(포르체, 2021)같은 책에서 당근마켓 등 여러 창업자의 성공 사례를 보면 창업에 대해 마음이 끌릴 것이다.

그뿐 아니라 창업동아리를 만들어 활동 경험을 해 보는 것이 큰 의미가 있다. 창업 체험을 어떻게 해야 할까? 교육부는 〈진로교육정보망서비스〉라는 포털을 만들어 체험할 수 있는 기회를 제공하고 있다. 학생들의 기업가 정신을 고취하려면 교육부가 지원하고 한국청년기업가정신재단이 운영하는 온라인 창업체험교육 플랫폼 YEEP(Youth Entrepreneurship Experience Program, www.yeep.go.kr)에 접속해 보기를 권장한다. 진단 프로그램뿐 아니라 각종 자료가 탑재되어 있고 가상 창업활동을 할 수도 있다.

평가 방식 변화가
알려 주는 것

수학계의 노벨상으로 불리는 '필즈상'을 수상한 허준이 미국 프린스턴대학교 교수가 서울대학교 후기 졸업식에서 한 축사가 감동을 주었다. 여기서 주목하고 싶은 말은 '제로섬 상대평가'이다. 상대평가 체제에서는 일부는 성공하고 대부분은 실패한다. 실패를 피하기 위해 쉬운 길을 찾기도 한다. 고등학교 성적도 상대평가를 버리려고 하는 이유가 여기 있다.

성취평가제 전환이 필요한 이유

한 학년에 100명이 있는데, 이 학생들을 1등부터 100등까지 줄을 세우는 방식의 평가는 경쟁을 심화시킨다. 다른 이의 실

245

수와 불행이 나의 행복이 된다. 더구나 여러 과목의 성적을 합한 총점을 기준으로 줄을 세울 때는 경쟁이 더 심한다. 어느 한 과목에서도 숨을 쉴 틈이 없기 때문이다. 이 경쟁을 완화하기 위하여 2000년대 초반에는 총점 석차를 산출하지 않고 과목별 석차를 산출했었다. 그렇지만 대입 전형에서 과목별 석차를 중심으로 총점 석차를 구해 전형요소로 사용하기도 했기에 경쟁 완화 의도가 반영되지 못했었다.

　그래서 경쟁을 완화하기 위해 등급제로 성적을 산출 방식을 바꾸었다. 100명 중 4%인 4명은 1등급이고 같은 위치를 갖다. 11%까지는 2등급이다. 5등부터 11등은 같은 성적을 갖는 방식이다. 그래도 경쟁이 크게 완화되었다고 하기는 어렵다. 근본적으로 상대평가이기 때문이다. 학생은 정원이 많은 학교, 수강자 수가 많은 과목, 나보다 못하는 친구들이 더 많은 과목을 선택하는 부작용이 있다. 공부 잘하는 학교와 공부 못하는 학교 중 어떤 학교를 선택해야 하는지도 자주 듣는 질문이다. 이러한 문제를 해결하기 위해 성취평가제를 도입하려고 한다.

　성취평가제를 적용하면 학생은 어려운 과목에 도전했을 때 도전한 가치를 인정받게 된다. 학생부종합전형에서는 학생이 어떤 과목을 공부했는지를 근거로 성취 정도와 도전 정신을 평가하기 때문이다. 또한, 눈치 보지 않고 좋아하는 과목을 선택해서 잘 하면 된다. 다른 동료들의 성적과 관계없이 자신의 실력에 따라 성적을 받게 되기 때문이다.

그런데 학생부종합전형에서 이 성적을 사용하는 데는 문제가 없다고 해도 실제로는 문제가 생길 수도 있다. 학생부 교과전형에서 우리 학교 아이들이 더 좋은 성적으로 대학에 진학하게 하려고 성적 부풀리기를 한다. 시험을 쉽게 내달라는 학부모 요구도 크다. 일부 학생의 등급을 높이기 위해 많은 학생이 성적을 깔아 주도록 교육과정을 편성·운영하는 현상도 나타난다. 수강자 수를 늘리기 위해 많은 과목을 폐강하기도 한다. 시험이 쉬워지고 학습 수준이 낮아진다. 그래서 학생부 교과전형이 어려워질 가능성이 크므로 교과전형을 지지하는 사람들의 반대도 있다. 대학은 같은 성적이라면 특목고나 자사고 학생을 더 선호할 것이라는 의심도 걸림돌이다.

그럼에도 불구하고 미래는 경쟁을 벗어나 협력을 해야 하고, 협력을 경험시키려면 절대평가를 해야 한다. 상대평가와 협력교육은 철학이 안 맞는다. 자기가 좋아하는 과목을 고를 수 있게 하려면 절대평가를 해야 한다. 고등학교 성적 산출 방식의 변화 역사는 이 고민을 보여 준다.

성취평가제 전면 도입의 선결 과제

성취평가제 성적이 대입전형요소로 쓰이게 되려면 등급을 가르는 기준이 명확해야 한다. 가 학교의 A는 나 학교에서도 A이고, 가 학교의 B는 나 학교에서도 B여야 한다. 이는 교사의 평가 전문성에 기반을 둔다. 교사는 학생이 각 과목에서 지식, 정보를 습득하고 이를 적용하여 문제를 탐구하고 발표하는 일련의 과정에서의 학생의 성취 수준을 잘 가를 수 있는 안목이 있어야 한다. 또한 성취 수준을 잘 가른 결과뿐 아니라 학생은 무엇을 알고 무엇을 할 수 있는지에 대한 정보도 제공할 수 있는 역량도 있어야 한다. 서술된 정보는 학생이 자신의 학습을 성찰하는 데 도움을 줄 뿐 아니라 대입전형요소로 학생부종합전형에서 중요한 자료가 된다.

학교에서 한 평가에 공신력을 부여하는 방식을 도입할 수도 있다. IBDP에서의 평가처럼 외부에서 평가를 검증하는 방식을 도입할 수도 있다. IBDP 성적이나 AP 성적처럼 공인된 성적은 그 자체로 공신력을 갖는다. 한편 공인성적이 제공되지 않는 교육과정을 운영하는 학교에서는 대학에 학교 성적만 제공하기도 하지만, 절대평가에서 각 등급의 비율 범위를 제공하거나, 상급학교 진학 실적을 제공하는 등 평가 결과의 공신력을 각자의 방식으로 확보할 수도 있다. 물론 이 방식을 모든 학교에 강제하지는 않는다.

학교생활기록부 기재 방식도 개선되어야 한다. 세부능력 및 특기사항은 대입 반영을 위해 특기사항 위주로 기록되는데 이를 성취 기준에 의한 성취특성과 수준을 기술하는 방식으로 바꾸어야 한다.

2022년 8월에 열린 2022년 제1차 고교학점제정책포럼에서 이승연 서울대 수석입학사정관은 학교생활기록부 기록은 '학교 교육과정의 목표에 따라 수업을 설계하고 학습활동 안에서 학생이 나타낸 수행의 가정과 결과를 작성한 기록'으로 '관찰 평가, 프로젝트 평가, 보고서 평가, 동료평가, 등의 과정 중심의 평가를 수업에 적용하고 학생부 누가 기록에 활용'해서 기록된 것이어야 한다고 언급했다. 또한 학생부는 대입 자료만이 아닌 학습 과정의 기록과 피드백 역할을 해야 하며, 대입 맞춤형 기록은 지양해야 한다고도 했다. 대입을 위한 학생부 기록은 학생부종합전형의 안정적 운영에 도움이 되지 않는다는 역설이다.

특정 유형 학교에 유리하게 적용될 것이라는 것은 논란이 된다. 대중은 과거 입학사정관제 시절에 대부분 학교는 수능 대비 중심으로 수업을 운영하고 자사고와 특목고는 별도의 프로그램을 운영하여 입시에 대비했던 시대를 기억하며 우려한다. 그러나 학생부종합전형은 성취 기준에 따른 성취 수준과 학습 방식 및 학생의 자존감과 열망 등을 종합적으로 평가하는 전형이므로 입학사정관 입장에서 보면 군이 특목고나 자사고 학생을 선호할 이유가 없다. 정시 확대 기조와 교과전형에 수능 최저 반영 확대 경향으로 학교가 수능 대비에 더 치중하게 되고 있는 현재의 문제점이 해소되면 고등학교 수업은 교육과정이 의도하는 대로 전개될 것이고 그렇게 된다면 일반고 불리 주장은 극복될 것이다.

교과전형을 하지 못하게 된다는 주장은 현재 학교장 추천 지역균형 교과전형을 운영하는 경우에 해당한다. 이 전형에는 각 학교에서 교과평점이 우수한 학생이 지원하는데, 이는 상대평가를 전제로 한다. 성취평가제를 전면 도입하면 이 전형은 다른 방식으로 개선될 것이다. 현재도 동국대 등이 교과전형이지만 교과 정량 성적보다는 정성평가 성적을 더 중시하는 전형을 운영하는 데 이런 방식이 원용될 수 있다. 2024 대입 전형 시행계획을 보면 비수도권은 59.9%의 학생을 교과전형으로 선발하는데, 이는 현재 진로선택과목 평가 방식을 이용해서 전형을 설계할 수 있을 것이다.

추가적인 우려들

그럼에도 불구하고 남는 우려가 있다. 변동분할 방식을 사용하면 기준 점수 설정 권한을 담당 교사가 갖게 되므로 민원이 폭주할 가능성이 있을 수 있다. 따라서 교사는 기준 점수를 설정한 근거를 객관적으로 제시하라는 요구를 받게 될 것이다.

변동분할 방식의 성적은 대학에서 신뢰하지 않을 수 있다. 그렇다면 대학은 전형에서 평어를 사용하지 않고 원점수 평균 수강자수를 반영하여 보정 점수를 사용할 수도 있을 것이다. 이렇게 되면 고등학교에서는 등급 비율을 조장하기 위해 고심할 것이다.

성적 부풀리기 현상은 변동분할이든 고정분할이든 여전히 문제가 될 것이다. 성적 부풀리기 현상이 나타나면 대학은 원점수 평균 수강자수를 반영하여 보정 점수를 사용할 것이고 역시 성취평가제의 문제점으로 부각될 것이다. 한편 성적 부풀리기를 하면 종합전형에서는 학생이 불이익을 받을 수도 있어서 고등학교에서 성적 부풀리기가 대세가 되지는 않을 것이다.

대학은 정원만큼 선발하기 때문에 경쟁이 있다. 학생은 어쩔 수 없이 변별을 마주하게 된다. 그러다 보니 평가 성적이 자신의 정상 성적보다 좋게 보이기를 바라게 된다. 그런데 학생부 종합전형에서는 입학사정관이 학생부를 보고 학생의 성취 정도를 판단한다. 포장을 하는 것이 오히려 해가 될 수도 있다. 그러고 보면 학생의 학업 성취에 대한 평가가 학생의 성장에 도움이 되는 방향으로 적용될 수 있는 방식이 바람직하다. 대학이 학생부를 평가하는 것을 권력이라고 비난하지만 상대평가로 학생을 줄 세우는 것이 더 권력이 아닐까?

IB 교육과정의 이해

IB라고 하면 미국 동부의 명문 8개 대학을 지칭하는 아이비리그(Ivy League) 대학이 먼저 떠오르지만, IB 교육과정은 아이비리그 대학과는 무관하다. IB 교육과정은 초·중·고 교육과정과 직업계 교육과정을 포함한 국제적으로 통용되는 교육과정으로 인터내셔널 바칼로레아(International Baccalaureate)의 첫 글자를 딴 교육과정이다. 이 교육과정은 1968년에 스위스 제네바에 설립된 IB기구에서 제공하는 교육과정이다. 국내에서는 외국인이 다니는 국제학교에 적용했던 교육과정인데, 대구와 제주 등에서 초등학교와 중학교에 도입해서 운영하는 학교가 있고, 고등학교도 2024년 2월이면 국내고의 첫 졸업생이 나온다.

특히 현재는 초·중학교보다 고등학교 교육과정에 해당하는 IBDP(International Baccalaureate Diploma Programme) 교육과정이 관심을 많이 받고 있다. 이 교육과정은 IB 기구의 승인을 받아야 개설할 수 있다. IBDP는 2년 동안 이수하는 고교 교육과정이며 매년 5월과 11월에 시험이 치러진다. 각 과목별로 학교 내부 평가에 해당하는 Internal Assessment(IA)라는 수행평가를 실시한다. 성적은 내부 평가(Internal Assessment)와 IB에서 직접 시행하는 외부 평가(External Assessment) 성적을 합쳐 점수를 내며, 각 과목은 1점부터 7점까지 점수로 평가한다. IB 교육과정에서 제공하는 6개의 과목을 이수한 뒤 시험에 응시해야 하며 CAS, TOK와 EE를 합쳐 최대 3점의 점수를 더 받을 수 있어, IB Diploma의 총점은 45점이다.

IB 교육과정은 6개 그룹으로 구성되어 있으며 6그룹의 예술을 제외한 1~5그룹에서 각 한 과목을 필수로 선택하고 나머지 한 과목은 6그룹에서 선택하거나 1~5그룹에서 선택할 수 있다. 각 과목은 표준과정(SL; Standard level)과 상급과정(HL; Higher level)으로 제공하는데, 학생은 3~4 과목은 HL 수준으로 이수해야 한다.

각 그룹의 과목은 다음과 같다. 공대를 지망하는 우리나라 학생이라면 한국어, 영어, 심리학, 화학, 물리학, 수학을 선택할 것이다. 문학을 공부하려는 학생이라면 한국어, 영어, 문학, 철학, 생물학, 수학과 같이 선택할 것이다.

그룹 1(언어와 문학 연구): 언어A, 언어A:언어 및 문학, 문학 및 공연

그룹 2(언어 습득): 영어를 포함한 모국어가 아닌 언어. 의사소통 능력 중심 과목. 현대 언어뿐 아니라 라틴어 또는 고전 그리스어 등 고전 언어 과목 포함

그룹 3(개인과 사회): 경영관리. 경제학, 지리학, 세계정치, 역사, 글로벌 사회의 정보 기술, 철학, 심리학, 사회 및 문화인류학, 세계종교(SL전용) 등

그룹 4(과학): 생물학, 컴퓨터과학, 화학, 디자인기술, 물리학, 스포츠 운동 및 건강과학

그룹 5(수학): 수학:SL 분석 및 접근법, 수학:HL 분석 및 접근법, 수학:응용 프로그램 및 해석 SL, 수학:응용 및 해석 HL

그룹 6(예술): 댄스, 음악, 필름(영화), 극장(연극), 시각예술

이 교육과정이 관심을 끌고 있는 이유는 우리가 추구하는

수업 개선과 평가 개선 방향을 실천하고 있기 때문이다. 이미 2007년에 앨빈 토플러는 한국 학생들은 매일 10시간이 넘게 미래에는 쓸 모 없을 지식과 있지도 않을 직업을 위해 공부하고 있다고 일갈했었다. 우리나라 교육은 2015개정 교육과정을 도입하면서 학생이 개념과 원리를 배운 다음에는 탐구활동을 통해 지식을 스스로 구성해 나가고 그 탐구 과정과 결과를 발표하고 성찰하는 교육으로 바뀌었다. 그런데 현재는 입시에서 수능의 영향력이 지나치게 커서 교실이 문제풀이 학습에서 벗어나지 못하고 있는 형편이다.

IB 교육과정이 우리나라 교육의 방향에 등불이 될 수 있을지, 그림자에 불과할지는 속단할 수는 없다. 초등학교부터 도입하는 IB 교육과정이 국적 없는 교육을 하게 될 가능성이 있다거나, 모든 학생이 따라올 수 없는 방식의 교육이라는 우려의 목소리도 있다. 또한 IB 교육과정을 우리말로 번역해서 우리말로 학습하는 IB 교육과정이라면 큰 의미를 잃어버리는 것이 아니냐는 견해도 있다. 그럼에도 불구하고 보기에서 답을 고르는 연습을 하고 그 점수로 대학 가는 제도를 부정하고 대한민국 교육과정이 의도하는 수업과 평가 방식을 지향하면서도 잘 운영되고 있는 교육과정이라는 점에서 배울 점이 있다.

AI로
대학 가기

2021년 가을, 고등학교용 '인공지능 기초'와 '인공지능 수학'이라는 두 과목의 교과서가 나왔다. 원하는 학교에서는 이 과목을 가르치고 배울 수 있다. 2020년 9월에 2015 개정 교육과정을 부분 개정하여 편제표에 이 과목을 넣어 고시한 지 1년 만에 교과서가 나온 것이다. 각 학교에서는 아직 이 과목을 가르칠 준비가 되어 있지 않아 이번 학기에 배우는 학교는 매우 소수이다. 그런데 AI를 배워야 한다거나 배우는 시간을 늘려야 한다는 주장은 보도를 통해 꾸준히 제기되고 있다.

이와 관련된 주된 질문은 '코딩교육이나 AI·SW교육이 학교에서 중시된다면 초등학교나 중학교에서 미리 사교육을 통하여 깊이 배워 잘 할 수 있어야 하지 않겠나, 파이썬 같은 프로

그래밍 언어는 배워 둬야 하지 않을까?'와 같은 것이다. 고등학교에서는 교과 성적이 중요한데 그때 따라가지 못하면 어떡하냐는 질문도 자주 듣는다.

2021년 6월에 기획재정부는 과학기술정보통신부, 고용노동부와 함께 소프트웨어 인재 양성 계획을 발표했다. 민간이 주도하고 정부가 지원하여 5년간 소프트웨어 인재 41만 3천 명을 양성한다고 한다. 단기적으로는 기업 주도의 단기 훈련과정을 확대하고 재직자 훈련을 강화하며 중기적으로는 고급·전문 인재 양성을 위한 기업·대학 협력 모형을 지속적으로 확산하는 한편 학교를 통한 소프트웨어 전공자를 확대한다. 소프트웨어 전공자 양성을 위해 소프트웨어중심대학을 확대하고 직무실습 등 기업과 연계한 현장실습 교육도 강화한다. 소프트웨어중심대학이란 현장중심의 문제해결능력을 갖춘 소프트웨어 전문교육 강화를 통해 핵심인재 양성체계를 구축하고, 대학 소프트웨어교육을 혁신하는 대학을 말한다. 이 대학을 41개에서 2025년에는 64개 대학으로 확대한다는 계획이다.(자세한 정보를 SW중심대학 홈페이지에서 찾아볼 수 있다. www.swuniv.kr)

이에 앞서 2020년 8월에는 교육부, 과기정통부, 중기부, 산업부, 문체부 등이 관계부처 합동으로 '전국민 AI·SW교육 확산 방안'을 발표하였다. 여기서는 AI가 국민의 삶에 더욱 밀접해질 것으로 전망되므로 AI에 따른 사회 혜택에서 배제되거나 불이익을 받는 국민이 없도록 세대·직군 등을 망라하는 범국가적인 AI 교육 전략 마련이 필요하다고 했다. 이 중 학교 교육에 해당하는 부분은 'AI·SW중심 교육체계 개편을 통한 미래 선도인력 양성'이다. 초·중등학교에서는 '모든 학생이 누릴 수 있는 AI·SW 학교교육 체제를 구축'하기가 첫 번째 방안이다. 우선 2020년부터 '정보교육 강화'로 초등학생부터 체계적인 AI·SW 소양을 기를 수 있도록 정보 교육과정 강화를 추진하고, 2022년 차기 교육과정 개편 시 수업 시간 확대를 꾀한다는 것이다.

또한 AI·SW교육 우수모델을 확산하기 위하여 AI시범학교(2020)를 AI 교육 선도학교(2021~)로 개편하여 우수 교육사례를 발굴하고 확산을 추진한다고 한다. 대학교에서는 모든 대학생이 AI 역량을 갖출 수 있도록 대학 AI·SW교육을 강화하겠다고 했다. 해마다 굵직한 발표가 나오는 것을 보면 앞으로 AI·SW교육은 모든 학교급에서 크게 강화될 것으로 보인다. 관련 학계에서는 더 많은 시간을 요구할 수 있다. 현재 시간이 매우 적다는 것도 강조될 것이다.

질문에 답을 해 보자. AI·SW에 학생이 관심을 가지고 깊이 배우고 싶다면 배우는 것이 좋을 것이다. 이것이 동기가 되어 학생은 관련 분야를 더 열심히 공부할 수 있다. 초등학생이 자율주행차를 교재를 보고 프로그래밍해서 시연했다면 이 학습이 더 큰 학습으로 확장될 수 있다. 그러나 학생이 관심이 적은데 억지로 할 필요는 없어 보인다. 발표한 그대로 학교에서 잘 배울 수 있는 수준이라면 그때 잘하면 된다.

고등학교에서는 교과 성적이 중요한데 그때 따라가지 못하면 어떡하냐는 질문은 고등학교에서 AI·SW관련 과목이 필수로 많을 때가 두려운 것이겠지만 실제로는 필수는 거의 없고 선택과목으로 있을 전망이다. 고등학교 과목은 1학년에 정보를 학교 지정으로 개설한 학교에서는 그 과목을 배우겠지만 나머지 고등학교에서는 학생이 선택하게 될 것이다. 그 외 AI·SW 관련 과목은 모두 선택과목으로 제시될 것이므로 성적 때문에 미리 배워야 한다는 것은 맞는 말이 아니다.

AI 교육은 AI를 만드는 교육, AI를 활용하는 방법 교육, AI의 도움을 받는 교육, AI 사회에 대비한 교육으로 나누어 볼 수 있다. 문제를 해결하기 위하여 AI를 활용하는 방법을 배우는 것은 중학교 단계까지 잘 배울 것이고 고등학교 단계에서 조금 더 자세히 배울 것이다. 그런데 'AI를 만드는 교육'을 받고 전문가가 되기 위해서는 더 많은 공부를 해야 할 것으로 보인다.

AI를 전문적으로 공부하기 위해 대학에 진학하려면 수시 전형에서는 학생부종합전형이나 특기자 전형에 지원하게 된다. 정시 전형은 수능으로 선발하니 합격권 안에 들 수 있을 만큼 수능 성적이 좋아야 한다.

이 중 특기자 전형은 대부분 경시대회 입상 실적을 요구한다. 예컨대 국민대학교는 소프트웨어학부에서 소프트웨어특기자를 15명 선발한다. 1단계에서는 특기 성적 100%로 3배수를 선발한다. 2단계에서는 면접 50%, 학생부 교과 30%, 1단계 성적 20%의 비율로 합격자를 가른다. 제출서류는 학교생활기록부와 포트폴리오인데 포트폴리오는 면접에 지참한다. 결국 특기자 전형에 지원하려면 수준이 높다고 보는 관련 경시대회에서 수상해야 하는 셈이다.

다음은 학생부종합전형으로 지원하는 방법이 있다. 특기자 전형은 지금 실력 있는 학생을 선발하려는 의도를 가진 전형이지만 학생부종합전형은 앞으로 실력을 갖추어 발전할 수 있는 학생을 선발하려는 전형이다. AI·SW 관련 과목을 수강하여 전공적합성을 높이면 AI·SW 관련 학과에 학생부종합전형으로 진학하기가 수월할 수 있다.

새로 국가교육과정 차원에서 개발된 과목은 인공지능 기초와 인공지능 수학이다. 인공지능 기초 과목의 내용은 '인공지능의 이해, 인공지능의 원리와 활용, 데이터와 기계학습, 인공지능의 사회적 영향'으로 구성되어 있다. 인공지능 기초 과목의 교육과정해설서에서는 '인공지능 기초 과목은 정보 교과 역량인 '정보문화 소양', '컴퓨팅 사고력', '협력적 문제 해결력'을 바탕으로 인공지능의 원리와 기술을 탐구하고 지식·정보사회 구성원이 갖추어야 할 인공지능 기초 소양을 함양하기 위한 과목'이라고 설명하고 있다. 그야말로 AI는 무엇이고 어떻게 써먹을 수 있는지를 둘러보는 정도의 과목이다.

인공지능 수학은 공통 과목인 '수학'을 학습한 후, 인공지능 분야에서 수학이 어떻게 활용되는지 알고자 하는 학생들이 선택할 수 있는 과목이다. 인공지능 수학의 내용은 '인공지능과 수학', '자료의 표현', '분류와 예측', '최적화'의 4개 핵심 개념으로 구성된다. 이 과목은 '인공지능에서 수학이 활용될 때 관련되는 주요 수학적 개념이나 원리를 제시한 것으로, 이러한 수학적 개념이나 원리를 자세히 다루기보다는 인공지능에서 어떻게 활용되는지를 중심으로 다루도록 유의한다.'고 되어 있다.

학생부종합전형으로 AI 관련 학과에 진학하려는 학생이라면 관련 과목을 수강하여 전공 관련 소양을 확보하고 대학에서 요구하는 교과목도 더 공부해야 한다. 대학에서 요구하는 과목은 각 대학별로 안내를 하고 있다.

이뿐 아니라 인공지능 개발 인력은 대학 과정 이후에도 대학원 석·박사 과정에서 연구를 해야만 한다.

진로 방향도 중요하다

만두 장인은 수학 교수를 부러워하지 않는다. 자기 분야에서 최고수이기 때문이다. 자신의 적성에 따라 장인급 직업인이 될 수도 있고 학문을 연구하는 학자가 될 수도 있다. 섬세한 손길로 완성도 높은 결과물을 만들어 내는 직업인이 되는 길과 학문을 연구하는 연구자의 길은 적성부터 다르다. 다른 길을 가서 다른 분야에서 최고에 이르렀으니 다른 친구가 부러울 일이 없다. 두 사람이 오랜 친구인데 같이 당구를 치면 만두 장인이 훨씬 잘 친다. 손길이 섬세하기 때문일지도 모르겠다.

직업교육을 받으려면 전문대 가고, 학문을 연구하려면 일반대 간다는 것이 보통 생각이다. 그런데 같은 직업 교육을 하는 분야가 대학과 전문대에 모두 설치되어 있는 경우도 많다. 그러다 보니 대학과 전문대의 역할 구분이 안 되는 문제를 해결하기 위해 고등교육 체제를 직업교육 분야와 연구중심 분야로 양분하여 재구조화해야 한다는 주장을 한다.

사실 전문대에서는 직업 교육은 전문대가 더 적합하고 학비도 저렴하며, 학사학위를 받을 수 있는 경로도 있고, 앞으로는 석사학위도 받을 수 있게 된다고 홍보한다. 그뿐 아니라 학벌 사회는 이미 능력사회로 돌아섰다고도 말한다. 이런 말에 따라 대학과 전문대, 학문 교육과 직업 교육 중 어떤 길을 택하고 어떤 교육을 받을지는 학생과 학부모가 결단을 내릴 것이다.

그런데 학생 입장에서 보면, 진로 결정은 늦어도 되지만 진로에 대한 고민은 중학교 때부터는 할 필요가 있다. 나에게 맞는 진로 분야를 찾아보는 고민과 노력이 있어야 합리적인 선택을 할 수 있기 때문이다. 합리적인 선택이란 요모조모 따져보고 선택하는 것으로 친구 따라 강남 가는 선택, 남이 강남 가라니까 생각 없이 가는 선택을 하지 않는다는 말이다. 나는 어떤 사람이 될까?

오디션 프로그램에서 강자 둘이 마주쳤다. 둘 다 혼신의 힘을 다해 노래했고 우열을 가리기 힘든 무대였다. 한 심사위원이 말한다. 오디션에 맞는 노래를 고르는 능력도 필요하다. 결국 승리는 자신에게 맞는 노래를 잘 선택했다고 평을 받은 참가자에게 돌아갔다. 아마추어 관객인 우리도 참가자가 선곡한 노래를 들으면 상대를 이길 수 있을지를 짐작할 수 있다. 그런데도 참가자는 왜 아마추어도 하지 않을 것 같은 선택을 할까 궁금하기도 하고 안타깝기도 한다. 적어도 오디션 참가자라면 자신이 잘 부르는 노래 리스트와 경연 참가곡 리스트 정도는 미리 갖추고 있어야 하고, 리스트의 우선 순위도 정해 두었어야 하지 않을까? 모니터링이 필요했다면 미리 했어야 한다.

진로 선택도 그렇다. 밝고 발랄한 여학생이 올해 입시에서 연세대 공대에 먼저 합격하고 또 다른 대학 행정학과에도 합격했다. 그런데 두 학교를 두고 결정을 하기가 정말 어렵다고 한다. 이런 일이 일어나리라고는 생각을 못했다고 한다. 그런데 한 곳은 공대지만 다른 한 곳은 행정학과이므로 길이 완전히 다르다. 그렇다면 원서를 낼 때부터 생각을 깊이 해 보고 우선순위를 정해 두었어야 하지 않을까?

2022학년도 정시 모집에서 서울대는 112명을 1차 추가 합격자로 발표했다. 지난해 추가합격자에 비해 늘어난 것도 특이점이지만, 추가 합격자 구조가 달라졌다는 점이 더 특이한 점이다. 경영대 8명, 정치외교 2명, 자유전공학부 12명, 인문대학 10명, 농경제사회학부 2명 등이 추가합격자로 충원하게 되었는데, 지난해까지 이 모집 단위에서는 추가합격자가 거의 나오지 않았다. 서울대 경영학과에 붙고 등록하지 않은 학생들은 어디로 갔을까? 이 점을 두고 수능 문·이과 통합형이 만들어

낸 기이한 현상이라고 말한다. 미적분과 과학탐구 응시생이 서울대 인문사회계열 학과와 다른 대학의 의치대에 동시에 지원할 수 있는 점수 구조 문제라는 것이다,

그런데 이 문제는 선택이라는 측면에서도 생각해 봐야 한다. 서울대 경영학과에 합격한 어느 학생은 경희대 치대에도 합격했는데, 경희대 치대를 선택한 모양이다. 서울대와 지방 소재 사립대 의대에 합격하면 의대를 선택하는 것이 요즘 풍토란다. 만약 이 학생들이 부전공도 되지 않는 치대나 의대에 큰 관심이 있었다면 원서 쓰기에 임박했을 때 점수에 맞춰 원하지 않는 서울대 경영학과에 지원하지는 않았을 것이다.

이런 점에서 보면 학교에서 진로교육을 통해서 학생의 진로의사결정역량을 길러 주는 방안을 고민하고 있고 또 실제도 학생이 자신의 진로 목표와 경로를 찾아보고 정해 보라고 지도하는데, 이 교육은 꽤 중요하다. 아직 우리나라에서는 고등학교 3학년 때 대학에서 공부할 분야를 정하는 것이 인생의 갈림길에서 만나지 않는 어느 한 길을 정하는 것이기 때문이다. '아무 생각이 없고 어떤 결정도 내릴 수 없는데, 결정을 강요하는 것도 문제가 있는 게 아닌가요?'라는 항변은 다시 생각해 볼 필요가 있는 것이다. 진로를 고민하게 하는 것은 학교가 편하자고 하는 일을 하자는 게 아니다. 학생이 결정의 갈림길에 도착하기 전에 미리 어떤 결정을 내릴 건지 스스로 고민하

는 과정을 겪게 하고 자신이 진정 원하는 것이 무엇인지를 고민해 보게 하는 교육적 활동이다.

선택은 인생 전체를 결정해 가는 갈림길에서 꼭 마주치는 과정이다. 내가 선택하는 길은 지금은 별 차이가 없어 보여도, 선택의 결과로 들어서는 길에 따라 먼 미래에는 전혀 다른 삶이 펼쳐진다. 이렇게 중요한 진로의사결정능력을 학생에게 길러주어야 하므로 교육청에서 주관하는 진로·진학상담교사 임용시험에도 '진로의사결정능력을 향상할 수 있는 수업프로그램을 구성하여 말하시오.'라는 문제를 낸다.

이와 관련한 소식 하나, 한국전문대학교육협의회는 2021년 12월말, 전문대학인상 수상자를 발표했다. 수상 분야는 교수, 직원, 졸업생으로 이루어져 있는데 그 중 졸업생 분야는 눈여겨볼 필요가 있었다. 졸업생 분야는 총 두 명이 선정되었다.

먼저 양원석 기관사이다. 양 기관사는 경북전문대학교 철도전기기관사과를 2014년에 졸업했다. 그는 재학 중 철도차량 운전면허 전문교육 훈련을 수료하고 철도차량 운전면허를 취득했고, 이후 2017년 서울교통공사 입사 후 서울 지하철 5호선을 약 75,000km 주행했다고 한다. 양 기관사는 "학창시절 장래희망은 항상 기관사였고 그 꿈을 전문대학에 와서 이룰 수 있었다. 나에게 전문대학은 '지도'였고 내가 선택한 꿈의 길을 찾아 주는 이정표 같은 존재였다"고 말했다고 한다.

또 한 명의 수상자는 육은향 분장팀장이다. 육 팀장은 대구 공업대학교에서 메이크업분장예술을 전공하고 2012년 졸업했다. 졸업과 동시에 분장회사에 취업해 드라마 촬영 분장을 하기 시작했으며 이후 방송과 영화에서 분장을 담당하였고, 최근에는 드라마 〈오징어게임〉 분장을 책임졌다. 육 팀장은 "학창 시절엔 자유를 만끽하되 중심을 잃지 말고 자기가 선택한 전공에서 배울 수 있는 모든 것을 배우고 졸업하길 바란다."고 했다. 배울 수 있는 모든 것을 배우는 학생만이 더 높은 곳에 도달할 수 있다는 것은 불문가지이지만 많은 학생은 대학 시절에도 깊이 공부하지 않고 꾀를 내서 겉핥기 공부를 하는 경우도 많다.

육 팀장은 또 "내가 생각하는 전문대학은 '살아있는 교육을 하는 곳'이라 정의하고 싶다. 전공과목과 교양과목 하나까지도 책으로만 배운 분이 지식을 전하는 것이 아니라 현직에서 일하는 전문가들이 오셔서 현장의 기술과 지식을 알려 주는 것이 충격이었다."라고 했다. 전문대라서 살아 있는 지식을 배울 수 있는 기회가 있었다는 말이다. 또한 "내가 실제로 이 일을 해 봐야 이 분야에 대한 전문적 지식으로 상대방에게 교육할 수 있다고 생각하고 그것이 진짜를 알려 주는 교육이라고 생각한다."고 전했다고 한다. 육 팀장은 "같은 시기에 일반대학(4년제)에 입학한 친구들과 지금 비교해 봤을 때 나는 정말 후회 없는 선택을 했고 마지막으로 후배들이 자신만의 분야에 도전의식을 가지고 즐겁게 배우면서 전문직업인으로 거듭나기를 바란다."고 수상 소감을 밝혔다.

자신의 직업 세계에서 두각을 나타내고 있는 사람들을 보면 자기가 좋아하는 분야에서 충분히 공부하고 혁신적 방법을 적용하고 있는 사람들이다. 결정의 시기를 맞기 전에 자신에게 맞는 진로 분야가 무엇인지 고민해 볼 필요가 있다. 그런데 결정의 시기는 생각보다 빨리 다가온다.

공부와 진로

    명문 대학을 나와 취업을 하면 평생 한 직장에 다니다 정년을 마치고 그 덕으로 연금을 받아 생활하며 여생을 보내는 그림은 사라졌다. 1990년대 말 외환 위기 이후의 구조조정 바람이 중년의 퇴직을 일상으로 만들었다. '사오정, 오륙도' 등의 신조어가 당시의 정황을 말해 준다. 그 얼마 뒤 세계적으로는 정보통신의 발달로 4차 산업혁명 시기가 왔다. 이미 일자리가 AI로 대체되고 있다. 앞으로는 더 많은 직종이 AI로 대체되거나 사라질 것이고, 새로운 일자리가 늘어날 전망이다.

    고속도로에 들어서면 하이패스로 지나다 보니 통행료 징수사원이 없다. 휴게소에는 키오스크 자동주문기계가 손님을 맞으니 표를 팔던 직원이 없다. 곧 음식도 자동화되어 나오게 되면 조리사도 없어질 전망이다. 전기차로 대체되면 주유소도 사라질 것이고 전기 충전소는 무인으로 운영되니 주유 직원이나 관리직원 모두 일자리를 잃게 된다. 자율주행차가 일상화되면 모든 차의 운전기사 역시 볼 수 없게 될 것이다. 주유원 같은 단순 직종뿐 아니라 은행원 등도 AI로 대체될 직업이라는 점이 충격적이다.

진로 교육의 시작

세상이 이렇게 빨리 변하다 보니 어떤 직업이 있는지 알아보고 미리 정하는 것이 의미 없어 보인다. 그래서 무엇이 되려고 하기보다는 어떤 종류의 일을 하고 싶은지를 생각해 보라고 조언하기도 한다. 김홍태 진로교육전문가는 이미 수년 전 《동사형 꿈》(시간여행, 2014)에서 이런 화두를 던지기 시작했다. '교사'가 되려고 하기 보다는 '가르치는 일을 하는 사람'이 되겠다는 꿈이 타당하다는 주장이다.

가르치는 일을 하는 사람이 되고 싶은 사람은 가르치는 일을 좋아하는 사람인데 여기에는 어떤 콘텐츠에 대한 전문성을 바탕으로 내공이 있어야 다른 이를 가르칠 수 있고, 가르쳐서 생계를 유지할 수 있다. 인플루언서가 되겠다는 꿈도 마찬가지다. 어떤 콘텐츠를 가지고 온라인에서 구독자를 모을 것인지 정해야 한다. '환경운동을 하는 사람'이 되겠다고 마음먹은 학생이라면 환경에 대하여 전문성을 기르고 사회적 운동 방법도 공부하면 환경 관련한 어떤 일이든 세상이 달라져도 그 분야에 종사하게 된다.

이런 꿈을 갖게 하려고 학교에서는 진로 교육을 한다. 진로 교육은 학생이 꿈을 갖게 도와주는 역할을 하는 것이지 학생의 진로를 만들어 주는 것은 아니다. 학교 진로교육은 자기를 이해하고 직업 세계를 둘러본 뒤, 직업을 골라 보고, 그 직업을 갖기 위한 준비를 하는 단계로 되어 있다. 이 중 진로 교육에서 중요한 것은 자기를 이해하는 일과 직업 세계를 이해하는 일이다.

자기를 이해하는 일은 자기가 무엇을 좋아하고 잘할 수 있는지를 스스로 알아내는 작업이다. '남이 보는 나'가 아닌 '내가 생각하는 나'를 찾아보는 일이 쉽지 않다. 그래도 '나'는 무엇을 좋아하는지 계속 생각을 해 봐야 한다. 학교 진로와직업 교과서나 온라인에서 자기를 이해하는 각종 검사가 있어 도움을 받을 수도 있지만, 인터넷에서 뉴스를 본다면 어떤 뉴스에 관심이 있고 어떤 뉴스에는 관심이 없는지 적어 보거나, 좋아하는 과목과 정말 못 하겠는 과목을 구분해 보는 것도 자신을 이해하는 방법 중 하나다.

자기를 이해하고 좋아하는 일을 찾으면 그 일에서 성공할 수 있다. 2020년의 우리나라의 유니콘 기업을 보면 쿠팡, 엘로 모바일, L&P코스메틱, 크래프톤, 비바리퍼블리카, 우아한 형제들, 야놀자, 위메프,지피클럽, 무신사 등이 10위 안에 있다. 유니콘이란 기업 가치 10억 달러 이상의 비상장 벤처기업을 말한다. 이들은 대부분 자기가 좋아하는 분야에서 꿈을 키운 사람들이 창업해서 이룬 기업들이다. 자기가 좋아하고 잘할 수 있는 일을 찾아보는 일이 그래서 중요하다.

자기를 알았으면 직업 세계를 알아봐야 한다. 위에 든 유니 콘 기업은 10년 전에는 생각도 못했던 직종들이다. 1위 쿠팡 은 2014년에 우리나라 최초로 유니콘 기업이 되었는데 당연 히 LTE 스마트폰이 전면 보급되지 않았다면 태어날 수 없는 기업이다. 이처럼 사회의 변화와 기술의 변화로 인하여 새로운 직업 세계가 열리고 창업의 길이 열린다.

교육부는 2020년의 진로교육 현황 조사를 발표했는데, 고등 학생의 장래희망은 '교사, 간호사, 생명·자연과학자 및 연구원, 군인, 의사'의 순이었다. 2019년 중학생은 '교사, 의사, 경찰관, 운동선수, 뷰티 디자이너'였고, 2015년의 초등학생은 '교사, 운 동선수, 요리사, 의사, 경찰'이었다. 2015년 초등학생의 꿈은 2019년 중학생이 되자 달라졌다. 아이들의 꿈은 자라면서 변 한다. 그럼에도 우리 아이들이 희망한 미래 직업을 보면 진로 교육의 결과가 좋았다고 하기에는 꿈이 전형적이다.

그래서 진로교육 1단계가 자기 이해, 2단계가 직업 세계의 이해인데 이어지는 3단계는 진로 학습이다. 진로 목표를 이루 기 위해 학습이 필요하고 지식도 필요한 것이 사실이지만, 한편 진로 자체를 공부해야 할 필요가 있다. 특히 코로나19로 인하여 비대면 시대를 거친 결과 사회의 모습도 달라지고 사람들의 생활 방식도 달라진다면 미래의 꿈은 새로운 것일 수도 있다. 박경수 작가의 《언택트 비즈니스》 책에는 코로나19 이후의 직업 세계의 변화가 상세히 제시되어 있다. 교과서적인 세계도 알아야 하지만 새롭게 열릴 세계를 알아보는 작업도 계속 해야 한다. 그런데 그 꿈을 찾아내는 몫은 우리 아이들 것이다. 학생이 중심에 있고 선생님과 부모는 코치를 해 준다는 원칙을 지켜야 하는 것이 한 가지 이유이고, 어른은 가 보지 못한 세계를 꿈꾸기에는 생각이 닫혀 있다는 것이 두 번째 이유이다.

진로 희망, 바뀌어도 괜찮아.

서울대학교는 학생부종합전형 안내 책자를 해마다 발간하는데, 2021년에 발간된 자료에도 진로 선택 관련한 새내기의 글들이 있다. 이 새내기들은 2018학년도에 고등학교에 입학하여 과목 선택형 교육과정으로 배운 학생들이다. 이들의 글을 바탕으로 두 가지 질문에 답을 찾아본다.

우선, 학생은 진로를 정해야만 하나? 안내 책자에는 진로를 정하지 않았지만 공동교육과정에서 논리학을 공부하다 보니 진로를 정하게 되었다는 경험담이 나온다. 논리학과 수학을 좋아하게 되니 인문학부로 진로를 결정하게 된 경우이다. 진로를 좁게 정하지는 못하더라도 수학을 어느 범위까지 배울까, 사회와 과학 중 어떤 것을 좋아하나, 예술·체육 쪽에 관심이 있나 등 큰 방향은 알 수 있다. 과거에도 문·이과나 예체능 쪽으로 진로 방향은 2학년부터 정했었다. 그런데 한번 정하면 바꾸기 어려웠다. 오히려 과목 선택형 교육과정은 각 진로분야의 과목을 조금씩 맛을 보며 자신만의 세계를 찾아갈 수 있는 기회로 활용할 수 있다.

진로가 바뀌면 입시에서 손해를 보는가? 아니다. 진로가 바뀌다 보면 이전 진로 목표를 위해 했던 공부와 새 진로 목표를 이루기 위해서 하고 있는 공부가 공부의 깊이뿐 아니라 넓이까지 보완하게 된다. 즉, 전공적합성뿐 아니라 다양성까지 갖추게 되는 것이다. 그러니 진로를 바꾸는 것을 위기를 기회로 삼는 용기를 가질 일이다.

꿈이 있어야 한다는 생각, 꿈을 바꾸면 안 된다는 생각에서 벗어나도 좋다. 중학교 자유학기제와 고등학교 선택형 교육과정은 학생에게 선택의 자유를 부여한다. 학생이 자신이 좋아하는 과목을 선택해서 자신의 진로를 만들 수 있는 기회를 제공하는 것이 학생에게 자유를 주는 것이다. 목표를 정할 수도 있고, 진로 목표를 정하지 못할 수도 있지만 자신이 좋아하는 과목 공부를 선택할 수는 있다. 특히 진로를 바꾸면 대학입시에서 불리하다는 생각은 맞지 않는다.

교과세특에 진로 기록이 있어야 하나?

2024학년도 대입부터는 학교생활기록부에 기록한 진로희망 사항을 대학에 제공하지 않는다. 진로희망 기록이 대입에 영향을 미치므로 꿈이 바뀐 학생은 과거 기록에 발목이 잡힌다는 판단 때문이다. 그러자 학생부 교과 세부능력 및 특기 사항(교과세특)이나 창의적 체험활동 영역에서 진로가 드러나야 유리한 게 아닌가 하는 질문을 학생·학부모뿐 아니라 선생님도 한다. 실제로 교과세특에는 진로 관련 기록이 많아졌다. 또한 학생들도 어떻게 하면 진로 희망을 세특에 반영할 수 있는지 방법을 묻는 경우가 많다.

과거에는 '1학년 때는 의사, 2학년 때는 정형외과 의사, 3학년 때는 척추 전문 의사'처럼 진로 희망이 학년이 올라갈수록 정교화되어야 진로 성숙도가 높다고 인정이 되어 진학에 유리하다고 했었다. 물론 이 말은 맞기도 하고 아니기도 하다. 의사가 되겠다는 학생의 꿈이 의사가 되는 입시에 유리한 것은 아니다. 의사로서 환자와 의사소통을 잘할 수 있고 헌신적이며 연구도 잘할 수 있는 역량을 갖춘 사람이 시험에 붙는다. 그러므로 의사가 되겠다는 꿈이 합격을 보장하는 것은 아니고 의사가 되는 데 적절한 인성 역량과 학업 역량을 갖추었는지가 합격을 보장한다.

한편 천문학자가 되겠다는 학생은 학생부종합전형에서 천문학도의 꿈을 가지고 있었다는 것을 보여 주면 천문학에는 관심이 없는데 성적 맞춰 지원해서 결국 반수를 하거나 전과를 하려고 하는 학생보다는 유리하다. 학생을 선발하는 입장에서 보면 이탈률이 높은 대학이나 모집 단위는 진로희망을 반영하려고 할 것이고 그렇지 않은 대학이나 모집 단위는 진로희망 반영에 소극적일 것이다. 오히려 진로 희망을 쓰지 말고 학업 역량을 알 수 있게 기록해 주기를 대학은 바랄 것이다.

그런데 현실은 그렇지만은 않다. 입학사정관을 오래 하고 지금은 지역 교육청의 대입지원관을 하고 있는 분이 퀴즈를 냈다. 다음 중 학생부 교과세특 기록 방향으로 적절한 것은? 첫째, 교과 성취 기준을 근거로 성취 수준을 쓴다. 둘째, 학생의 진로 방향을 고려하여 진로에 적합한 역량을 보여 주는 사례 위주로 쓴다. 셋째, 교과 성취 기준에 의거하여 쓰지만 진로 희망도 고려하여 쓴다. 답은 무엇일까?

답은 첫째가 맞다. 각 교과와 과목은 학습해야 할 목표가 있다. 이것이 교육과정 용어로 성취기준이고 교과서 표현으로는 학습목표이다. 진로가 무엇이든 이 성취기준을 학습하고 이를 학생이 맞닥뜨릴 상황에 적용해서 문제를 해결하는 것이 교과 학습의 목표이다. 그러니 진로에 맞춰 학습하는 것이 아니고 학습한 결과를 진로 분야에 써먹게 되는 것이다. 물리학을 공부한다면 이 학생이 토목 전문가가 될 수도 있고 AI 전문가가 될 수도 있고 경영인이 될 수도 있지만 고등학교 수업에서는 물리를 잘 공부하면 될 일이다. 굳이 '토목 전문가가 되려는 꿈을 실현하기 위해 물리학 공부를 열심히 하고 조사·발표했다.'고 쓸 필요가 없다.

그런데 교과성취 기준 중 '생활과 관련한 글을 읽고 필자의 주장을 비판적으로 평가하고 대안을 모색한다'라는 단원을 학습하며 교과서 학습활동에 추가하여 생활과 관련한 책을 각자 찾아 읽고 글을 쓰고 발표하는 수업을 했다면 경우가 다르다. 예를들어 AI와 교육에 관심을 갖고 이 분야로 진로를 정한 학생이 《AI 교육 혁명》(시원북스, 2021)을 읽고 요약한 뒤 자신의 주장을 담아 발표했다면 학생부 교과세특에 진로 관련 독서 상황이 드러나게 기록될 것이다. 결과적으로 보면 진로 관련 사항이 기록되게 된 것이다. 그래서 '답은 3번인 경우가 많을 것이다'라는 의견이 결과론으로 타당할 수 있다.

그러나 모든 과목의 세특에 진로 희망이 반영되어 기록될 필요는 없다. 또한 《AI 교육 혁명》을 읽었지만 선생님은 '학생이 AI를 활용한 교육에 관심을 깊게 갖고 있어 교육공학을 전공하려는 학생'이라는 말을 쓰지 않을 수도 있다. 학생이 AI나 교육에 관심은 있지만 대학 전공은 완전히 다른 분야일 수도 있다.

학생부에 진로희망이 드러날 수 있게 쓰는 방법을 묻는 학생에게 "진로희망을 기록한다면 그것조차 선생님의 몫이다. 또한 진로희망이 쓰였다고 대입에 유리하지는 않다. AI 전문가가 되겠다는 학생이라고 쓰인 것보다 수학과 물리학을 잘 공부한 기록이 더 진로에 적합한 것이다."라고 대답해 주었다.

그래도 진로희망이 기록된다면 조금은 더 유리하지 않을까? 아이들은 자고 깨면 진로가 달라진다는 것을 대학도 안다. 그리고 진로가 달라지면서 다양성이 커진다는 것도 알고 있다. 따라서 진로를 쓰지 않는 것이 더 유리할 수도 있다. 500자 안에 진로를 쓰지 않고 공부 깊이를 쓴다면 말이다.

고교학점제는 진로 선택을 강요하나?

고교학점제 시행을 반대하는 주장 중 하나는 고등학교 단계에서 진로를 정해 과목을 선택하게 하는 것은 타당하지 않고 보편 교양 교육에 힘써야 한다는 것이다. 학생들에게 미래를 준비하게 하려면 고등학교 때 진로를 결정해 그에 대한 준비로 일찍부터 몇몇 교과 및 특정 영역에만 몰두하는 것이 아니라, 깊이 있는 사고와 문해력, 미래에 진로·직업이 바뀌더라도 평생 활용 가능한 기초적 역량을 키우는 보편 교양 교육에 더 많은 힘을 쏟는 것이 필요하다고 한다.

고등학교 단계에서 과목을 선택할 수 있는 기회를 부여해야 한다는 주장과 보편 교육을 해야 한다는 주장은 고등학교를 어떤 모습으로 볼 것인가에 달려 있다. 고등학교 단계에서 공통적으로 배워야 할 내용을 확정하고 그것만 가르쳐도 된다면 보편 교양 교육을 할 수도 있다. 한편 고등학교 이전 단계 또는 고등학교 1학년 정도의 기간까지 보편교육을 하고 그 이후에는 학생 자신의 진로에 맞는 과목을 선택하도록 하여 고등학교 공부가 바탕이 되어 대학 공부로 이어지는 형태로서의 고등학교 모습을 그린다면, 고등학교는 선택형 교육과정을 운영하는 곳으로 보는 것이 타당하다.

그런데 고등학교에 2002학년도 입학생부터 적용된 제7차 교육과정 이전에는 문과와 이과로 나누어 둘 중 하나는 선택하면 배울 과목은 저절로 정해지는 교육과정으로 운영되었다. 제7차 교육과정 이후에도 상당 기간 동안 선택은 있지만 없는 형태로 학교 교육과정은 운영되었다. 이 기간 동안 학생들은 자신이 원하지 않는 공부라도 학교가 정하면 해야 했다. 과목 선택의 자유가 주어지지 않아서 생긴 교실 모습은 교실 붕괴라는 단어로 요약된다. 그러다가 2015 개정 교육과정이 적용된 2018학년도 이후부터는 학생이 과목을 선택할 기회가 많아지고 교실 수업은 학생이 참여하는 방식으로 바뀌었다. 따라서 드디어 교실이 여관 같은 모습에서 벗어나게 되었고 학생은 자기 생각을 말하게 되었다고 평가한다. 이는 선택형 교육과정으로 개선했을 때 자신이 원하는 과목을 선택했으므로 수업 참여도가 높고 성취도도 좋아진다는 주장을 뒷받침한다.

그럼에도 불구하고 여전히 '학생이 진로를 정해야 하나?'와 '진로를 정한 뒤 바꾸면 손해를 보는가?'에 대한 의문은 선택을 반대하는 근거로 남아 있다. 사실 과목을 선택하는 것은 문과와 이과 중 하나를 선택하는 것에 비하면 진로 방향을 바꾸기가 훨씬 쉽다.

만약 경영학을 하려던 학생이 공학도가 되기를 희망했다고 하자. 문·이과형 교육과정에서는 경영학과는 문과에 해당하고 문과에서는 쉬운 수학과 사회를 주로 배운다. 따라서 공학도가 되기 위한 과목을 배울 수 없고 공학계열로 진학하기 어렵다. 그러나 과목 선택형 교육과정에서는 꿈이 바뀐 3학년에서 어려운 수학과 과학을 선택해서 공부하는 방향으로 쉽게 진로변경이 가능하다.

진로란 학습을 전제로 한다. 우선 자신이 좋아하는 과목을 정하여 성실히 공부하면 공부한 분야가 진로 분야가 된다. 생명과학을 깊이 공부해서 의약학 분야로 진출했다가, 생명과학을 연구하는 과학자로 변신했다가, AI 전문가가 될 수도 있고, 뇌과학과 AI를 소재로 한 소설을 쓸 수도 있지 않나? 진로가 변해야 적응할 수 있는 시대에 진로가 변하면 불리하다는 말을 믿는다면 그의 삶은 시공간을 역주행하고 있는 중이다.

6장

혼자 하는
입시는 없다

학생 수가 줄면
대학 가기 쉬울까?

대학교 19학번보다 20학번은 6만 명 가까이 줄었고, 21학번은 20학번에 비해 6만명이 적어 총 12만 명이나 줄었다. 그렇다면 수험생 수가 줄어서 대학 가기가 쉬워졌을까?

2020학년도 대입에서 수능 응시자는 484,737명이었는데, 2021학년도 수능 응시자는 421,034명이었다. 출생자가 주니까 수능 응시자도 줄었다. 이렇게 학생 수가 줄면 대학에 가기가 쉬울 것 같은데 실제는 그렇지 않다. 10%라는 숫자가 주는 영향이 상위 성적 구간에서는 크지 않기 때문이다.

'대학 가기 쉬워지나?'라는 질문을 '학생이 가고 싶은 서울에 있는 상위 15개 대학에 가기 쉬워지나?'라고 고쳐 보자. 이 대학들의 정원은 대략 4천 명 내외이다. 그러므로 15개 대학에 들어가려면 6만 등은 해야 한다. 이를 인문·사회 계열 전공과 자연·이공 계열 전공으로 나누어 보면 각 3만 등은 해야 한다. 이렇게 보면 계열별로 3만 등 해야 한다는 말이다. 그런데 학생 수가 10% 줄었으니 성적도 10% 낮아질 것이다. 인문사회계로 3만 등 해야 하는 학생은 작년에는 3만 3천 등을 해야 하는 학생이고 이는 자연계열 응시자의 경우도 같다.

수능의 총점에 의한 석차는 발표하지 않으니 알 수는 없으나, 입시자료를 만드는 업체에서 나오는 자료로 추정하자면 10% 정도 인원의 변화로는 크게 점수가 변하지는 않는 것으로 나타났다. 2021학년도 표준점수 국어, 수학, 사회 영역의 합이 3만 등이라면 대략 366점이고 3만 3천 등이라면 365점이므로 3천 등 차이는 단 1점 차이에 불과하다. 국어, 수학, 과학 영역의 합으로 3만 등과 3만 3천 등은 각각 257점과 256점으로 역시 1점 내외의 차이에 불과하다. 수능 한 문항이 2~4점에 해당하므로, 쉬워져야 한 문항 점수도 안 된다.

만약 학생이 진학하고 싶은 학과가 300등에 해당하는 학과라면 3백 등이나 3백3십 등은 점수의 변화가 있지는 않으므로 학생 수가 줄었다고 대학 가기가 쉬워지지는 않는다.

그런데 전국적으로 보면 수시, 정시와 모집에서 충원을 하지 못해서 추가모집을 하는 대학이 늘고 있다. 대학별 추가 모집 비율은 수도권 대학에 비해 지방대학에서 두드러진다. 최종적으로 정원을 채우지 못한 대학도 많다. 그만큼 어떤 대학은 가기가 쉬워졌다는 뜻이다. 하지만 대학의 미달 사태는 학생·학부모들의 지원 심리에 영향을 미친다. 지방대가 미달사태가 나면 과거보다 더 수도권을 선호하는 경향이 강해진다는 것이다. 결국 수도권 대학 진학은 쉬워지지 않는다.

그러므로 학생 수가 줄었다든가 추가 모집하는 대학이 늘었다는 말에 대학 가기 쉬워졌을 거라고 위로를 삼아서는 안 된다. 수능 정시 전형이든 수능 최저가 반영되는 수시 전형이든 수능은 최선을 다해야 한다. 특히 수험생이 줄면 1등급 4%, 2등급 11% 등 급간에 해당하는 인원이 줄어서 등급 맞기가 더 어려워질 수도 있으므로 수시 최저 등급이 필요한 학생에게는 수험생이 준 것이 위로가 되는 것이 아니고 위협이 될 수도 있다.

그러니 현재 상황에서 수험생에게는 수능 공부에 집중해서 최고의 실력 발휘를 하라고 해야 한다. 수능은 모두 다 동시에 대박이 날 수 없는 시험이다. 내가 대박 나면 다른 누구는 쪽박을 찼을 것이다. 수능 등급은 석차를 사용해서 가르게 되고 정시 전형은 정원만큼 석차 순으로 선발하므로 수능을 사용하는 전형은 경쟁이 가장 심한 전형이다. 그러니 수시 준비에 쓰는 시간을 최대한 아끼고 수능 마무리에 도움이 되는 조언을 새겨 최선을 다해서 수능 준비를 해야 한다.

경쟁을 완화하려면, 정책 당국자에게는 수도권 인구 집중을 해소하는 대책을 강구해야 하며, 지방 대학을 살릴 수 있는 정책을 추진해야 한다고 말해야 한다. 대학에게는 대학별로 특성화 교육을 마련하여 학생이 반드시 수도권 대학에 진학하지 않아도 지역 대학에서 공부를 하고 직업을 가질 수 있게 해야 한다고 말해야 한다.

그리고 학생은 반드시 수도권 진입이 목표이어야 하는지를 재고할 필요가 있다. 굳이 경쟁이 심한 대학에 무슨 수를 써서라도 합격하는 것보다 다른 길을 찾을 수는 없을까? 최종 미달이었던 대학 중에는 교육력이 떨어지지 않는 대학들도 여럿 있다. 이 중에 자신의 미래를 걸 수 있는 대학을 골라서 공부에 매진하여 실력을 쌓아 자아실현에 성공한 졸업생이 되는 길을 모색하는 것도 생각해 볼 일이다.

AI 선생님을
어떻게 생각하나요?

 스티븐 스필버그가 감독한 영화 〈에이 아이〉는 2001년에 개봉해서 많은 사람에게 감동을 주었다. 이 영화는 AI를 가진 인조 사람에게 감정을 느낄 수 있게 하여 진짜 사람과 구별이 안 되는 어린이가 주인공인 영화이다. 주말의 명화가 된 이 영화를 기억하고 있는 어른들은 AI라면 사람과 구별이 안 되는 정말 사람 같은 로봇을 떠올릴 수도 있다. 제임스 카메론 감독의 2009년 영화 〈아바타〉는 사람은 현실 세계에 있는데, 가상 세계에서 그 사람이 다른 모습을 하고 활동한다. 그러나 그 가상 세계 인물이 AI는 아니다. 2018년, 스티븐 스필버그 감독은 영화 〈레디 플레이어 원〉을 만들었다. 등장인물들은 현실과 가상 세계로 넘나드는데 가상 세계에서 그 인물이 죽으면 현실도 없어진다.

그런데 영화에서 보여 준 세계는 현 단계의 AI 교육과 딱 맞는 모습은 아니다. AI 활용 교육은 인조 인간이 사람의 모습을 하고 학생을 가르치는 것은 아니다. 가상 현실을 활용해서 학습을 한다고 해서 현실의 내가 소멸하고 가상의 나만 남아 있는 것도 아니다. 지금 말하고 있는 AI 활용 교육은 선생님과 학생이 만나 학습을 하는데 AI 요소가 도와준다는 뜻이다. 즉, AI 교육이란 AI를 학습활동에 이용하는 것을 말하는데, 단순히 컴퓨터를 활용한 학습을 넘어 빅데이터, 가상현실(VR), 증강현실(AR) 등의 신기술을 활용한 차세대 교육을 말한다.

AI 활용 교육을 하려는 이유는 선생님 혼자 많은 아이들의 상황을 파악해서 맞춤형으로 지도하기는 어려우니 이 문제를 해결해 보려는 것이 목적이다. 학생이 질문에 답을 하면 AI는 학생의 상태를 즉시 파악해서 적절한 조치를 취하도록 도와 준다. 수업하는 과정에서 어려움을 겪는 학생을 찾아 빠르게 처방을 제시할 수도 있다. 장기적으로 취해야 할 조치를 결정하기도 한다. 학생이 처방에 따라 학습하는 상황을 파악하여 새로운 방안을 제시할 수도 있다. 나아가 학생은 AI의 도움을 받아 학습 수준을 스스로 진단하여 자기주도 학습을 할 수도 있다.

그러므로 기업이 데이터를 분석해서 영업에 활용하는 것처럼 교육에도 AI를 활용한다는 의미가 가장 커 보인다. AI이 개별화된 학습 지원을 하고 선생님이 학생을 지도할 수 있는 정보를 빠르게 제공할 수 있고, 학습 상황에 대한 데이터를 분석하여 수시로 학습 경로와 교육용 콘텐츠를 조정하는 등 빅데이터의 도움을 받는 것 이외에도 학생의 모둠 학습 상황을 분석해서 선생님에게 제공할 수도 있고, 토론 학습에서 AI도 토론자로 참여하면서 의견을 제시하는 동시에 모든 토론자의 참여 정도와 발언 수준을 분석할 수도 있다.

학교에서 AI를 활용하는 수업을 학생이 더 선호한다고 한다. 선생님 앞에서는 혼날까봐 두렵기도 하고 틀리면 창피하니까 울렁증이 생기기도 하지만 AI 앞에서야 답을 못하든 틀리든 걱정이 없기 때문라고 한다. 이 점이 초등학교 수준에서 AI를 활용한 영어 학습을 제공하는 것이 효과적이라는 주장의 근거도 된다.

이런 AI 도구들은 대체로 기업이 만든다. 에듀테크 기업들은 모든 분야의 학습활동에 도움을 주는 기술을 만들고 있는데, 학교가 교육 기업과 손을 잡고 교육활동을 하면 학교의 정보가 사기업으로 넘어갈 것을 우려하기도 한다. 학교에 들어와 교육 활동을 돕는 사교육으로 학생이 몰릴 것이라고 우려도 한다. 그뿐 아니라 AI가 선생님 역할을 하면 AI가 편향적인 데이터를 분석해서 갖게 된 편견을 학생에게 주입할 수도 있지 않을까 하는 점도 걱정이다.

AI 교육이 발전해도 AI가 학생의 얼굴을 딱 보면 이 학생이 학습 수준을 파악해서 학습을 시키는 시대가 올까? 그래서 AI 활용 교육은 AI에 교육을 맡기는 수준으로 이루어져서는 안 되고, 선생님이 학생을 지도하는 데 도움을 주는 수준에서 이루어져야 한다.

학군지로
전학 가야 할까?

　'학부모로부터 질문은 10개쯤 받았는데 그중 절반이 고등학교 선택에 관한 질문이었다'는 그 질문 중 몇은 학군지 전학에 대한 견해를 묻는 질문이었다. 학군지는 학군에 따른 지역을 뜻하므로 평준화 지역 중 학군이 나뉜 곳에는 학군지가 있지만, 지금은 '좋은' 학군 지역을 뜻하는 말이 되었다. 표준대사전에 등재된 어휘는 아니다. 그런데 학군지에 대한 관심은 고등학생 자녀 이야기는 아니다. 온라인에서 검색을 해 보면 학군지 학교는 중학교 중심으로 이야기되고 있다. 그러니 학군지 전입을 물은 학부모는 초등학교 학부모였을 것이다. 초등학교도 고학년이 되면 전학한 뒤에 적응하기가 쉽지 않다. 아이를 위해서 전학하려고 한다면 좀 서둘러야 할 것이다.

2019년 〈머니투데이〉에서 '인구 콘서트'라는 행사를 했었다. 나도 발표자로 참가했었는데, 내 뒤에 순서가 손주은 메가스터디 회장이었다. 손 회장은 경제력을 자녀에게 집중하다가 노후 대비를 하지 못하면 불행하게 된다고 경고했다. 사실 학군지 전입은 비용을 고려하지 않을 수 없다. 비싼 월세나 전세를 구해 전학을 시켰는데 아이가 적응을 잘 해 주면 모를까 그렇지 않다면 후회막급인 상황이 된다고들 한다. 위로가 되는 사실은 모든 우수한 학생이 학군지 출신은 아니라는 점이다. 그곳에 초·중학교 때부터 많이 모이므로 좋은 대학에 가는 학생이 많을 뿐이다. 우수한 학생이 모인 학교에 비하여 리더십을 발휘할 기회도 많고 선생님의 눈길을 한 번 더 받을 수 있는 학교가 성장의 동력이 되는 학생도 많다. 우수한 학생은 스스로 굴러가는 학생이라는 점에서 보면 보통 학교가 스스로 굴러가기에 좋은 환경을 제공한다.

　　공부 면에서 봐도 별 문제가 없다. 모든 대학 입시는 보통교과 중에서 어려운 과목에서 만난다. 2022 개정 교육과정으로 말하자면 국어, 영어 잘하고, 수학은 미적분 II까지 잘하고, 과학은 물리 교과인 역학과 에너지, 전자기와 양자, 화학 교과인 물질과 에너지, 화학 반응의 세계, 사회의 세계 시민과 지리, 세계사 등을 잘 배웠는가에 달려 있다. 이 과목을 잘 배웠다는 것은 이 과목들의 개념·원리를 잘 알고 문제를 해결하는 데 적용하고 활용한 경험을 갖는 것을 말한다. 글과 말로 발표를 잘하는 것까지는 중요하다. 이런 경험은 모든 학교에서 할 수 있다.

"학군지가 아니면 수능 고난도 문제를 안 풀어준다면서요?"라는 질문에 대한 답은 "그럴 수 있다."는 것이다. 원하는 학생이 없으면 다루지 않을 것이다. 그런데 우리 아이가 수능 만점 맞고 정시로 대학 가야 하는지는 생각해 보아야 한다.

어떤 선택이든 아이가 잘 성장할 수 있는 환경을 고려하는 것이 우선이다. 그 환경은 학군지일 수도 있고, 특목고나 자사고 또는 전국단위 비평준 일반고일 수도 있고 지금 살고 있는 동네 학교일 수도 있다. 모든 정보는 내게 맞아야 가치가 있다.

입시 전략에 대한 궁금증

이공계가 대학 가기 더 유리할까?

불과 10여 년 전만 해도 이공계 기피 현상은 오래갈 거라고 예측했었다. '이공계 공부는 학습량이 많다, 대학 졸업한 뒤에는 지방에 근무하게 된다, 문과 뒤치다꺼리나 하게 된다, 겨우 월급쟁이나 하게 된다.' 등이 그 이유였다.

그러던 중 2014년에는 우리나라 100대 기업의 이공계 출신 CEO가 10%를 넘어섰다. 이공계가 성공의 지름길로 보이기 시작한 것이다. 또한 컴퓨터 관련 학과의 인기에 힘입어 공대 지망자가 늘었다. 또한 의약학계 진학의 길이 넓어지자 이공계 지망자가 대폭 늘었다. 일자리 숫자를 보면 인문사회계보다 이공계 일자리가 훨씬 많다. 이공계 지망자가 늘어나는 것을 부정적으로 볼 일은 아니다.

그런데 이공계 지망자 중 성적이 좋은 학생들은 대부분 속
칭 '의치한약수'라고 하는 의대, 치대, 한의대, 약대, 수의대를
지망한다. 《공부논쟁》(창비, 2014)이라는 책에서 서울대 물리천
문학부 김대식 교수는 공부 잘하는 학생들이 다들 의대를 지
망하면 이공계에 뜻이 있는 학생들은 좀 쉽게 진학을 해서 마
음껏 공부할 수 있지 않겠냐고 했지만, 의대로 인재가 집중되
는 현상은 긍정적이지만은 않다.

우선 이공계 지망 학생의 학교생활기록부에 의대를 염두에
두고 생명과학 분야의 탐구활동을 하였다는 기록이 지나치게
많다고 한다. 애초에 진로 방향은 의대에 있는데 공대에 적을
일단 두고 나중을 기약하려는 학생들이 많아진 것이다. 이 학
생들은 합격하더라도 재수의 길을 걷기가 십상이다. 만약 처음
부터 이공계로 진로 방향을 정했다면 물리학을 수강했을 테고
학생부 기록에도 '의사가 되려고 하는 학생으로 의학 관련 탐
구활동을 했다'는 기록이 있지는 않을 것이다.

물론 학생부에서 교과 세부능력 및 특기사항 기록은 교과의
성취 기준(학습 목표)에 따라 학생이 무엇을 어떻게 학습했는지
와 그에 따라 학생의 태도와 가치가 어떻게 성장했는지는 중
심으로 기록해야 한다. 그러나 현실은 학생부 독서 기록과 진
로 기록을 대학에 제공하지 않기로 하자 교과세특에 진로활동
과 독서 이력이 넘치고 있다고 사정관들은 말한다.

학생부종합전형은 공부도 공부지만 학생의 꿈이 간절해서 대학에서도 학업에 충실할 학생에게 기회를 더 주는 전형이다. 그런데 일관되게 3학년 1학기까지도 의사가 되려는 꿈을 가지고 있다가 원서 작성을 앞두고 이공계로 진로를 정했다고 하면 그 학생의 꿈이 간절할까 의문이 들지 않을까? 더구나 '물리학Ⅱ를 안 들었으면 불리한가요?'라고 묻는 대목에 이르면 답을 하기 어렵다.

한편 국가적으로는 디지털 인재를 양성한다고 발표를 해 놓았다. 디지털 분야 100만 인재를 5년간 양성하겠다는 계획이다. 5년간 학사 71만 명과 석·박사 13만 명을 양성하겠다고 하니 디지털 신기술에 관심을 가진 학생이라면 의대를 못 가서 디지털을 전공하려고 할 일이 아니고 처음부터 관심을 가져 보는 것도 좋겠다.

대부분 인재가 이공계로 쏠리면 인문사회계열은 상대적으로 진학이 쉬워진다. 수능 전형에서는 수학 미적분과 과학탐구 선택자들이 절반도 넘게 차지하고 있으니 정시로 진학하기는 쉽지 않겠지만, 수시에서는 아무래도 사회과목 중심으로 공부한 학생들이 대부분 자리를 차지하게 되므로 꿈을 이루기 위한 과목을 선택해서 성실히 공부한다면 진학의 길이 좀 쉽게 열릴 것도 같다.

다자녀 등 특별전형은 정말 유리할까?

대학입학전형은 누구나 지원할 수 있는 일반전형과 자격을 가진 지원자만 지원할 수 있는 특별전형이 있다. 이 중 일반 전형은 고등학교 졸업에 준하는 학력을 가진 지원자 중 적법성, 타당성, 공정성, 공공성의 원칙에 따라 선발하는 전형이다. 특별전형은 전형별로 정한 자격을 가진 사람만 지원할 수 있고 이 지원자 중에서 선발한다. 그런데 자격으로 제시된 사항 내에서 우열이 있는지 궁금해한다. 모집요강에까지도 언급이 없는 경우가 많기 때문이다. 그러다 보니 기초생활수급자, 차상위계층, 한부모가족 지원대상자 중에서 기초생활수급자가 더 유리한가, 다자녀 전형에서는 자녀가 많을수록 유리한가라는 질문을 받았다. 과연 다자녀 전형이라면 형제자매가 더 많을수록 유리할까?

서울대학교처럼 저소득 대상자를 정시에 수능으로 선발한다면, 기초생활수급자가 차상위계층보다 유리할 거라고 생각하는 사람은 없어진다. 지원 자격만 갖추었다면 당연히 수능 성적이 더 좋은 학생이 선발될 거라고 생각하기 때문이다. 만약 기초생활수급자가 더 유리하도록 전형이 설계되었다면 모집요강에 안내했을 것이다. 예를 들면 기초생활수급자에게는 가산점을 주는 방법을 사용할 수 있겠다.

이 전형이 수시 학생부종합전형에 포함되어 있다면 기초생활수급자가 차상위계층보다 유리할 거라고 생각하는 사람이 많다. 그러나 이 경우 역시 정시전형처럼 자격은 자격으로만 작동할 뿐이고, 전형은 학생부에 나타난 역량을 평가하여 선발한다. 특별전형 중 정원내전형에서 학생부종합전형으로 저소득, 보훈대상자, 만학도, 다자녀, 독립운동가 자손 등을 아우르는 고른기회전형을 운영하는 대학을 볼 수 있는데 이 경우도 자격은 자격으로 활용될 뿐이다. 그러니 다자녀 전형에서 형제자매가 다섯인 지원자가 넷인 지원자보다 유리하지 않을 것은 짐작할 수 있다. 다자녀는 자격일 뿐이다.

실기나 실적 위주 전형이라고 이름을 붙인 전형에 포함되는 특기자 전형은 일반전형과 특별전형 모두에 해당한다. 저소득 학생 대상 정원 외 특별전형에서 실기고사를 봐서 선발하는 미대 입시는 특별전형인데 실기·실적 전형인 것이다. 이 경우 저소득 정도가 합불에 영향을 미치지는 않고, 실기 성적과 그 밖의 전형요소, 예를 들면 학생부 성적이 합불을 결정한다. 즉 저소득은 자격뿐인 것이다.

컴퓨터 특기자 선발 전형은 수상경력으로 선발한다. 더 높은 수상 순위를 가진 학생이 유리할까? 유리하다. 이 전형을 운영하는 대학에서는 은상보다 금상이 유리하다고 모집요강에 명시하고 있다. 국민대 소프트웨어 전공의 경우 A급 대회 1위는 1,000점, 2위는 995점을 주며 B급 대회 1위는 960점을 준다.

체육 특기자 전형도 마찬가지이다. 올림픽 금메달에 가장 높은 점수를 주고 시·도 연맹 주최 대회에는 낮은 점수를 주는 방식을 택한다. 과학 특기자 전형이나 문학특기자 전형도 같은 방식이다.

각 대학 모집 정원의 2%를 선발하는 재외국민 전형에서는 토플 성적이 좋은 학생이 유리할 거라는 소문이 있다. 그러나 상위권 대학에서는 영어 성적은 일정 수준 이상을 자격으로 생각하고, 자격을 갖춘 학생 대상으로 학업 역량을 평가하는 시험을 통해 선발한다. 그러니 토플 만점자도 떨어졌다는 말을 듣는다.

외국어특기자 전형은 어떨까? 지금은 외국어특기자 전형이 거의 없지만, 외국어 공인 성적이 지원 자격으로 제시된 경우 그 성적을 넘어서는 학생이 지원하면 성적은 자격으로 작동하고 선발은 일반적인 학업 역량을 기준으로 한다. 대학이 생명과학부에서 외국어 특기자를 선발한다면 토플점수만으로 선발하기보다는 입학 후 학업에 충실할 수 있는 바탕이 있는지는 확인하고 싶을 것이다.

2028 대입, 무엇이 바뀔까

교육부는 2023년 12월 27일에 2028학년도 대학입시제도를 확정 발표하였다. 이번에 발표한 확정안은 '2028 입시부터 국어·수학·사회·과학 선택과목 없는 통합형 수능, 내신 5등급 체제'를 근간으로 한다는 점에서 시안의 의도를 유지하였다.

- 지난 10월 10일 발표한 '2028 대학입시제도 시안' 원칙적 유지
- 수능시험 출제에서 '심화수학(미적분II·기하)'은 제외
- 고교 내신에서 사회·과학 융합 선택과목은 상대평가 석차등급 미기재
〈사회·과학 융합 선택과목〉
여행지리, 역사로탐구하는현대세계, 사회문제탐구, 금융과경제생

활, 윤리문제탐구

기후변화와지속가능한세계, 과학의역사와문화, 기후변화와환경생태, 융합과학탐구

2028 대입은 2025학년도에 고등학교에 입학한 학생들이 치르게 될 입시이다. 내신 5등급제는 2025학년도 고등학교에 입학할 때부터 적용된다. 내신 5등급제가 되면 교과전형으로 선발하기가 일부 모집 단위에서는 어려울 수 있다. 전국적으로 1.0을 맞는 전과목 1등급인 학생 수가 40만 고등학교 3학년 학생의 4% 정도인 16,000명은 될 것이라고 추정하는바, 이 학생들은 모두 동점자가 되기 때문이다. 그러므로 단순히 정량 성적만으로 선발하기 어려우므로 종합전형 방식의 교과 평가를 부가할 가능성이 있다. 논술을 부과하기는 어려울 것이다. 출제 관리뿐 아니라 채점 관리도 어렵기 때문이다. 면접도 경쟁률이 높아지면 대상자가 많아지므로 쉽지 않다. 평점 1.0이 넘는 학생부터는 1.01, 1.02와 같은 줄이 만들어지므로 동점자 처리 규정과 함께 운영하면 선발이 가능할 것이다. 결국 1.0인 학생만의 문제라고 한다면 모집 단위 중 1.0인 학생이 지원하지 않을 것으로 예상되는 모집 단위만 교과전형을 유지할 수도 있다.

한편 모든 모집 단위를 자유전공 방식으로 대계열이나 무계열로 선발하도록 유도하는 교육부 정책의 영향으로 일부 모집

단위에서 교과 전형을 하지 않는 방안을 추진할 수도 있다. 간단히 말하자면 '의약학계열은 교과전형을 하지 않는다'와 같은 방식이 생길 수 있다는 뜻이다.

　수능 등급으로 동점자 처리 규정을 둘 수 있다. 등급은 사용할 가능성이 있지만 수시에서 수능 점수로 전형하게 허용하지는 않을 것이다. 점수를 허용하면 학생부 중심 전형의 의미가 퇴색되기 때문이다.

　종합전형은 가장 많은 재학생이 선발되는 전형이다. 종합전형은 현재와 같이 운영된다. 어떤 과목을 선택해서 무엇을 어떤 방식으로 학습했는지와 창의적 체험활동에서는 어떤 역량을 길렀는지를 평가해서 선발하는 전형이다. 이 전형은 내신 5등급제가 되어도 운영이 가능하다.

　종합전형에서 평가 자료가 너무 적어 문제점이 노정되고 있으므로 자기소개서는 받도록 조치해 달라는 요구, 학생부 기록에서 독서 상황 같은 일부 내용은 평가에 반영할 수 있도록 해 달라는 요구 등이 반영될지는 두고 보아야 한다.

　교과전형이든 종합전형이든 학교 성적은 잘 받아야 한다는 것은 불변의 진리이다. 교과전형에 비해 종합전형은 숫자의 의미가 덜 중요하다는 것이지 중요하지 않다는 것은 아니다. 그런데 앞으로는 지식 암기 위주의 평가를 지양하고 사고력·문제해결력 등 미래 역량을 평가할 수 있도록 논·서술형 평가를 확대하겠다고 하므로 이에 대비해야 한다.

교과 지식과 개념·원리를 배웠으면 설명해 보는 연습을 하고, 공책에 적어 두는 습관을 길러야 한다. 정답을 구하는 공부가 아니고 문제를 해결하는 아이디어를 만들고 과정을 중시하는 공부를 해야 한다. 텍스트를 분석적으로 파악하고, 비판적으로 검토한 뒤, 자신만의 의견을 만드는 과정을 배우는 논술 과목을 공부하는 것도 도움이 된다. 여기서 말하는 논술 공부는 교육과정 상의 논술을 배워야 한다는 말로 입시논술을 말하는 것은 아니다. 수학·과학 과목 공부도 풀이 과정을 논리적으로 적어 내는 방식으로 공부해야 한다.

논·서술형 평가를 하게 되면 답을 쓸 때 채점관이 알아볼 수 있도록 손글씨를 쓰는 연습을 해야 한다. 또한 학생이 사용하는 어휘와 문장의 완결성 등이 지적 역량을 나타내므로 개념어·용어를 정확하게 이해하고 사용해야 하며, 글을 유창하게 쓸 수 있도록 연습을 해야 한다.

과목 선택은 여전히 중요하다. 과목을 선택할 때 사회, 과학 융합선택과목을 중심으로 선택해서 등급을 피한다고 대입에 도움이 되는 것은 아니다. 위계에 따라 공부하지 않으면 학생부 위주 전형에서 불이익을 당할 수 있다.

정시는 수능으로 운영된다. 수능은 크게 달라지는 점이 없으므로 역시 1차로는 수능을 잘 봐야 하고, 서울대처럼 교과 평가를 하는 대학이 늘어난다면 학교 공부도 충실히 해 두어야 한다. 과목별로 살펴보자.

수능 영어는 2024년도와 거의 그대로 유지될 것이다. 수능 영어가 절대평가라고 공부를 게을리하면 좋은 성적을 내기 어렵다. 2024 수능 영어에서 1등급이 5%도 안 된 사실을 상기해야 한다.

수능 수학은 대수와 미적이다. 현재 수Ⅰ은 대수, 수Ⅱ는 미적Ⅰ이므로 바뀌는 수능은 수능개편 이전의 공통과목으로 범위가 좁혀진다. 공통과목에서도 충분히 변별 기능을 하는 문제를 출제할 수 있으므로 수학 공부도 무시하면 안 된다. 오히려 대수와 미적Ⅰ에서 변별을 위한 어려운 문제가 있을 것이니 공부 수준을 정해야 한다. 결국은 현행 심화 학습이 중요하다고 하겠다.

심화수학은 안 보기로 하였지만, 미적Ⅱ와 기하가 수능 과목 아니어도 학교 공부는 잘해 두어야 한다. 이 과목을 수능에서 배제하면 대학은 최소한 미적Ⅱ와 기하를 배우고 입학해야 하는 모집 단위에 한해서라도 교과 평가를 할 것이다. 정시에 미적Ⅱ와 기하 논술을 보거나 면접을 보기는 어렵다. 현재 미적Ⅱ와 기하를 대강 알거나 잘 모르고 진학하는 학생이 대부분인 대학은 대수와 미적만 보는 것으로도 충분하다고 할 것이다. 그렇지 않은 대학은 미적Ⅱ나 기하 과목 이수 상항에 대한 학생부 평가를 하게 될 것이다.

수능 국어에는 언어가 들어가니 중학교 때 문법 공부 단원을 잘 이해하고 기억해 두어야 할 필요가 있다. 그 이외의 사항은 변함이 없을 것이다. 2024 수능에서 가장 어려웠던 과목이 국어였다는 점을, 만점자가 가장 적었다는 점을 상기할 필요가 있다.

통합사회, 통합과학은 2024년 9월에 예시 문항이 공개되었고, 2025년 1월에 시간과 배점이 정해졌다. 예시 문항을 미리 풀어보기는 어렵겠지만, 중학교 수준에서 공부는 빈틈없이 해 두어야 한다. 이해하고 기억하고 문제도 풀고, 탐구하는 공부를 해야 한다. 특히 과학 공부를 잘해 두어야 한다. 그중에서도 화학 물리학에서 이해해야 할 것은 이해하고 설명할 수 있어야 하며, 외워야 할 것은 몇 년 이상 기억에 남도록 분명히 외워 두어야 한다.

2019년에 교육부가 정한 교과 추천 전형 10% 이상, 정시 40% 이상 선발은 유지한다고 시안 때 발표되었는데, 2024 상반기에 대입전형 운영 협의회를 두어 논의를 시작할 예정이며, 국가교육위원회의 '국가교육발전계획(2026~2035)' 수립 과정 중 대학입시제도 논의 시 교육부가 지원할 예정이라고 하니 귀추가 주목된다.

미래의 수능은
서·논술형으로 개편될까?

한때는 예비고사와 과목형 본고사로 대학이 학생을 선발했다. 예비고사는 통과하면 되니 선망하는 대학에는 과목형 본고사 한 방으로 합격을 거머쥘 수 있으므로 나중에 정신 차린 학생도 합격의 영광을 얻을 수 있다. 이러한 선발 방식은 공부한 과정보다 결과를 중시하는 선발 방식이다. 그렇다면 굳이 학교 공부를 열심히 할 필요가 없다. 학교 공부와 시험이 잘 연결되지 않는 것이 큰 이유이다. 이제는 주말의 명화에서나 볼 수 있는 영화 〈말죽거리 잔혹사〉는 이 시절의 이야기이다. 주인공은 학교를 포기하고 학원에서 공부하는데, 왠지 대학 입시에 성공했을 것 같은 느낌이 든다.

예비고사 더하기 본고사 방식은 1980년대 들어서는 학력고

사만으로 선발하는 방식으로 바뀌었는데, 교과서에서만 출제된 이 시험은 스캐너와 같은 기억력이 있는 학생이라면 작은 노력으로 큰 성과를 얻을 수 있었던 것이 특징이다. 학원·과외 금지까지 더해져 학교 공부 후다닥 하고 동아리활동으로 창의력과 협력을 배울 수 있었으나, 교실 수업은 문제 풀이 일색이었다. 1980년대 말, 수업 중 토론을 시켰더니 학생들이 그게 바람직한 교육이라는 것은 알지만 대학에 가야 하니 문제를 풀어달라고 항의하는 일이 있었다.

그러다 대학입시는 1994학년도 대입부터 학력고사에서 대학수수능으로 바뀌었다. 수능 시대는 본고사를 병과하는 것으로 막을 열었지만 본고사는 폐지되고 이후 논술을 보게 되었으며, 학교 성적도 반영하게 되어 죽음의 트라이앵글이라는 말까지 나왔다. 그래도 논술, 수능, 학생부 중 이 시대의 가장 위력적인 전형 요소는 수능이었다. 가장 많은 인원을 수능으로 선발하였기 때문이다.

예비고사와 학력고사와 수능의 공통점은 국가 관리 시험이라는 점과 선택형 시험이라는 점이다. 국가 관리 시험은 대학별 시험이나 학교 시험이 갖는 관리 부실의 염려는 적다. 문제의 편협성이나 채점 오류 등의 문제점도 적게 나타난다. 그리고 학교나 대학이 성적을 내는 방식에 비하면 성적이 객관적이라는 믿음을 준다. 시험을 못 보면 수험생이 공부를 안 했기 때문이라고 자책하게 되는 시험이다. 이런 장점이 있어 폐기해 버리기가 쉽지 않다.

한편 선택형 문항이 갖는 사고력 측정의 한계는 매우 큰 약점이다. 수학에 주관식 문항이 있다지만 풀이 과정을 쓰는 것은 아니다. 현대 사회는 주어진 보기에서 정답을 찾는 방식으로는 창의적이고 도전적이며 협력할 줄 아는 현대사회에 필요한 인재를 길러낼 수 없다고 생각한다. 그래서 대부분 국가에서 수능과 같은 선택형 문항으로 시험을 치르는 방식을 버리고 있다. 미국에서도 SAT 등 선택형 시험 성적을 대입에 반영하지 않으려는 움직임이 있다. 우리도 이러한 움직임에 영향을 받고 있다. 그러던 중 2019년 가을 교육부는 OECD와 교육 포럼을 열었다. 여기서 안드레이허 OECD 교육국장은 우리나라 대입 선발 제도에서 수능의 불합리한 점을 지적했다. 이에 김진경 국가교육회의 의장은 수능 개선을 고려한다는 의도의 발언을 했다. 이후 수능에 서·논술형 문항이 도입된다는 소식이 나돌기 시작했다.

일단 서·논술형 수능은 필요한 것인가에 대한 논의가 있다. 선발을 위한 시험으로 수능의 효용성은 떨어져가고 있는 중이다. 많은 대학과 전문대학은 수능 성적을 필요로 하지 않는 전형을 실시하고 있다. 학생이 줄어들어 대학이 신입생 충원을 하지 못하는 상황이므로 석차가 있는 전형 요소를 사용할 필요가 없다. 그러니 수능 성적이 필요한 학생은 현재 수능 응시자의 20% 정도밖에 안 될 것이고 수능이 필요 없는 학생이 수능에 응시하지 않으면 상대평가 등급이 있는 변별용 수능은 존속이 어렵다.

또한 현재는 수시모집에서 수능 최저 기준을 요구하는 대학이 많지만 앞으로는 수시모집에서는 대학이 수능 최저를 요구하지 못할 수도 있다. 수능 응시자가 줄어 상대평가 영역에서 좋은 등급을 맞지 못하여 수능 최저 기준을 맞추지 못하는 학생이 많아지면 대학은 충원을 못하게 될 수 있기 때문에 대학이 수능 최저 기준을 폐지하게 될 것이다.

이처럼 수능이 현재와 같은 선발 도구 역할을 하지 못한다면 수능을 이름 그대로 '대학 수학 능력'을 보장해 주는 시험으로 변경하자는 주장이 있다. 수능 자격고사화가 그것이다. 더 나아가서는 수능을 폐지하자는 주장도 있다. 수능을 폐지하면 학생부로 진학하기 어려운 학생에게는 다른 기회를 주어야 할 것이다. 이에 정원을 채우지 못하는 대학이나 전문대학에 대학 준비 과정을 두어 진학할 수 있도록 도와주는 방식을 두자는 의견도 있다.

한편 수능을 유지하되 서·논술형으로 개선하자는 의견은 정시를 유지하려는 입장에서는 유효한 주장이다. 그런데 서·논술형 수능에 대한 논의는 결론에 이르기가 쉽지 않다. 이에 해당하는 학생은 아직은 어리므로 당사자의 의견은 물을 수가 없다. 한편, 학부모들은 서·논술형 수능을 세 가지로 생각한다. 학교 시험처럼 선택형 문항과 답이 짧은 서·논슬형 문항이 섞여 있는 형태, '부는 행복의 전제조건인가?'와 같은 단독과제형 형태, 현재 대학별 논술고사 같이 제시문이 있고 지시에 답을 쓰는 형태 중 각자의 경험에 따라 상상하고 있다. 선택형 시험과 서·논술형 시험을 분리하여 두 번 볼 수도 있다고 생각하지만 시험을 두 번 보는 것은 수험생 당사자에게는 고문이 될 것이고, 전국적인 시험 운영이 쉽지 않은 것도 걸림돌이다. 이러한 가운데 어떤 형태로 결정이 될지는 아직은 논의의 첫 돌을 놓는 수준에 있다.

대학별로 요구도 다르고 전공별로 요구도 다른데 통합교과적인 논·서술형 문제로 시험을 볼 것인지, 교과별로 볼 것인지도 결정해야 한다. 문제를 수준별로 할 것인지도 정해야 한다. 채점을 누가 어떻게 할 것인지는 더 큰 갈등 요소이다. 출제는 국가 차원에서 하고 채점은 학생이 지원한 대학에서 가져다 한다면 채점 공정성 시비가 일 것이다. 국가가 채점을 해서 성적을 대학에 준다면 채점단 운영이 쉽지 않을 것이다. AI를 이용하여 채점할 수 있는 시기가 2028년이라면 부담은 덜 것이다. 아직은 AI에 의한 채점은 부분적으로 소규모 상황에서만 할 수 있는 수준으로 개발되어 있다는 소식이다.

2028 대입 수능은 일단 선택형으로 치러지는 것으로 확정되었다. 그런데 다음 개편 때에는 서·논술형 도입이 가시화될 수

도 있고 수증이 없어질 수도 있다. 다음 개편이 현 초등학생에게 해당될 수도 있다는 점에서 다음 소식이 궁금해진다.

　한 가지 분명한 것은 공부란 대입에 유리하자고 하는 것은 아니라는 점이다. 학생이 독서를 많이 하고 글을 잘 쓴다면 그 학생이 서울대 입학생이 아니라도 멋진 리더로 성장할 것이다. 목표를 대입 유불리에 둘 것이 아니고 평소 공부에서 글쓰기를 해야 하며, 수업에서도 자기 의견을 담은 글을 잘 쓰는 역량을 기르는 데 두어야 한다. 갈수록 많은 사람이 읽기와 쓰기보다는 보기와 말하기에 시간을 보내고 있으므로 읽고 쓰는 능력이 블루오션이 되는 날이 빠르게 다가오고 있다.

진로와 과목 선택이
입시의 시작이다

고등학교에서 배우는 공부는 선택형으로 운영된다. 고등학교까지는 교양 수준에서 똑같이 배워야 한다는 주장도 있지만, 문과와 이과로 대별되던 시대에도 둘 중의 하나는 선택해야 했었다. 현재 교육과정은 1학년에서는 주로 공통과목을 배우고, 2·3학년에서는 선택과목을 배운다. 2015 개정 교육과정도 학생 선택형 교육과정이고 2022 개정 교육과정도 학생 선택형 교육과정이다. 요즘 관심을 끌고 있는 IB의 고등학교 교육과정 역시 과목 선택형 교육과정이다.

선택형 교육과정이므로 학생은 어느 시기가 되면 과목을 선택해야 한다. 과목을 선택하기 위해서는 진로 방향을 정해야 한다. 대학은 어떤 과목을 배웠는지를 보고 학생의 진로 적합성을 평가한다. 대학이 말하는 진로는 좁은 범위일 수도 있고 넓은 범위일 수도 있다. 인문·사회 과목을 주로 이수했다면 인문·사회계열의 대학 진학에 적합하게 공부했다고 평가할 것이고, 자연과학 과목을 많이 이수했다면 자연과학계열에 적합하게 공부했다고 평가할 것이다. 또한 과학 과목 중에서도 화학과 생명과학을 많이 이수한 학생과 물리학과 화학을 많이 이수한 학생은 서로 다른 분야에 진출하기를 원하는 학생으로 평가할 것이다.

그래서 특히 학생부종합전형으로 진학하려는 학생은 진로를 미리 고민해야 한다. 학생부교과전형이나 서울대처럼 정시전형에서도 교과 평가를 받아야 하는 경우라면 진로를 고민해야 한다. 진로에 대한 학습은 초등학교부터 이루어지는데, 사실 모든 시기에 진로에 대하여 고민을 해야 한다. 진로 희망이나 진로 목표는 달라질 수 있어도 학생이 스스로 미래에 무엇을 할 것인지를 고민을 해야 최종적인 순간에 흔들림이 없는 선택을 하게 된다. 사정이 이렇다 보니 대학 진학의 첫걸음은 진로를 정하는 데서 시작한다.

그런데 많은 학생은 진로를 생각해 본 적이 없다고 한다. 미래 사회에 어떤 직업이 있을지 모르므로 진로를 정할 수 없다고 한다. 앞으로는 무학과 선발을 하게 되므로 진로는 대학에 가서 정해도 된다고 하기도 한다. 무학과 선발은 대학 전체를 무학과로 선발하거나, 학부제로 선발한다. 학부제로 선발한다면 이공학부에 지원하는 학생과 의생명학부에 지원하는 학생, 인문학부에 지원하는 학생, 사회과학부에 지원하는 학생의 선택과목은 일부 다를 것이다. 대학 전체 무학과로 선발하는 경우에도 진로를 정하고 진로의 기초가 되는 과목을 이수해야 대학 공부가 쉬울 것이다.

지금도 진로가 정해지지 않았다면 자유전공학부에 지원하면 되지 않겠느냐고 한다. 그러나 현재 자유전공학부는 전공을 정하지 못한 학생보다는 하고 싶은 공부가 특정한 학과에서 배우기보다는 몇 개 학과에 걸쳐있는 학생이 공부할 수 있게 지원하는 학부라고 한다. 자유전공학부에 지원하더라도 학생이 진로 방향은 정해야 한다는 말이다. 사정이 이렇다 보니 좋은 대학에 진학하고 싶다면 학생 스스로 자신의 진로를 정하기를 권한다. 미래를 그려 보고 자신의 역할을 곰곰 생각해 보자. 미래를 가정하는 것은 젊은이의 특권이다. 젊음의 특권을 누려 보고 공부가 어려운 과목에 도전하자.

진로를 정했으면 배울 과목을 선택하게 된다. 고등학교 1학년 여름에는 배울 과목을 확정해야 한다. 진학 방향이 문·이과로 대별되던 시대에는 두 길 중 하나를 선택하면 배우는 과목이 자동적으로 결정되었었다. 지금은 모든 선택과목 중에서 자신이 수강할 과목을 골라야 한다. 진로를 결정했다면 이 선택이 어렵지 않다. 대학이 이미 어떤 모집 단위에 지원하려면 이런 과목을 배우고 오라고 제시한 과목들이 있기 때문이다. 그래서 진로 선택이 1단계라면 과목 선택이 2단계이다.

과목 선택 안내는 대학에서 제공한 것도 있고, 시·도교육청에서 제공한 것도 있다. 고등학생이라면 학교 진학상담실에 가면 자료가 비치되어 있을 것이다. 서울대를 비롯해서 많은 대학들이 자기 대학을 기준으로 발표한 자료도 각 대학의 홈페이지에 있으니 과목 선택 가이드는 쉽게 찾아볼 수 있다.

일반고와 대부분의 자사고 학생의 선택 기준은 일반선택과목과 진로선택과목에서 진로와 관련이 있다고 제시된 과목과 다른 학생들이 어렵다고 기피하는 과목을 도전적으로 선택하는 데 있다. 대학이 제공하는 권장과목 또는 핵심과목을 2025년 8월 이후에 각 대학 홈페이지나 대교협 홈페이지에서 안내를 받을 수 있다. 이 과목들은 반드시 이수해야 한다.

유의사항 첫째, 등급이 산출되지 않는 과목 중심으로 선택하면 학생부종합전형에서는 불이익을 당할 수 있다. 학생이 배워야 할 개념과 원리는 주로 일반선택과목과 진로선택과목에서 배운다. 융합선택과목을 과다하게 선택하면 등급을 피하기 위해서 비겁하게 선택했다고 오해가 될 뿐 아니라 배워야 할 개념 원리를 제대로 배우지 않은 학생으로 취급된다. 2022 개정 교육과정에서는 사회와 과학의 융합선택과목이 여기에 해당한다.

유의사항 둘째, 과학고나 외고에서 배우는 과목을 굳이 배울 필요는 없고, 일반선택과목과 진로선택과목 중에서 배워야 할 것을 깊이 배워야 한다. 수학에서 미적Ⅱ, 확통, 기하를 잘 배우고 배운 지식을 바탕으로 탐구활동을 해 보면 되는데, 미적Ⅱ, 확통, 기하를 충실히 공부하지 않고 고급미적분을 이수하면 오히려 역효과가 난다. 기초도 없이 누각을 세우는 학생으로 평가된다. 더구나 매우 적은 학점으로 이수한다면 수박 겉핥기 학습으로 평가될 것이다. 미적Ⅱ, 확통, 기하를 충실히 공부한 뒤 더 공부하고 싶어서 선택할 수는 있지만 이 때 다른 과목은 충실히 공부를 했는지, 독서는 잘하고 있는지도 검토해야 한다.

유의사항 셋째, 대학의 무전공 선발에 따라 어려운 과목을 수강하지 않아도 대학 가는 데 아무 문제가 없으니 굳이 어려운 과목을 듣지 말고 등급 잘 나올 과목을 들어야 한다는 주장을 무시해야 한다. 대학은 서류평가를 할 때 보통교과에서 어떤 과목을 선택했는지를 반영해서 평가를 한다. 어려운 과목을 선택해서 잘한 학생이 우선 자리를 채울 것이다. 이 학생이 진로가 넓기 때문이다. 혹시 어려운 과목을 이수하지 않았는데 합격을 했다 하더라도 원하는 학과에 배정받는데 어려움이 생길 수도 있고, 학과에 배정이 되었더라도 필요한 과목을 수강할 때 선수 과목을 이수해야 할 수도 있다.

고등학교 때 성적 나빠질까봐 필요한 과목을 선택하지 않는 학생은 대학에 와서도 쉬운 과목 중심으로 선택할 가능성이 크므로 대학이 기피한다. 학생부종합전형이라면 역시 도전적 선택이다.

세특에 떡힐
공부를 하라

좋은 대학에 가려면 1단계는 어느 대학에서 무엇을 공부하겠다고 마음을 단단히 먹는 것이다. 그다음은 고등학교에서 공부할 과목을 선택하는 단계이다. 대학에서 공부할 전 단계를 선택해서 배워야 한다. 에너지를 공부하기로 마음 먹었는데, '전자기와 양자' 과목을 수강하는 학생이 적어 석차등급이 잘 안 나올까 봐 선택하지 않고 동아리활동에서 공부했다면 좋은 평가를 받을 수 없다. 대학입학사정관은 학생의 학교교육과정을 참고하여 그 과목이 편성되었는데 학생이 선택하지 않았다는 것을 확인한다.

다음 단계는 세특에 적힐 만한 공부를 하는 단계이다. 성취정도는 숫자로 나타나는 것과 문장으로 나타나는 것이 있다.

문장으로 된 세특은 숫자의 의미를 밝혀 준다. '전자기와 양자' 과목에서 한 학생이 원점수 95점을 받았는데 성취도는 A이며, 석차등급은 2등급이고 평균은 70점이며 수강자수는 20명이었다 공통과목의 수강자 수가 100명이었다면 이 학생은 100명 중에서 '전자기와 양자' 과목에 관심이 있는 학생들 20명 중 하나로 95점을 받았고 1등급이 2등까지니까 다음 등급에 해당할 것이다. 그러나 더 잘 한 학생과의 차이는 크지 않아 보이므로 숫자상으로는 우수한 학생으로 평가될 것이다. 그렇다면 그다음 평가 단계에서는 세특을 본다. 세특에서 어떻게 공부를 했는지 확인하여 학생의 성취 수준을 가늠하는 것이다. 그래서 세특이 중요하다.

2022 개정 교육과정 총론에서 제시한 교수·학습에서는 깊이 있는 학습을 강조한다. 깊이 있는 학습은 '단편적 지식의 암기를 지양하고 각 교과목의 핵심 아이디어를 중심으로 지식·이해, 과정·기능, 가치·태도의 내용 요소가 연계된' 학습을 말한다. 이를 통하여 학생은 '융합적으로 사고하고 창의적으로 문제를 해결하는 능력'을 함양하게 되고 '학습 내용을 실생활 맥락 속에서 이해하고 적용'하는 학습을 하도록 규정하였다. 또한 '교과의 고유한 탐구 방법을 익히고 자신의 학습 과정과 학습 전략을 점검하며 개선'하여 자기주도 학습 능력을 함양하라고 하였다. 이 사항을 염두에 두고 학습을 하면 해당 과목을 잘 공부한 것으로 평가된다.

올해 교육부와 한국교육과정평가원에서는 〈진로·학업 설계 지도 안내서〉를 만들어 배포하였다. 이 책자에서 고등학교 교과목을 소개하고 있다.

지식·이해	전자기적 상호작용	• 전기력선과 등전위면 • 유전분극 • 로런츠 힘	• 유도기전력 • 반도체 소자
	빛과 정보 통신	• 렌즈와 수차 • 간섭과 회절 • 편광	• 광전효과 • 레이저
	양자와 미시세계	• 입자-파동 이중성 • 확률 파동 • 중첩	• 터널 효과 • 불확정성 원리 • 핵융합
과정·기능		• 물리 현상에서 문제를 인식하고 가설을 설정하기 • 변인을 조작적으로 정의하여 탐구 설계하기 • 다양한 도구와 수학적 사고를 활용하여 정보를 수집·기술하기 • 증거와 과학적 사고에 근거하여 자료를 분석·평가·추론하기 • 결론을 도출하고 자연 현상 및 기술 상황에 적용하여 설명하기 • 모형을 생성하고 활용하기 • 다양한 매체를 활용하여 표현하고 의사소통하기	
가치·태도		• 과학의 심미적 가치 • 과학 유용성 • 자연과 과학에 대한 감수성 • 과학 창의성 • 과학 활동의 윤리성 • 과학 문제 해결에 대한 개방성 • 안전·지속가능 사회에 기여 • 과학 문화 향유	

학생이 이 과목을 배운다면 어떤 교과지식과 개념을 알아야

하는지, 어떤 학습활동을 해야 하는지, 배우고 나면 어떤 가치·태도를 갖게 되는지를 보여 주고 있다. 학생이 지식·이해를 확실하게 했다면 친구들에게 설명을 해 줄 수 있었을 것이다. 또한 과정·기능에서 제시한 학습활동을 했다면 역시 발표와 토론을 통하여 깊이를 드러냈을 것이다. 학습 과정에서 관련 도서를 읽은 기록도 있을 것이다. 이렇게 학습한 결과가 세특에 기록되면 점수와 함께 학생의 학습 상황을 입학사정관이 평가한다.

특히 과정·기능 부분이 평가의 비중이 크다. 탐구하고 탐구 결과를 표현하고 학습 상황과 결과를 성찰하는 활동이 학습의 중점이기 때문이다.

서울대 웹진 아로리에 실린 최원욱씨의 이야기를 들어 보자. "기억에 남는 실험으로는 전자기유도의 실험에 관해서 코일과 좌석의 움직임이 한 두세 가지로 정해진 실험이었는데 저는 이제 거기에서 벗어나서 자석을 코일 바깥에서 움직여 본다든가 혹은 코일을 겹쳐서 실험해 본다든가 하는 식으로 좀 더 여러 가지 실험을 시도해 보았다. 그렇게 시도한 실험들이 모두 성공적이지는 않았다. 아무래도 실험 도구라든가 실험 시간이 굉장히 한정되어 있었고 또 그 한정된 시간 속에서도 실험을 즉흥적으로 고안해 내고 즉흥적으로 측정을 하였기 때문에 아무래도 여러 가지 애로사항이 있었다. 하지만 그 와중에도 분명히 수확이 있었고 그러한 실험을 설계하고 진행해 보는 것은 저에게 큰 의미가 있었던 것 같다. 교과 내용을 그저 따라가기만 하지는 않았으면 좋겠다. 교과 내용은 여러분들에게 학습의 뼈대를 제공한다. 거기에 살을 붙여 나가는 것은 여러분들의 역할이 될 것이다."

이렇게 학생의 호기심과 공부하고 싶은 마음 그리고 공부 실천 상황이 잘 드러나면 좋은 평가를 받게 된다.

입시의 끝,
면접을 준비하는 법

    수시에 원서를 쓰게 되면 학생부종합전형을 피할 수 없다. 가장 많은 인원을 선발하기 때문이다. 학생부종합전형에 지원하기 위하여 진로를 정하고, 대학과 학과를 알아보고, 반드시 수강해야 할 과목을 선택한 뒤에 세특에 적힐 만하게 깊이 공부를 하는 단계를 거친다. 그다음에는 마지막 관문인 면접을 준비해야 한다.

    대학에서는 학생부를 평가한 뒤 학생의 학업 성취 수준을 검증하기 위해서 수능 최저를 요구하거나 면접을 실시한다. 두 가지를 다 하는 전형은 많지 않다. 수능 최저를 쉽게 맞출 수 있게 최저 조건이 낮으면 경쟁률이 높다. 경쟁률이 높으면 학생부 기록이 좋아야 합격한다. 수능 최저가 낮으면 최저 통과가 어려우니 경쟁률은 낮지만 지원자도 최저를 못 맞출 수 있으므로 두렵다. 수능 최저는 이래저래 쉽지 않다.

수능 최저가 없는 전형은 경쟁률이 높다. 일단 원서를 내고 면접을 잘 보면 합격할 수 있겠다고 자신만만하다. 면접을 잘 보려면 당연히 연습을 해야 한다. 면접에는 세 가지 유형이 있는데, 제시문 기반 면접, 서류 확인 면접과 상황 면접이 있다. 상황 면접은 가상의 상황을 제시하고 지원자가 대응하는 방식을 살펴보는 면접인데, 대입에서 이 면접을 사용하는 경우는 거의 없다. 그리고 의대에서 주로 실시하는 MMI(multiful mini interview)가 있다. 여러 개의 짧은 면접으로 구성된 면접을 보는데 이 면접에는 세 가지 유형이 모두 포함되기도 한다.

면접 연습을 하려면 우선 자신이 지원하려는 대학에서 부과하는 면접 유형을 살펴봐야 한다. 미리 범위를 점검하지 않으면 원서를 내고 난 이후에는 시간이 없어서 준비가 쉽지 않다. 사실 확인 면접은 고등학교에 들어와 탐구활동 등 학습활동과 창의적 체험활동을 할 때마다 동기, 과정, 결과, 성찰의 순으로 소감을 써 두면 나중에 학생부에 기재된 내용과 비교해 보아 그때 어떤 공부를 했고 더 나아가 무엇이 하고 싶었는지를 회상하는 데 도움이 된다.

대학의 면접 문제도 선행 학습영향평가 등의 문서로 대학 홈페이지에 공개하고 있으므로 참고가 된다. 대학에서 제공하는 면접 대비 요령이나 합격자 조언 등도 도움이 된다. 지원하는 대학의 면접 상황을 확인하고 매일 조금씩 연습을 해야 실제 상황에서 당황하지 않는다. 첫 질문에 답이 떠오르지 않아서 당황한 나머지 식은땀을 흘리고 아무 대답도 못하고 나오는 수험생이 간혹 있다. 이런 상황을 맞지 않으려면 평소 잘 듣고 묻는 말에 대답하는 훈련을 해야 한다.

제시문 기반 면접을 준비하는 학생이라면 그날 배운 주요한 개념, 어려운 문제들을 2~3분 안에 설명하는 연습을 하자. 하루 10분만 내면 된다. 사실 확인 면접을 준비하는 학생도 배운 내용을 설명하는 연습과 그날 있었던 활동을 간단히 설명하고 의미를 이야기하는 연습을 매일 10분 정도 하자. 자신이 말하는 상황을 스마트폰으로 녹화해서 스스로 부족한 점을 보완하면 날로 좋아지는 본인의 모습에 뿌듯한 마음이 생긴다. 목표는 9시 뉴스의 앵커 같은 모습이 되는 것. 아래, 면접의 날을 앞두고 마지막 준비 시간에 들어가기에 앞서 유의 사항 몇 가지를 짚어 본다.

첫째, 마음 관리를 해야 한다. 준비할 때부터 면접을 볼 때까지 시험불안이 올 수 있다. 알 수 없는 불안을 떨쳐 내기 위해 심호흡을 하고, 자기 불안에 이름을 붙여 말을 걸어 보자. '테스 형, 떨지 마!' 수능 때 시험 불안 극복을 위해 좋다는 방안을 다시 떠올리자. 면접관 앞에서는 더 불안해질 수 있다. 면접관은 여러분을 선발하려는 교수이지 저승사자가 아니다.

합격하고 나면 여러분의 미래를 밝혀주실 은사님이다. 편안한 마음으로 면접에 임하자.

둘째, 면접의 유형을 알아야 한다. 면접은 사실 확인 유형, 문제 풀이 유형, 가정된 상황 유형으로 분류할 수 있다. 대부분 면접은 학생부와 자기소개서를 바탕으로 질문을 하는 사실 확인 면접이다. 그러나 구술 고사 형식의 문제 풀이 유형도 있다. 상황 면접은 의학계열에서 MMI 방식 면접을 할 때 주로 등장한다. '이런 상황이라면 어떻게 대응할 것인가?'를 묻는다. 이 중 어떤 형식의 면접을 보는지 지원한 대학의 면접 안내를 다시 살펴봐야 한다. 면접을 여러 군데 보게 된다면 여러 유형을 동시에 준비하게 된다. 그 때는 각 유형별로 어떤 대학에 대한 준비를 해야 하는지를 확인하고 각 대학의 기출문제와 안내 자료를 확인하여야 한다.

셋째, 사실 확인 면접이라면 자신이 제출한 서류를 바탕으로 100가지 이상의 질문을 만들고 답을 하는 연습을 해야 한다. 사실 확인 이후에 후속 질문이 있을 수 있으므로 이에 대비할 필요가 있다. 사실 확인이 아침은 먹는지, 감기는 잘 걸리는지를 묻는 것이 아니라는 것을 알면서도 깊이 있는 질문을 만들지 않는 것은 자신을 성찰하지 않기 때문이다. 학생부에 르네상스 미술에 대해 탐구한 활동이 기재되어 있다면 면접관은 왜 그 주제를 선택했는지, 탐구 자료는 무엇을 참고했는지, 탐구를 통해 알게 된 사실은 무엇인지, 르네상스 미술이 다른 분야에 미친 영향은 무엇인지 등 꼬리에 꼬리를 무는 질문을 한다. 이런 질문을 받은 학생은 사실 확인이라면서 전공에 대해 묻더라는 푸념을 하기도 한다. 사실 확인이란 공부의 넓이와 깊이를 확인한다는 말과 같다.

넷째, 문제 풀이 면접이라면 우선 면접 과목을 확인해야 한다. 다음은 출제 수준을 알기 위해 기출문제를 풀어보아야 한다. 그다음 수순은 공부이다. 해당 과목의 교과서를 통해 개념을 다시 확인해야 한다. 놓쳐서는 안 된다고 배웠던 것을 상기해야 한다. 한편 인문·사회 분야의 문제 풀이 면접은 기출문제뿐 아니라 각 대학의 논술 문제 등을 가지고 자기 생각을 이야기하고, 예상되는 반론도 이야기해 보는 연습을 해야 한다.

상황 면접이라면 STAR 분석 방식으로 전개된다. Situation(상황)에 제시되면 수험생은 Task(과제)를 파악하고 Action(행동)을 결정하며 행동의 Result(결과)를 예측하는 순으로 질문에 답하게 될 가능성이 높다. 대입에서는 인성 면접 차원에서 '급식 시간에 줄을 섰는데 후배가 새치기를 한다면?, 같은 모둠원이 되지 않기를 바란 급우와 같은 모둠을 하라고 선생님이 정해 주셨다면?'과 같은 일상에서 일어날 수 있는 상황이 제시되는 경우가 대부분이다.

다섯째, 바른 태도를 익히자. 기본적인 면접 태도에 대한 지도는 학교든 사교육이든 온라인이든 어디서나 받는다. 첫 장면에서 인사를 해야 할 기회가 있다면 인사를 하자. 면접 안내를 할 때 방법에 대한 안내를 받게 된다면 그대로 하면 된다. 바른 자세로 앉아야 하고 당당하고 씩씩해 보이는 것이 자신감 있어 보여 좋은 평가를 받는다. 그러나 군기가 든 군인처럼 딱딱할 필요까지는 없다.

대면 면접이라면 질문이 잘 안 들리면 다시 물어 보아 질문을 확인하자. 대답은 크게 해야 한다. 말을 마칠 때까지 큰 소리로 하는 연습을 해 두어야 한다. 큰 소리로 시작하다가도 말 끝을 흐리는 습관이 있다면 반드시 고쳐야 한다.

비대면 면접이라면 대학이 안내하는 방식대로 연습을 해야 한다. 영사기나 태블릿을 이용해서 면접을 한다면 그 방식대로 연습을 해야 한다. 그런데 녹화한 영상을 보면 시선 처리와 몸의 움직임 줄이기가 필요해 보인다. 면접의 자세는 뉴스캐스터 자세와 같으면 좋다. 이 연습도 해야 한다. 선생님이나 친구와 같이 면접 연습을 하면 대부분 태도는 바로잡아진다.

여섯째, 자세보다 답변 내용이 더 중요하다. 면접을 보는 이유는 지원 모집 단위에서 공부할 수 있는 역량을 가졌는가를 파악하기 위해서다. 학업 능력뿐 아니라 인성도 파악 대상이다. 배려와 협력, 타인에 대한 존중 등이 안 된다면 동료의 학교생활을 방해하기 때문이다.

대학의 면접 안내를 통하여 면접 종류를 확인하고 기출문제 등도 풀어서 대비를 했다면 이제 남은 일은 자신이 하고 있는 말의 흐름을 놓치지 않는 것이다. 긴장해서 자신이 무슨 말을 하고 있는지를 중간에 잊을 수도 있다. 질문에 대한 답을 해야 하는데 시작은 질문에 대한 답이었다가 이야기의 흐름이 질문과 멀어지는 경우가 있다. 자신의 생각과 경험을 말하지 않고 그 순간 유리하다고 생각한 답을 말하면 말이 꼬이거나 끊긴다. 그래서 질문에 대한 답을 말하는 연습과 함께 평소 생각을 말하는 연습을 꾸준히 해야 한다. 사실 확인이든, 문제 풀이든 마찬가지이다.

일곱째, 모르는 것은 모른다고 해야 한다. 면접관은 학생의 대답을 듣고 잘 알고 있는지 아닌지를 판단할 수 있는 능력을 가진 사람이다. 그래서 모르는 것에 대한 질문을 받고 아는 듯 대답하면 말이 꼬인다. 특히 모르는 것에 대해 질문을 받으면 가슴이 덜컹 내려앉고 이후 세상이 하얗게 변하는 경험을 하기도 한다. 이 위기를 잘 극복해야 한다. 모르는 것은 모르겠다고 하면 마음이 제자리로 돌아온다.

그러나 포기하기는 이르다. 면접관에게 도움을 요청해서라도 실마리를 잡아야 한다. 그렇다면 면접관은 답변에 도움을 주면서 수험생이 생각해서 답하도록 유도할 것이다. 면접의 핵심은 정답을 아는지를 확인하는 것이 아니고 모르는 것을 해결할 수 있는 역량이 있는지를 알려는 데 있다는 점을 늘 염두에 두어야 한다. 어차피 정답은 없다.

문제풀이 면접에서는 준비 시간에 문제를 다 풀지 못할 수 있다. 우열을 가려야 하므로 면접 문제는 어렵게 출제된다. 다른 수험생도 다 풀지 못했을 것이다. 그래서 문제의 답을 알아내는 것보다 문제에 접근하는 방색에 대한 의견을 내는 것으로도 충분하기도 하다.

결국 '면접은 솔직하게 자신을 드러내야 한다'는 말 그대로이다. 자신을 꾸며서 거짓 이미지를 만들려고 하면 실패한다.

여덟째, 면접장 상황을 상상해 보자.

'대기실에 가면 모두 나보다 실력 있어 보이는 수험생들이 앉아 있다. 서로 아는 듯한 수험생끼리 이야기를 주고 받는다.' 등 약간의 두려움이 생긴다. 게다가 장소도 낯설다. 이럴 때 주눅들지 않아야 한다. 심호흡을 하는 등 마음 관리를 할 때다.

'내 순서가 거의 끝날 때네. 3시간은 기다려야 한다.' 또는 '시작하자마자 나부터 불러가네'와 같은 상황에 맞닥뜨리게 된다. 이런 점도 예상하고 기다리는 연습까지 해 두자. 두세 시간 기다리느라 말 안 하고 있다가 면접관 앞에서 말하기가 쉽지 않다. 웅얼거리는 수준으로 목을 풀고 있을 일이다.

면접을 보러 들어가면 혹시 면접관 중 한 분이 무서운 표정을 하거나 곤란한 질문을 하는 악역을 맡은 경우가 있다. 그래도 위축되지 말자. 이를 두고 압박 면접이라고 말하지만 입시 면접에서는 그런 경우는 별로 없다. 학생이 그렇게 보았을 가능성이 더 많다.

면접관의 반응과 표정 등에도 흔들리지 말아야 한다. 자신감이 없어지면 면접관의 반응에 더 신경이 쓰이므로 최선을 다한다는 다짐을 하며 마음가짐을 단단히 해야 한다. 다 진 게임에서도 운동선수들이 최선을 다하는 것처럼 전력 질주를 하자. 그리고 면접관에게 칭찬받았다고 합격하는 것은 아니다.

아홉째, 면접장을 확인해 두어야 한다. 대학은 고등학교에 비해 10배 이상 넓다. 또 면접날은 대중교통으로 오라고 하는데 내려서 걸어야 하는 거리가 매우 멀 수도 있다. 건물도 개성 없이 비슷비슷하게 생겨서 보고 찾기도 어렵다. 건물 번호도 아파트 동·호수처럼 차례대로 되어 있는 게 아니다.

그래서 면접 당일 아침에 길을 잃는 수험생이 많다. 면접이 시작되면 입실이 안 되니 시간 내에 도착해야 한다. 면접실 입실에 관한 유의 사항을 잘 보고 잘 듣고 잘 새겨야 하며, 그 시간에다 더하여 시간 여유를 갖고 도착할 수 있는 여유 시간도 생각해서 움직여야 한다.

열째, 하루 세 시간씩은 말하는 연습을 하자. 면접 말하기도 연습을 많이 하면 실력이 좋아진다. 핵심은 질문에 답하기이다. 질문을 이해하고 질문에 합당한 말을 하는 연습을 해야 한다. 질문과 관계가 먼 답변을 하지 않아야 한다는 점에 유의해야 한다.

연습을 혼자 세 시간 하기는 어렵다. 면접고사를 보는 친구들과 같이 서로 묻고 대답하고 평가해 주는 방식으로 연습을 하면 지루하지 않게 연습을 하면서도 효과도 좋다. 친구들과 함께라면 토론으로 면접 준비를 할 수도 있다. 토론은 상대방의 말을 듣고 사실적으로 이해하며 비판적으로 생각해서 내 생각을 밝히는 말하기 방식이다. 이것을 글로 쓰면 논술이다. 면접 역시 질문에 대한 내 생각을 말하면 후속 질문에서 다르게 생각할 수 있는 여지를 묻고 결론적으로 수험생의 의견을 물을 수 있다.

이 정도 준비하면 이제 마음만 든든히 가지면 된다.
면접 준비를 마무리하면서 마지막으로 더 점검해야 할 것을 생각해 보자.

- 모집요강 다시 확인
- 지원대학 모집 단위 소개, 교육과정, 교수의 전공 등 확인
- 신분증 챙기기

- 교복을 입을 수 없다는 점. 새 옷을 사는 기회로 악용하지 말자.
- 면접 때 자신과 부모의 신상 정보를 언급하지 않기
- 말의 끝까지 큰 소리로 말하기
- 두괄식 말하기
- 대답에 구체적인 내용을 담기
- 비속어, 은어 사용하지 않기
- 당일 아침 식사하기

다 준비가 잘 되었다면 이제 자신이 지원한 모집 단위에 합격하고 싶은 마음이 얼마나 간절한지를 생각해 보자. 대학은 지원자가 지원모집 단위에서 공부하고 싶은 마음이 간절하기를 바란다. 간절하다면 모집 단위의 학문 세계를 잘 파악하고 있을 것이고, 모집 단위를 통해 무엇을 배울 수 있는지도 구체적으로 알고 있을 것이다. 그리고 미래도 생각해 보았을 것이다. 적어도 원서를 내는 순간부터라도 이런 생각을 가졌다면 이제 간절함을 피력할 시간이 다가올 뿐이다.

에필로그

아무리 자녀 교육이 중하다고 해도 대단할 것도 없는 글을 끝까지 읽어 주신 독자 여러분께 감사드린다. 그리고 책에 쓰지 못한 뼈대를 다시 생각해 본다.

공부를 중심으로 생각해 보자. 무엇을 공부할까? 초등학교 때, 중학교 때, 고등학교 때별로 핵심 공부가 있을 것이다. 예를 들면 초등학교 저학년 때는 글을 소리 내서 또박또박 읽는 훈련을 한다. 이건 나중에 면접을 볼 때 유용한 자산이 된다. 사칙 연산을 연필로 틀리지 않고 빠르게 해내는 연습을 한다. 매일 조금씩 한다. 여기서 시작한 무엇을 공부할까는 고등학교 2, 3학년 때 '무슨 과목을 선택해서 배울까?'에서 끝난다.

어떻게 공부할까? 깊이 있는 학습, 삶과 연계된 학습, 개념 원리를 설명할 수 있도록 정확히 알고 난 뒤 이를 적용한 탐구 활동 하기, 발표하기, 성찰록 써서 다음을 준비하기 등 다양한 방법이 있다. 또 공부에 집중하려면 어떻게 해야 하나? 평가 대비는 어떻게 해야 하나? 지필평가와 수행평가에 대비하는 방법, 시험공부 계획 세우기, 교과서로 개념과 원리 복습하기, 문제 풀이로 확인하기, 문제집은? 나아가서 수능 공부는 어떻게 하나? 성적이 잘 안 나오는 과목에 대한 대책은 무엇일까?

　다음으로, 학업 태도를 중심으로 생각해 보자. 가장 먼저, 진로를 알아보고 실제로 탐색해 봐야 한다. 관련 탐구활동 하기, 도전적 목표 세우기, 목표에 도전하기, 공부 습관 들이기, 계획 세우기를 실천하자. 단순히 막연한 진로 희망을 갖는 것과 구체적인 계획을 세우는 것은 전혀 다르다. 이러한 경험들이 학생부에 기록되어 대학 입시에서도 의미 있는 스토리가 된다.

　학업 태도에서는 인성도 중요하다. 예절 바른 학생 되기, 선생님과 잘 지내기, 자존감 높이기, 탐구활동과 독서 토론 같이 할 친구 사귀기, 공부가 잘되는 환경 만들기, 난관 극복하기 등이 있겠다. 또한 공부를 보충하기 위해서 무엇을 하는가? 학교 방과후학교, 학원, 인터넷강의, 문제집 중 무엇을 고르고 어떻게 할 것인가? 한편 생활 태도를 중심으로 보자면 리더십, 팔로워십, 근면성과 책임감, 공동체 정신, 배려와 나눔을 생각해 볼 수 있다.

　교육과정과 입시 정보를 중심으로 생각해 보자. 학교 교육과정 편성표를 확인하고, 재학 기간 동안 배우는 과목을 확정하고, 학기별로 배우는 내용을 차례를 통해 살펴보아야 한다. 예습할 건 예습하고, 복습할 건 복습하자. 복습을 위해 주요 과목의 차례를 복사해 두어 지난 학년의 교과서 차례만 보고도 배운 내용을 회상할 수 있게 기억해 두어야 한다.

수시 입시는 학생부종합, 교과전형 또는 논술 중 무엇으로 응시할까? 수능은 정시까지 갈까? 내가 지원할 대학들과 학과 홈페이지를 확인하고 그 학과 교수님의 연구 분야를 살피자. 내가 배우고 싶은 분야가 그 학과에서 다루고 있는지도 확인한다. 그리고 이 모든 정보를 기록으로 남겨서 살피며 원서 쓸 때 활용할 준비가 잘 되고 있는지 살피자.

마지막으로 취미 활동이나 운동은 어떻게 할 것인가. 진짜 마지막으로 독서와 독후 활동은 어떻게 할 것인가.

이 모든 것을 아이가 스스로 정리해서 자신의 길을 찾아가야 한다. 엄마가 다 해 주면 아이는 생각을 안 해도 되니까 생각하지 않는 습관이 생긴다. 아이의 '자기주도성'을 키워 주자. 부모가 계획을 세워 주고, 문제집을 골라 주고, 학원을 정해 주는 것은 단기적으로는 효과가 있을 수 있지만, 장기적으로는 아이의 자율성과 책임감을 해친다. 부모는 아이가 잘하고 있는지 관찰하다가 간혹 흔들리거나 길을 찾지 못할 때 코치 역할을 하거나 코치를 소개하는 역할을 하게 된다. 그냥 코치는 잔소리를 입에 달고 있지만 어수선하기만 하고, 좋은 코치는 모든 것을 정확히 알아서 문제점에 대한 개선 방향을 알려 준다.

부디 자녀 교육에 만족할 성과가 있기를 바란다.

학종 시대, 서울대 가는 공부 로드맵

초판 1쇄 발행 2025년 6월 18일

지은이   진동섭
펴낸이   박영미
펴낸곳   포르체

책임편집   유나
마케팅   정은주 민재영
디자인   황규성

출판신고   2020년 7월 20일 제2020-000103호
전화   02-6083-0128
팩스   02-6008-0126
이메일   porchetogo@gmail.com
인스타그램   porche_book

ⓒ 진동섭(저작권자와 맺은 특약에 따라 검인을 생략합니다.)
ISBN 979-11-94634-29-4 (03370)

여러분의 소중한 원고를 보내주세요.
porchetogo@gmail.com